HERMES

在古希腊神话中,赫耳墨斯是宙斯和迈亚的儿子,奥林波斯神们的信使,道路与边界之神,睡眠与梦想之神,死者的向导,演说者、商人、小偷、旅者和牧人的保护神……

西方传统 经典与解释
Classici et Commentarii   **HERMES**

施特劳斯集

刘小枫 ● 主编

施特劳斯与流亡政治学

Leo Strauss and the Politics of Exile:
The Making of a Political Philosopher

[美] 谢帕德 Eugene R. Sheppard | 著

高山奎 | 译

华夏出版社

国家社会科学基金（青年）项目：
"列奥·施特劳斯犹太思想研究"（编号13CZX061）阶段成果

"施特劳斯集"出版说明

1899年9月20日，施特劳斯出生在德国Hessen地区Kirchhain镇上的一个犹太家庭。人文中学毕业后，施特劳斯先后在马堡大学等四所大学注册学习哲学、数学、自然科学，1921年在汉堡大学以雅可比的认识论为题获得哲学博士学位。1924年，一直关切犹太政治复国运动的青年施特劳斯发表论文《柯亨对斯宾诺莎的圣经学的分析》，开始了自己独辟蹊径的政治哲学探索。三十年代初，施特劳斯离开德国，先去巴黎、后赴英伦研究霍布斯，1938年移居美国，任纽约社会研究新学院讲师，十一年后受聘于芝加哥大学政治系，直到退休——任教期间，施特劳斯先后获得芝加哥大学"杰出贡献教授"、德国汉堡大学荣誉教授、联邦德国政府"大十字勋章"等荣誉。

施特劳斯在美国学界重镇芝加哥大学执教近二十年，教书育人默默无闻，尽管时有著述问世，挑战思想史和古典学主流学界的治学路向，身前却从未成为学界声名显赫的名人。去世之后，施特劳斯才逐渐成为影响北美学界最重要的流亡哲人：他所倡导的回归古典政治哲学的学问方向，深刻影响了西方文教和学界的未来走向。上个世纪七十年代以来，施特劳斯身后才逐渐扩大的学术影响竟然一再引发学界激烈的政治争议——自由主义知识分子觉得，施特劳斯对自由民主理想心怀敌意，是政治不正确的保守主义师主。后现代主义者宣称，施特劳斯唯古典是从，没有提供应对现代技术文明危机的具体理论方略。为施特劳斯辩护的学人则认为，施特劳斯从来不与某种现实的政治理想或方案为敌，也从不提供解答现实政治难题的哲学论说。那些以自己的思想定位和政治立场来衡量和评价施特劳斯的哲学名流，不外乎是以自己的灵魂高度俯视施特劳斯立足于古典智慧的灵魂深处。施特劳斯关心的问题更具常识品质，而且很陈旧：西方文明危机的根本原因何在？施特劳斯不仅对百年来西方学界的这个老问题作出了超逾所有前人的深刻回答，而且提出了切实可行的应对方略：重新学习古典政治哲学作品。施特劳斯的学问以复兴苏格拉底问题为基本取向，这迫使所有智识人面对自身的生存德性问题：在具体的政治共同体中，难免成为"主义"信徒的智识人如何为人。

如果中国文明因西方文明危机的影响也已经深陷危机处境，那么施特劳斯的学问方向给中国学人的启发首先在于：自由主义也好，保守主义、新左派主义或后现代主义也好，是否真的能让我们应对中国文明所面临的深刻历史危机——"施特劳斯集"致力于涵括施特劳斯的所有已刊著述（包括后人整理出版的施特劳斯生前未刊文稿和讲稿；已由国内其他出版社出版的《霍布斯的政治哲学及其起源》、《思索马基雅维利》、《城邦与人》、《古今自由主义》）除外），并选译有学术水准的相关研究文献。我们相信，按施特劳斯的学问方向培育自己，我们肯定不会轻易成为任何"主义"的教诲师，倒是难免走上艰难地思考中国文明传统的思想历程。

古典文明研究工作坊
西方典籍编译部甲组
2008 年

目 录

中译本前言 …………………………………… 1

致谢 …………………………………… 1

引言 …………………………………… 1

第一章 反犹主义与新康德主义（1899－1920） …………… 1

第二章 一个魏玛保守主义犹太人的思想形成（1921－1932）
　　　…………………………………… 17

第三章 流亡欧洲与思想转向（1932－1937） …………… 92

第四章 迫害与写作艺术（1938－1948） …………… 142

结　论 回首魏玛与流亡政治学 …………… 215

主要著作缩名表 …………………………………… 240

索　引 …………………………………… 245

中译本前言

从传记角度审视一位思想家，人们往往在青年时期与成熟时期之间做出划分，因为，伟大哲人的一生是自我俭省、自我超越的一生。谢帕德（Eugene Sheppard）的《施特劳斯与流亡政治学：一个政治哲人的锻成》（*Leo Strauss and the Politics of Exile：The Making of a Political Philosopher*，以下简称《施特劳斯与流亡政治学》）就将施特劳斯的思想发展划分为这样两个时期。作者认为，"迈尔过分偏重施特劳斯成熟时期著作的教条主义，大大削弱了他对早期施特劳斯令人激赏的研究成果。成熟时期施特劳斯著作的特点是，过分武断地强调成对相反范畴的紧张对抗，如耶路撒冷与雅典、启示与理性、古代人与现代人，而迈尔通过解释、调和这些对立概念，来理解施特劳斯的工作及其思想遗产"（《施特劳斯与流亡政治学》，本书引言，页7，下同）。与此相反，谢帕德强调自己的研究"追随施特劳斯思想的发展一直到1948年，集中研究古内尔（John Gunnell）先生所恰切提及的'施特劳斯主义之前的施特劳斯'（Strauss before Straussianism）阶段"（《施特劳斯与流亡政治学》，引言，页8—9）。

谢帕德对施特劳斯思想历程的二分法让人很容易想到布鲁姆（Allan Bloom）的三阶段划分。在广受赞誉的《纪念施特劳斯》一文中，布鲁姆将施特劳斯思想发展分为"前施特劳斯的施特劳斯"、"隐微写作主导"时期和"像作者理解自己那样理解他们"的经典解释学时期三个阶段。在布鲁姆看来，这三阶段之间连续且不断深化，"施特劳斯的早期作品受到赞誉，它们被看作是某位古怪兴趣的人的学术创造。第二阶段的作品被认为是荒谬的，它们激起了怨愤。第三阶段的作品被忽略了……但这些书是真实、伟大的施特劳斯，与它们相比，其余的只是序言"（《巨人与侏儒》，华夏出版社，2007修订版，页13-16）。从这些论述可以看出，谢帕德与布鲁姆眼中的施特劳斯针锋相对：前者看重的是"施特劳斯主义之前的施特劳斯"的激情恣意，而后者则强调施特劳斯主义时期的曲径通幽。

施特劳斯后期思想固然具有重要的思想史意义，但谢帕德的学术探究似乎更贴近施特劳斯的原初意图。一方面，作为一个德裔犹太流亡哲人，施特劳斯拒斥纳粹极权主义的正当性，这最突出的表现在对"多层次写作的探究"上："施特劳斯不仅描述了一种被遗忘的阅读和写作艺术，而且，在自己出版的专著中，他也开始尝试践行这些技艺。施特劳斯已经开始考虑将显白写作视为自己着手评注、诠释和学术贡献的一种方法手段"（《施特劳斯与流亡政治学》，页199）。但究其根本，对犹太人流亡境遇的关注、对神学—政治困境的省思、对"魏玛自由主义挥之不去的反感"作为施特劳斯思想的底色一直贯穿于他的整个学术生涯。只不过在他到达美国后，为了适应寄居国的新环境，这一隐秘关切变得更加韬光养晦而已。因此，不能由于表述形式和具体论题上的变化而对施特劳斯更加显白的早期思想加以贬低。相反，只有重视、理解施特劳斯早期的学术思考和理论关切，才能透彻理解施特劳斯的理论热情为何如此专注地深入到西方学术的理论原初和深层脉动。对于生长于自由民主背景下的美国学子而言，他们很难体悟一个边缘者、流亡者的彻骨之痛。更何况（第二方面），正如谢帕德所展示的，他们接触到的施特劳斯早期文献也颇为有限。"随着施特劳斯美国事业的展开，他作品中那些最让人困惑的方面开始变得有意为之。如果接受这一论点，那么施特劳斯思想的独特之处就在于：故意留下足够的线索以引发敏锐、细心的读者的怀疑，同时避免引起普通、粗心的读者的注意。由此出发，施特劳斯坚决地试图抹除或隐藏自己对其时代重大问题所持的真实立场的所有确凿证据的做法，就显得不足为奇。这种模糊处理或可解释笔者在本章中所考察的一些文章和讲演（［译按］指早期作品）为什么在施特劳斯后期出版的文集中未能收录再版，甚至被列为禁止出版作品的原因之一：它们或许暴露了太多施特劳斯的真实观点"（《施特劳斯与流亡政治学》，页205）。可见，正是由于文献的匮乏和体悟的缺失，布鲁姆对施特劳斯思想重要性的体悟发生了天平上的倾斜。

问题是，同样的流亡背景，相似的社会局外人的体验，并不必然走向右的激进保守主义，抑或走向左的社会批判学说（如法兰克福学派［the Frankfurt School］的左翼学者们）。那为何独独施特劳斯既没有走向右派的保守回归，也没有像西马左派人物那样本着无畏的理智真诚峥峥前行（参见施特劳斯，《摆脱无论左派还是右派的偏见》，载于《美国政治学评论》，卷57，1963，第6期，页151-160）。这或许有性情气质方面的原因，但更直接地源于思想统绪上的传承。在1960年的一封致索勒姆的信中，在赞扬索勒姆在"聪明才智方面为其他犹太人照亮了家园"，从而成为"一个对现在活着的每个犹太人的祈福者"之后，施特劳斯写道，"我从气质上便不可能追随你——或者如果你愿意也可以说，我也曾郑重表示恪守一个信念，恪守现在的信念的誓言……：moriatur anima mea mortem philosophorum［我的灵魂一朝死去，也如众哲人之死］"（《回归古典政治哲学》，华夏出版社，2006，页397-398）。

不妨再举一个间接的例子，伽达默尔在一次访谈中描述了与施特劳斯初次会面时的印记："我特别记得他有趣的样子：隐秘的、怀疑的、讽刺的和总是不无愉快的。……他肯定在我身上觉察到一个因为成功而自豪的青年学生的盛气。知道他如此敏感，我在这之后非常小心地不冒犯他"（《访谈：伽达默尔论施特劳斯》，载于《回归古典政治哲学》，页486）。上面两个例子，前者说明了施特劳斯为何没有成为宗教信徒而是一位哲人，后者则间接证明了施特劳斯内敛持重的谨慎性格。这些个体心性和性格气质方面的因素是施特劳斯没有成为宗教信徒（如索勒姆）和锋芒外露的社会批判者（左翼学者）的潜在原因。

与性格气质上的因素相比，柯亨、尼采的思想影响，以及犹太学术机构的研究经历等因素直接促使了施特劳斯远离左翼的社会批判。作为新康德主义马堡学派的创始人，柯亨的犹太思想成为引领施特劳斯学术思考的向标。"虽然施特劳斯足够成熟地拒绝了柯亨诠释学中的几个核心方面，但是他的许多重要洞见却是在对这些诠释（甚至是错误诠释）的理解和论辩中产生的"（《施特劳斯与流亡政治学》，页14）。借由柯亨，施特劳斯重估斯宾诺莎的意义，回溯到迈蒙尼德的中古犹太哲学，最终抵达柏拉图的春秋笔法，从而开掘出一套柏拉图式的政治哲学。而尼采对平等主义的挞伐和对马克思共产主义愿景的末人批判，则成为施特劳斯现代性批判的理论基石，因此，经历柯亨和尼采思想洗礼的施特劳斯，再也无法从自由主义内部，像那些"半吊子的马克思主义者"那样通过零敲碎打的批判修补工作来挽救自由民主制的西方社会。

可见，无论从思想分期、原初意图，还是理论旨趣方面，要想对施特劳斯思想获得一种恰切的理解和把握，就要对他的流亡处境和生活经历有所了解，在生活与思想的关联中勾勒这位政治哲人的思想肖像。谢帕德的专著——《施特劳斯与流亡政治学》就是进行这样一种谱系学的工作。该论著以时间为经、问题为纬，将施特劳斯早期思想划分为四个时期：（一）反犹主义与新康德主义时期；（二）魏玛保守主义犹太人时期；（三）流亡欧洲与思想转向时期；（四）迫害与写作的艺术：纽约时期。在这四个时期，自由主义批判和流亡问题两个显著特征反复出现，借助翔实缜密的历史分析和文献梳理，谢帕德展现了青年施特劳斯思想发展的生动画面，为读者描画了一个政治哲人蜿蜒前行的思想地图。

本文的翻译得益于刘小枫先生的信任和委托，先生的学界影响和旗帜意义有目共睹，无需晚辈赘言。因此，接到翻译任务之初，译者曾为自己有幸加入这支队伍，为翻译志业尽一点个人的绵薄之力而激动莫名。然而，翻译上的苦乐艰辛唯有经历者方能体知。坦率地讲，译者力求在译文的准确上做到无愧于良心，但作为首部译著，它难免带有邯郸学步的痕迹。因此，恳请读者多多批评，以求有机会得到补正。

最后，感谢北京大学唐士其教授对书名翻译的斟酌谏言，感谢妻子刘艳女士在翻译过程中的智识帮助和生活上的担当呵护。感谢父亲高玉泉先生，母亲林凤华女士一直以来的默默关爱以及对爱女高佳的倾力帮扶。

高山奎
彭城牛山寓所
2012 年 9 月

纪念我的父亲 Albert M. Sheppard

致　谢

　　本书的出版是集体努力的成果，同时也是一个筹划、研究和写作的异常艰辛的孤独历程。借此机会，我想向我的家人、朋友、师长和同事表达感激之情，他们为这份努力贡献良多。这项研究任务艰巨异常，眼前这部拙作尚未达到它的原初目标。因此，这部书的优点反映了他们创造性的投入，而它的缺陷则全系笔者自身的原因所致。

　　这部可争论之专著的早期雏形源自我的博士学位论文，当时我就读于洛杉矶加利福尼亚大学历史系。在加利福尼亚大学，迈尔斯（David N. Myers）引领我步入犹太史研究领域，尤其是犹太思想史领域。作为我的博士生导师，他给予我许多实现主要学术目标所必需的方法、鼓励和批评。作为导师和朋友，迈尔斯先生帮助我找准位置，尽快融入工作和生活。我要感谢班德（Arnold J. Band）先生，他在语言、文本、学者和作者等方面对我指点颇多。安德森（Perry Anderson）对知识分子遗产及其角色充满激情的理解，激发我献身于做一名保守主义思想家，即一个比他所意识到的更具广泛影响和争议的人。弗里德兰德（Saul Friedlander）的教诲和写作着力于沉思与良知之间的微妙平衡。他坚定不移地献身于对迫害、危机和大灾难时期文明史复杂性的探究和理解，成为我心向往之的学者典范。

　　曼德斯弗劳（Paul Mendes-Flohr）是另一位在德国犹太思想方面让我感佩的年轻学者和师友。他博大的胸怀与心智将是我整个职业生涯赖以践行的向标。

　　几位好友和同事以不同方式对本书的部分章节进行了阅读与

评论，他们有阿诺德（Kathleen Arnold）、巴特扎卡（Leora Batnitzky）、柯亨（Jonathan Cohen）、道登（Steve Dowden）、恩格尔曼（David Engerman）、哥特利布（Michah Gottlieb）、哈尔波特（Moshe Halbertal）、杰伊（Martin Jay）、卡恩（Susan Kahn）、莱博维茨（Nitzan Lebovicz）、梅林（Sabine von Mering）、迈尔（Thomas Meyer）、蒙塔格（Warren Montag）、普劳茨（John Plotz）、里特尔（Martin Ritter）、斯塔尔（David Starr）、怀特菲尔德（Stephen Whitfield）、樟柯（Michael Zank）和兹普斯坦（Steven Zipperstein）。艾迪（Moshe Idel）、艾维（Alfred Ivry）、伯伦纳（Michael Brenner）、拜勒（David Biale）、奥特曼（William Altmann）和艾伦森（David Ellenson）等等，他们不断激励我从事这项研究。丰波特（Charlotte Fonrobert）总是尽力从全新的视角激发我反思法律和文字问题。阿库什（Alan Arkush）和雅克（Benard Yack）则被证明是施特劳斯话题上极具挑战性的对话者。

戈登（Peter Gordon）、克莱因伯格（Ethan Kleinberg）和莫伊（Samuel Moyn）在思想和哲学上不断砥砺我思考，他们暖暖的关爱使我在冬季的新英格兰如沐春风。布克（Courtney Booker）的提问和建议激发我以旅途之人（Homo viator）的游历视角构思本书。拉兹-克拉柯茨金（Amnon Raz-Krakotzkin）关于犹太史上流亡现象的创造性阐释，促使我重思过往三千年来政治、宗教和历史相互融贯交织的各种存在方式。

纯系偶然的是，作为美国犹太流亡学者的弟子，我在布兰迪斯大学找到了自己的学术阵地（academic home）。我一直努力聆听卓越学术前辈的声音，他们的思想饱含时代的创伤经历，这些强有力地激发我的学术热情。自从来到布兰迪斯大学，近东犹太研究系（the department of Near Eastern and Judaic Studies）可敬的同事们给予我莫大的帮助和支持。特别是布瑞特勒（Marc Brettler）、菲斯曼（Sylvia Fishman）、弗瑞兹（Chaeran Freeze）、保罗斯盖（Antony Polonsky）、莱维德（Benjamin Ravid）、萨那（Jonathan Sarna)和特洛恩(Ilan Troen)一直关心我的研究进展,他们的共同关照(collegiality)使我受益颇多。与戴科特(Jonathan Decter)的无数次对谈燃起了我对中古阿拉伯和希伯来文本研究的热情,尤其对这些著述多层含义的挑战与魅力兴趣日增。布兰迪斯大学图书馆的两位同事,罗森布鲁姆(James P. Rosenbloom)和维尔(Anthony Vaver),在我查阅重要文献资源时提供了诸多便利与协助。

我要感谢现代犹太史考瑞特(Richard Koret)特聘教授和布兰迪斯大学校长莱茵哈茨(Jehuda Reinharz)先生,作为陶伯研究系列(Tauber Institute Series)丛书的主编,他邀请我提交书稿到丛书编委会。弗莱德(Sylvia Fuks Fried)副主编在图书出版的全程对我勉励有加。新英格兰大学出版社道诶茨(Phyllis Deutsch)与布莱斯(Ann Brash)的精辟评论为本书的修正完善提供了契机。

流亡研究中心之外的友人也应受到感谢。班-扎肯(Avner Ben-Zaken)和班-道尔(Zvi Ben-dor)成为我的朋友和兄弟。自研究生阶段便一同在耶路撒冷从事研究的苏菲恩(Sandy Sufian)成为我亲密的朋友和同事。赵(Susan Cho)是一位值得珍惜的朋友,我们曾约定共同去追求纯粹的快乐和深刻的辉煌。

我的家人在本书写作过程中一直勉励着我。在事业发展的每一步,罗森(Stan Rosen)都在背后默默关怀和支持着我。郝蒂(Hedi)和萨德(Ronald Sands)让我感受到这个特殊大家庭的情义深重。在过去的几年,我的四个兄长和姐姐——巴利(Barry)、罗伯特(Robert)、朱蒂斯(Judith)和詹纳(Jenene)——与他们的配偶和孩子为了让我安心写作先后远离我而居。然而,出自本性的亲情和鼓励又使他们不断地亲近和疼爱我。这本书的出版恰逢一个新谢帕德家庭的诞生。在本书写作与编辑出版的最后阶段,丹娜(Shira Diner)进入我的生活,她的爱的出现使一切都变得如此甜蜜。

在我的生活中，最大的灵感源泉来自我的父母。苏珊娜·谢帕德（Suzanne Sheppard）为孩子们提供了尊严生活和高尚人格的鲜活样板，尤其是直面逆境的品格。

作为一种爱的纪念，这本书献给我的父亲——阿尔伯特·谢帕德（Albert M. Sheppard）。父亲是我最伟大的老师。他进出法庭充满激情的声音，最早燃起我对文字和思想真正威力的敬意。对他珍贵的记忆将继续指导、丰富并照亮我前行。

谢帕德（Eugene Rosenthal Sheppard）
于马萨诸塞州瓦尔珊

引 言

[1] 本书旨在揭示作为犹太思想家和政治哲人的施特劳斯的思想形成。施特劳斯从德国到美国的旅程，同时也是他竭力理解流亡存在及其政治架构，努力挣脱保守魏玛犹太人身份意识，走向现代自由主义的思想历程。作为一个来自德国的犹太裔避难者，施特劳斯试图解决一个犹太人不愿放弃忠诚于自己的祖辈共同体与不愿严格恪守宗教律法生活之间的冲突。施特劳斯一方面将真理和智慧视为超越了特殊宗教和民族共同体，另一方面他深知自己已完全处于启蒙人文主义的光照之下。因此，他努力在犹太教与哲学、古人与现代人、柏林与纽约之间逡巡定位，最终建构起复杂且激动人心的思想工程和独创性的解释学成果。

很多学者倾向于将施特劳斯理解为美国新保守主义的精神奠基者。① 单从字面上来理解，施特劳斯的这一声誉可追溯至他在芝加哥大学任教期间。作为一个政治哲人，施特劳斯与其他几位保守主义同仁一道，疏解思想史上伟大心灵们的经典之作所教诲的思想教义，通过这种方式来表达他们的反共言论。虽然施特劳斯在20世纪60年代中期从芝加哥大学的教席上退了下来，但他的影响依然强劲地支配着这所大学的政治学系和社会思想委员会。

---

① 关于这一主题，最近的一部研究专著是 Anne Norton 的《施特劳斯与美帝国的政治》(*Leo Strauss and the Politics of American Empire*, New Haven: Yale University Press, 2004)。该书将政治的触角与施特劳斯主义学者、保守主义智囊团和政府勾连起来。然而，这部专著公开宣称不探讨施特劳斯本人的论题。

施特劳斯学生中的佼佼者，继承了他的哲学和解释学路向的弟子有布鲁姆（Allan Bloom）、克罗波西（Joseph Cropsey）、丹豪瑟（Werner Dannhauser）、雅法（Harry Jaffa）、拉勒纳（Ralph Lerner）、马赫迪（Muhsin Mahdi）、莫肯（Aryeh Motzkin）、曼斯菲尔德（Harvey J. Mansfield）、罗森（Stanley Rosen）、塔尔科夫（Narthan Tarcov）等等。然而，这些施派弟子的观点之间，尤其在东海岸施特劳斯学派和西海岸施特劳斯学派之间，存在明显的裂痕，他们都声称自己得体地揭示出了事情的真相，进而宣称自己一方才是施特劳斯思想遗产的真正传人。同时宣称获得施特劳斯思想遗产的还包括新保守主义政治评论家和战略家，如克里斯托（William Kristol）和贝内特（William Bennett）；政治家如金里奇（Newt Gingrich）；司法界知名人士如博克（Robert Bork）、斯卡利亚（Antonin Scalia）和 [2] 托马斯（Clarence Thomas）。另外，小布什（George W. Bush）总统在任期间的几家权威国际报纸杂志，被指认为施特劳斯主义发挥影响的温床：从稳健外交政策和防御性政策分析转向强硬派人物如沃尔福威茨（Paul Wolfowitz）和伯尔（Richard Perle）的立场。① 一些媒体人注意到，小布什任期内一系列观念和政策心照不宣的一致及其调整，全系 2001

---

① 参见阿特拉斯（James Atlas）的专栏文章，《一个古典主义者的遗产：新帝国的缔造者》（A Classicist's Legacy: New Empire Builders, 载于 *New York Times*, 2003 年 5 月 4 日第 4 版, 页 1）。在这篇文章中，阿特拉斯绘制了一幅流程图，表明小布什政府高层与施特劳斯之间的关联，这引起评论家的强烈反响。类似的文章发表在《纽约客》（*the New Yorker*）、《世界报》（*Le Monde*）、《波士顿环球报》（*the Boston Globe*）、《经济学家》（*The Economist*）、《国际先驱论坛报》（*the international Herald Tribune*）、《华盛顿邮报》（*the Washington Post*）、《名利场》（*Vanity Fair*）和《国家》（*The Nation*）等报刊杂志。因此，林登·拉洛奇（Lyndon LaRouche）的智库（spiratorial organs）将施特劳斯视为"新保守主义的法西斯主义教父"（The Fascist Godfather of Neo-Conservatism）就显得不足为奇。弗兰尚（Alain [转下页注]

年9月11日世贸中心和五角大楼遭受恐怖袭击的结果。根据这些媒体评论人的观点,美国内政外交政策议程的制定,明显受到不适当的施特劳斯主义保卫西方文明免受敌人侵害之观念的影响。

施特劳斯的影响更直接地见于新保守主义的定期刊物《评论》(Commentary)杂志,尤其是《解释》(Interpretation)学刊,后者曾将施特劳斯列为编委。另外,《旗帜周刊》(Weekly Standard)的几位主笔和"美国新世纪计划"(The Project for the New American Century)的高参们,公开将施特劳斯视为给他们保守主义观点带来决定性影响的灵感源泉。里拉(Mark Lilla)最近在《纽约图书评论》(New York Review of Books)上发表了关于施特劳斯事业和遗产的两部分评论(two‑part assessment)。里拉的划分,在不同部分采用不同的语气,意图突显施特劳斯、欧洲人与这位饱受争议的著名人士之间的巨大裂痕,这一裂痕的出现源于施特劳斯主义对学术界、政府及其智库产生的不同影响。①

[接上页] Franchon)和韦尼特(Daniel Vernet)在《世界报》发表的《战略家与哲人》(Le Stratege et le philosophe)使这一观点达到最强音。上述文章大多将矛头指向施特劳斯美国著述时期广泛的中心主题,却未能触及细微而精准的施特劳斯思想肖像,后者源自他的核心思想关切与诸种理论。同样的情形出现在那些自称施特劳斯弟子与后代的反驳论述中。例如,伦兹纳(Steven Lenzner)和克里斯托(William Kristol),《施特劳斯究竟在干什么?》(What was Leo Strauss up to, 载于 Public Interest 153, 2003, 页19-40)。在这些辩护性文章中,值得关注的是克雷(Jenny Strauss Clay)——施特劳斯的养女——在《纽约时代》(New York Times)上发表的重要反驳文章——《真实的施特劳斯》(The Real Leo Strauss, 载于 New York Times, 2003年6月7日, 页A15)。

① Mark Lilla,《列奥·施特劳斯:一个欧洲人》(Leo Strauss: The European, 载于 New York Review of Books, 卷51, 第16期, 2004)与《闭塞的施特劳斯心智》(The Closing of the Straussian Mind, 载于 New York Review of Books, 卷51, 第17期, 2004)。单从标题上看,我们很容易察觉出两篇文章的重要不同:第一篇文章是审慎的主题分析,而第二篇文章则明显暗合布鲁姆的《闭塞的美国心智》(The Closing of the American Mind, [转下页注]

颇具讽刺意味的是，施特劳斯弟子们倾向于像施特劳斯看待经典哲学著作那样看待施特劳斯的作品：即将这些著作视为永恒心灵的产物，它们仅向少数未来哲人传达隐微真理。因此，对施特劳斯的解读，施派弟子们往往带有聪明或无聊的圣徒传记（hagiographies）色彩，他们试图借此表明自己与可敬的导师之间拥有无出其右的亲密思想关联。同样具有反讽意味的是，反施特劳斯主义的自由主义捍卫者们接受了上述评价施特劳斯作品的相似观点。他们将施特劳斯的工作看作是创立了一个正统宗派，因此试图揭露其核心教义并驳倒它：例如，德鲁里（Shadia Drury）试图检审早期施特劳斯的德国和犹太思想。但是，由于她相当严苛的施特劳斯阅读基于对施特劳斯犹太背景和写作的有限理解，所以德鲁里的开拓性努力最终归于失败：她无法有效阐明，在危机深重的两次世界大战期间学习、研究和出版著作的这个来自基希海因的德国犹太人所面临的政治、宗教和历史的具体窘境。① 事实上，许多施特劳斯主义者和反施特劳斯主义者的研究最终归于失败，根本原因在于，他们未能在德国—犹太人历史背景和犹太流亡者经验视域下理解施特劳斯的思想发展。

最近以来，研究者们已经开始关注施特劳斯思想的犹太方面。例如，格林（Kenneth Hart Green）的工作促使学者们认识到，虽然施特劳斯的论域触及大量的非犹太思想家和论题，如不考虑其思想的犹太方面，施特劳斯的思想肖像必定不完整。格林研究施特劳斯的大部头著作——《犹太人与哲人》（*Jew and Philosopher*），通过阐明施特劳斯三次重返中古犹太哲人迈蒙尼德（Mo-

---

[接上页] New York：Simon and Schuster, 1987）。即是说，后者的标题意味着将矛头转向了私人和论辩。

① Shadia Drury,《施特劳斯与美国右派》（*Leo Strauss and the American Right*），New York：St. Martin's, 1997。

ses Maimonides）来勾勒施特劳斯的思想发展。① [3] 与英语世界之前的研究不同，格林的研究强调施特劳斯魏玛时期作品的重要性。在格林贴近原文的研究中，施特劳斯作为宗教思想家的形象显露出来：施特劳斯试图发现并模仿迈蒙尼德细致入微地对待哲人和犹太人这一双重身份。这涉及施特劳斯重新发现了传说中的迈蒙尼德的解释学，这一解释学区分了隐微—显白（esoteric and exoteric）两种写作艺术。通过在英语世界收集材料，格林推进了前期的学术研究成果，这些材料大多散见于施特劳斯主义者主办的学刊或未刊稿中，格林将这些材料编在一起，以"犹太哲学与现代性危机"（Jewish Philosophy and the Crisis of Modernity）为题出版。② 这部论文集的优点在于，它向广大读者展现了施特劳斯犹太写作和演讲的宽广论域，进一步夯实了施特劳斯作为犹太思想家的理论地位。本人的这部作品受惠于格林的工作，并试图通过考察施特劳斯的生活经历，展现施特劳斯犹太思想的具体脉络。

迈尔（Heinrich Meier）开辟了另一条不同的研究路向，他从德国思想文化的背景出发，对理解施特劳斯作出了重要贡献。迈尔的研究从施米特（Carl Schmitt）和施特劳斯的通信入手。这项工作为重新评估施特劳斯与欧洲同时代其他思想家之间的关系铺平了道路，尤其是对希特勒掌权前后的那段戏剧性时期的研究意义重大。第1-3卷（计划6卷）的施特劳斯文集（*Gesammelte Schriften*）的出版为业界提供了必不可少的、可靠的关于施特劳斯

---

① Kenneth Hart Green,《犹太人与哲人》（*Jew and Philosopher: The Return to Maimonides in the Jewish Thought of Leo Strauss*）, Albany: State University of New York Press, 1993。

② Leo Strauss,《犹太哲学与现代性危机》（*Jewish Philosophy and the Crisis of Modernity: Essays and Lectures in Modern Jewish Thought*）, Kenneth Hart Green 编, Albany: State University of New York Press, 1997。

早期已出版和未刊著述的文献来源。① 文集第 3 卷中包含了 20 世纪三四十年代施特劳斯的一些珍贵且广泛的往来通信。当前和未来的研究者都将感激迈尔夫人（Wiebke Meier）为迻译施特劳斯难以识读的基于拉丁语的手写稿而付出的努力。

检审迈尔关于施特劳斯和施米特的早期研究著作，可以看到他对施特劳斯研究的贡献在于，使施特劳斯获得了更多的政治特性。在过去的二十多年的研究中，迈尔主要致力于指明施米特与施特劳斯（一个德国犹太人）之间密切的思想关联，以此来为施米特在德国恢复名誉。② 在论著中，迈尔将施特劳斯定性为一位政治哲人。迈尔挑衅性地将施特劳斯展现为一个犹太无神论者，他在政治秩序的关键之处——宗教和哲学之间无法调和的冲突——挑战经典的理解。在迈尔看来，通过保存或重启耶路撒冷与雅典的冲突，施特劳斯颠覆了传统的哲学观念或改造了现存社

---

① Leo Strauss,《施特劳斯文集》卷一（*Gesammelte Schriften*, vol. 1, *Die Religionskritik Spinozas und zugehörige Schriften*），Heinrich Meier 编，Stuttgart：J. B. Metzler, 1996; Leo Strauss,《施特劳斯文集》卷二（*Gesammelte Schriften*, vol. 2, *Philosophie und Gesetz: Frühe Schriften*），Heinrich Meier 编，Stuttgart：J. B. Metzler, 1997。

② Heinrich Meier 的第一部比较研究专著是《施米特、施特劳斯与〈政治的概念〉：隐匿的对话》（*Carl Schmitt, Leo Strauss und "Der Begriff des Politischen": zu einem Dialog unter Abwesenden*），Stuttgart：J. B. Metzler, 1988; 翻译成英文为 *Carl Schmitt and Leo Strauss: The Hidden Dialogue*，J. Harvey Lomax 译，克罗波西（Joseph Cropsey）为英译本撰写了序言。在序言中，克罗波西同意迈尔的解释性阐述，后者将施特劳斯定性为一个政治哲人，以区别于政治神学家的施米特。在克罗波西看来，迈尔的言述是扩展的施特劳斯主义学说的组成部分。同时参见迈尔的《施米特的学说：四论政治神学与政治哲学的区分》（*Die Lehre Carl Schmitts: vier Kapitel zur Unterscheidung politischer Theologie und Political Philosophy*），Marcus Brainard 译，Chicago：University of Chicago Press, 1998。在天主教保守主义的西门子基金会（C. E. von siemens stiftung）资助下，迈尔陆续将一大批施特劳斯的作品翻译成德语，在德国出版。

会的洞穴意见、道德习俗和政治影响。①迈尔的阅读引起激烈争论。较之其他研究者,他更为精通施特劳斯文集及其政治哲学要义,但具有讽刺意味的是,迈尔过分偏重施特劳斯成熟时期著作的教条主义,从而大大削弱了他对早期施特劳斯令人激赏的研究成果。成熟时期施特劳斯著作的特点是,过分武断地强调成对相反范畴的紧张对抗,如耶路撒冷与雅典、启示与理性、古代人与[4] 现代人,而迈尔通过解释、调和这些对立概念,来理解施特劳斯的工作及其思想遗产。

唐格维(Daniel Tanguay)最近出版了一部用法语写成的出色的施特劳斯研究专著——《施特劳斯思想传记》(*Intellectual biography of Strauss*),除本书之外,该论著提供了关于施特劳斯早年学术生涯最基本的生平记述。② 樟柯(Michael Zank)编译出版了《施特劳斯:早期文稿(1921 - 1932)》(*Leo Strauss*: *The Early Writing* [1921 - 1932]),向英语读者敞开了施特劳斯早年德国时期的思想世界。③樟柯考究的编者按语,颇富启发性的引言和精准的译笔,为学生和研究者提供了进入施特劳斯早年世界的可靠根基:(《早期文稿》中提及的)诸多人名、组织和机构,除少数专家学者之外,人们大多迷糊不清。樟柯对施特劳斯的解释和翻译,使读者对形塑青年施特劳斯的思想和政治世界观基础的德国和德

---

① 参见 Heinrich Meier,《神学—政治问题:施特劳斯论题》(*Das theologisch - politische Problem*: *zum Thema von Leo Strauss*),Stuttgart: J. B. Metzler,2003。同时参看迈尔更早的著作《施特劳斯的思想运动:哲学史与哲人的意图》(*Die Denkbewegung von Leo Strauss*: *die Geschichte der Philosophie und die Intention des Philosophen*),Stuttgart:J. B. Metzler,1996。

② Daniel Tanguay,《列奥·施特劳斯:思想传记》(*Leo Strauss*: *Une biographie intellectuelle*),Paris: Bernard Grasset,2003。

③ Leo Strauss,《施特劳斯:早期文集(1921 - 1932)》(*Leo Strauss*: *The Early Writing* (1921 - 1932)),Michael Zank 编译,Albany:State University of New York Press,2002。

国—犹太人境遇有了更深的了解。

随着卢兹（Ehud Luz）编选的 *Yerushalaim ve – atunah* 的出版，施特劳斯作品的翻译开始进入希伯来语世界。① 卢兹展现了作为政治哲人的施特劳斯形象，强调施特劳斯的政治哲学总体上从他的犹太核心发展演进而来，同时发展为对普遍问题的关注，进而获得了关于真理和智慧的深刻洞见。卢兹追随格林和其他研究者的路数，强调施特劳斯在德国作为犹太思想家的思想形成时期，但令人不解的是，卢兹没有选取施特劳斯前美国时期的任何作品。最终，展现在我们面前的是带有美国面具的没有任何历史包袱的施特劳斯形象，他成熟的思考仅仅偶然地与他的欧洲生涯发生关联。卢兹看到，就其自身而言，施特劳斯主义者在最重要的方面并没有提供关于施特劳斯的有力解释：施特劳斯是一个犹太思想家，是一位对其所处时代哲学和社会利益冲突折射出的永恒问题进行严肃的政治哲学反思的知识分子典范。这些相互冲突的利益根本上是耶路撒冷与雅典，犹太教（在卢兹那里尤指神学）与哲学之间永恒冲突的现代形式。施特劳斯思想发展过程中的内在冲突（rough – and – tumble），以及他对政治犹太复国主义的积极献言被贬摘为一个史学家的特有关注。

本书旨在综合施特劳斯思想品格的不同维度，这些思想品格之间有的甚至彼此相差千里。因此，笔者试图探究施特劳斯思想的德国人的、犹太人的和美国人的不同面相，以及他们如何综合发展成一种神秘的正统教义。特别是，笔者要考察一个保守魏玛犹太人如何挣扎地调适自己作为一个欧洲犹太难民的状况，成功移民进入美国。笔者的研究追随施特劳斯思想的发展一直到1948年，集中研究古内尔（John Gunnell）先生所恰切提及的"施特劳

---

① Leo Strauss, *Yerushalayim ve – atunah*: *mivhar ketavim*, Ehud Luz 编, Jerusalem: Mossad Bialik: Leo Baeck Institute, 2001。

斯主义之前的施特劳斯"（Strauss before Straussianism）① 阶段。1948年，施特劳斯还没有离开纽约前往芝加哥，但尽管如此，施特劳斯作品的所有迹象表明，他的思想运动已起航走向众所周知的施特劳斯主义。[5] 施特劳斯从纽约社会研究新学院转至芝加哥大学标志着他实现了一个重要的过渡：从左倾自由主义同事的海洋中作为一个不起眼的保守主义移民过渡到阿德勒（Mortimer J. Adler）、希尔斯（Edward Shils）、哈耶克（F. A. Hayek）和弗里德曼（Milon Friedman）等强大的保守主义同行簇拥下的一个有争议的美国新保守主义者。作为施特劳斯故事中的重要组成部分，芝加哥大学之后的岁月，施特劳斯仍主要围绕他持续关注的、他自己的犹太人问题的复杂且悬而未决的紧张作出回答，或者用他自己的话讲即"神学—政治困境"（the theologico - political predicament）②。

笔者试图理解施特劳斯生活中犹太人和非犹太人面相之间的关联，留意它们之间富有启发意义的紧张关系。恰切地讲，研究施特劳斯的这条路径似乎类似于施特劳斯本人哲学研究中对阿尔法拉比（Al - Farabi）、哈列维（Halevi）、迈蒙尼德（Maimonides）、斯宾诺莎（Spinoza）、色诺芬（Xenophon）等人的研究。但笔者的阅读没有遵循施特劳斯主义的苛评取向。实际上，这一背景性研究冲动相悖于施特劳斯主义解释学的核心教义。代

---

① John Gunnell,《施特劳斯主义之前的施特劳斯：理性、启示与自然》（Stauss before Straussianism: Reason, Revelation, and Nature），载于 *Review of Politics*，卷51，1990，页53-57（中译见刘小枫主编，《道风：汉语神学学刊》，2000春季号）。

② Heinrich Meier 出版了一本小书试图展现施特劳斯这方面令人印象深刻的观点：《神学—政治问题：施特劳斯论题》（*Das theologisch - politische Problem: zum Thema von Leo Strauss*），Stuttgart: J. B. Metzler, 2003。该书的英文版题目为 Leo Strauss and the Theologico - Political Problem, Marcus Brainard 译，Chicago: University of Chicago Press, 2006。

替将施特劳斯看作一个永恒心灵,笔者试图将施特劳斯的思想历程理解为在可变历史环境中调整和发展的过程。笔者给自己研究设定的任务是阐明文本与背景、施特劳斯的写作与形塑其表述方式的环境之间的相互影响。笔者并没有忽略施特劳斯提出的哲学与政治相互冲突的观念,但笔者此处的首要任务是将施特劳斯的学术研究与他的生活融通起来。当笔者沿着这条思路提出自己的判断时,这本书对施特劳斯采取了既非控诉也非一味辩护的中立立场。

或许施特劳斯思想的主要支柱是相信过往伟大作者的写作包含多层含义。追踪这些多层含义,施特劳斯在自己的疏解文章中有效利用了这些掩盖策略,这使得他着迷于书写这些注疏文本。笔者同样着迷于种种精微的和充满暗示的施特劳斯解释策略。这样一种写作与阅读的艺术不仅应付流亡的状况非常有用,而且有助于在专制的极权主义政体下更好地生活下去。施特劳斯的这一洞见引起同时代许多作家和思想家的共鸣,他们在纳粹统治德国的十多年的高压之下写作和发表作品。廓清特殊知识分子与一个残暴的和(或者)极权主义政制共谋的伦理问题是相当困难的,这无疑需要我们说明这一历史背景复杂的变迁过程。一位同事曾讲述过一个20世纪50年代被捕入狱的南非共产党员的故事。当问他是否配合过当局的种族隔离政策时,这个人答道,在他被宣判有罪以前应该和别人分享同一牢房。任何历史学家试图评估动机和意图,间接责任还是主要责任时都会遇到深刻的道德疑难,因为这些话都是在黑暗时代说出或写出的。当人们总是以道德说教来代替更为困难,更具挑战地甄别黑暗时代中的歧义含混和自相矛盾的基本任务时,历史学家不应回避思想真诚(intellectual integrity)[6]和道德算计问题。

施特劳斯没有直接在极权主义和迫害的境遇下从事写作,因此,一个完全不同的问题产生了:一个明显的障碍是在如此众多的思想家献身于思想自由表达和智识真诚的价值观的氛围下,为什么施特劳斯在来到美国，定居于纽约和芝加哥这样的世界大都市之后，却要践行模棱两可的间接写作方式？对于很多人而言，施特劳斯的做法表明他对自由民主制根底上的蔑视态度。但事情并非那么简单。尽管施特劳斯多层含义的写作风格暗示他对收容自己的新国家具有很深的矛盾心理，这一自相矛盾的做法也表明施特劳斯试图在新的环境下保留个人观念的表达方式以维系其作为哲人的理智真诚。笔者试图获得的施特劳斯注疏作品中所隐含的真相，并非施特劳斯解释学或隐微大义（the hidden messages）的真理。相反，它是理解施特劳斯思想与著作的创造性表达和施特劳斯直面生活经历中深重的戏剧性挑战的某种反应。这种先于施特劳斯主义的施特劳斯思想中的动态张力和出人意料的迂回之举是本研究的焦点所在。

对施特劳斯而言，承认哲学在任何既存社会秩序中存在的不稳固性是追求前现代智慧、指导和真理资源的第一步。个体哲学启蒙的这一目标是提供给现代人的一种 teshuvah［重新获救的］类型。在20世纪30年代，在他流亡欧洲的那段时期，施特劳斯确信重返前现代的政治秩序是不可能的。然而，施特劳斯同时激进地认为一个具有天赋的哲人能够以个体方式获得前现代哲学的原初意图和真实教诲。①

由于我把流亡视为理解施特劳斯显白政治哲学思想的关键性范畴，因此，我必须指出，思想史研究中存在的一些值得关注的重大问题的含混模糊性尤其存在于非犹太社会及其文化当中。流亡生活在德国遭遇了困境，因此，施特劳斯试图在其他世俗民族国家背景下，找到犹太人流亡生活的各种有效的替代形式，以推

---

① 参见，例如，Leo Strauss，《评洛维特的〈从黑格尔到尼采〉》（review of Karl Lowith's *Von Hegel bis Nietzsche*），载于 *Social Research*，卷8，第4期，1941，页512–515。后收入《什么是政治哲学？》（*What is Political Philosophy?*）。

进他犹太政治哲学观点的深化。施特劳斯关于德国犹太人与非犹太人之间缺乏明显界限（permeable boundary）的观点反映了文化的动态性，这在犹太历史中屡被验证。进一步讲，施特劳斯洞见到后殖民历史与散居流亡生活状态之间存在着内在关联。特殊的犹太人共同体和它的宗主国社会之间的文化冲突绝非源于单方面的被动同化或者拒绝排斥过程。正如拜勒（David Biale）所指出的：."融入非犹太文化的趋势衍生出典型的犹太亚文化形态。"但是相反的情形创造出一种平行的悖论：."犹太人努力［7］保持一个独立身份经常通过借助甚至颠覆周围文化主题的方式才能获得。"① 施特劳斯关于犹太复国主义的一些思考触及了这些悖论。"影响的焦虑"源自一些理念的移花接木和内在纠结，这些理念来自于从非犹太文化中区分犹太文化之模糊边界的两个方面。②施特劳斯的一生树立了一个学术典范：他致力于在具体犹太人的关切，所居宗主国的文化关切（不论是德国还是美国）和超越民族国家的普遍性关切之间的复杂商谈和必要融通。

将施特劳斯的生活和著作加以勾连绝不是粗俗的后见之明。作为一个德国—犹太难民，施特劳斯尤为关切流亡中犹太人生存的可能性。在离开祖国之后的流亡岁月，施特劳斯不断向智慧发问，审慎地判断各种方案，这些方案呼吁克服政治的不完善性或放弃任何弥赛亚救赎的热望以应对流亡生活。施特劳斯将流亡视为所有政治社会的自然状态。作为哲学家的标准样板，他重铸了离散犹太人朝不保夕的存在，后者一直生活在迫害的永恒恐惧之下。甚至在迈入为他提供政治避难的自由民主制国家之后，施特

---

① 参见 David Biale《犹太人的文化》（Cultures of the Jews, New York: Schocken Books, 2002, 页 xxi）一书的编者序。
② "影响的焦虑"一词源自我对 Harold Bloom 的《影响的焦虑：一种诗歌理论》（The Anxiety of Influence: A Theory of Peotry, New York: Oxford University Press, 1973）一书标题的借用。

劳斯囿于保守主义政治哲学的新视野,仍试图教诲其不安或不在家(not-being-at-home)的感觉。这种对危险的赞赏和对流亡哲学美德之间显著的、令人信服的不和谐处于施特劳斯思想人格的中心。

最后,在以施特劳斯生平传记为背景定位他的思想时,两个显著的特征反复出现:对自由主义批判的保守主义(即便不是激进保守主义)和流亡问题的中心地位。这两个因素可以追溯到施特劳斯思想发展的最早时期,下面的四个阶段勾勒出施特劳斯思想发展的独特轨迹:(一)1921-1932年,作为一个激进的保守主义魏玛犹太人是政治犹太复国主义运动和犹太学术团体中的活跃分子,对当时新的哲学思潮广泛吸纳并作出反应;(二)1932-1937年,作为一个困惑、反抗的流亡者发现了中古伊斯兰启蒙运动,进而改写了现代政治思想的理论地基;(三)1938-1948年,作为一个移民试图在思想和写作方面适应他的新家,即自由民主制的美国;(四)1948年以后的学术生涯,他对自己的智慧之旅,尤其是犹太人问题进行了成熟思考和重新评估。接下来是对施特劳斯生活的四个相应时期的批判性考察。施特劳斯对流亡问题的反思相当深刻。虽然笔者不赞成他政治哲学上的一些诊断,但他对棘手问题本身的认识却值得认真对待。施特劳斯既不是浪漫的无权者和边缘人(alienation),也不是全然可怜而又可鄙地对其境遇进行责怨谩骂的怨妇。虽然施特劳斯对流亡的苦难和美德的迷恋与欣赏只是含蓄的和(或者)是他的作品(不考虑犹太主题)的背景,但在笔者看来,正是这种迷恋和欣赏激发了[8]他的工作热情。对流亡的承认最终成为施特劳斯献身政治思考的母体。在很大程度上,本书的研究试图评价施特劳斯学术生涯中最深切关注和最持续参与的那一主题。在梳理施特劳斯作品的流亡轮廓的过程中,我们对政治哲学可能性的理解无疑会受到挑战并得到丰富。

第一章　反犹主义与新康德主义

——从基希海因到马堡（1899 – 1920）

[9] 施特劳斯出生于 1899 年 9 月 20 日。像同时代的许多德国犹太人一样，施特劳斯在思想发展的创造性时期成为第一次世界大战的拥护者和参加者。施特劳斯来自一个中产阶级家庭。然而，与许多同龄犹太人不同的是，施特劳斯并非出生于城市繁华区，而是生长于基希海因（Kirchhain），一个位于库尔黑森邦（state of Kurhessen）① 马堡大学城周遭大片农田之中的小镇。这一地区的智识氛围（包括定期激动人心的反犹主义活动）保守且传统，而马堡大学却是德国启蒙人文主义的重要标志。基希海因的犹太人较之其非犹太邻居拥有更多的准城市（quasi‑urban）特性，但他们坚守传统宗教实践和信仰，属于宽泛意义上的正统派（orthodoxy）信徒，即怀疑的革新者。②

---

① ［译按］Kurhessen［库尔黑森］，1803 – 1866 年间对黑森－卡塞尔伯爵领地的称呼。

② 洛温斯坦（Stephen Lowenstein）关于德国乡村犹太人的一般性分析，此刻在我的脑海里转变为库尔黑森邦犹太人的特殊案例。参见 Stephen Lowenstein，《德国犹太人的日常生活：1618 – 1945》（*Jewish Daily Life in Germany*，1618 – 1945），Marion A. Kaplan 编，New York：Oxford University Press，2005。或参见《犹太人的日常生活：德国犹太史研究》（*Jüdisches Leben auf dem Lande: Studien zur deutsch‑jüdischen Geschichte*），Monika Richarz、Reinhardt Rürup 编，Tübingen：Mohr Siebeck，1997。文中含有对马堡周边城市和乡村犹太居民准城市特性的描写。萨雷德（Gerald L. Soliday）注意到现代早期马堡犹太人的准城市特性；参见他的文章《近代早期的马堡（转下页注）

20世纪初马堡地区的犹太人

库尔黑森邦地处普鲁士东部和西部省份之间,从法兰克福一直蜿蜒到卡塞尔。连绵起伏的丘陵和小块低洼农田是这一地区的主要地貌特征。普鲁士的吞并,俾斯麦针对天主教世俗权力发动的文化战争(kulturkampf),以及大众化反犹主义运动的高涨构成了该地区的近代政治景观。

早在13世纪,犹太人就定居在黑森州(Hessen)的大片土地上,16世纪基希海因开始有犹太人居住。施特劳斯本人将家谱追溯至19世纪中期。①库尔黑森犹太人的公民解放运动肇端于1869年,三年前(即1866年),普鲁士吞并了这个中等规模的城市。在此之前,犹太人的人权斗争走过了三个相对独立的时期:改善、倒退和限制。当德国其他州在19世纪中期实施法律改革时,库尔[10]黑森选民抵制这种改革,反对将它作为一般抵抗现代化力量和普鲁士专制统治的一部分。黑森州犹太人的解放法案分别颁布于1816,1823和1833年,它移除了法律上的限制,允许犹太人

(接上页)犹太人》(The Jews of Early Modern Marburg, 1640s – 1800: A Case Study in Family and Household Organization),载于 *The History of the Family*,卷8,第4期,2003,页495 – 516。以大学为核心的周边地区犹太人口的情况,参见埃德曼(Axel Erdmann)的综述,见《马堡犹太人的历史:从初始到现在》(Die Marburger Juden—ihre Geschichte von den Anfängen bis zur Gegenwart: dargestellt anhand der staatlichen Quellen besonderer Berücksichtigung des 19. Jahrhundert),马堡大学1987年博士学位论文。

① 参见阿恩斯伯格(Paul Arnsberg)对基希海因犹太社区史的概述:《黑森州的犹太社区》(*Die jüdischen Gemeinden in Hessen*),Frankfurt am Main: Societäts Verlag, 1971,页444 – 447。同时参见 Uta Löwenstein 的三卷本 *Quellen zur Geschichte der Juden im Hessischen Staatsarchiv Marburg*, 1267 – 1600, Wiesbaden: Kommission für die Geschichte der Juden in Hessen, 1989。

进入更具社会荣誉,比传统犹太活动领域更富成效的职业:如推销、贸易和信贷。改革的结构性力量动摇了农村经济结构的稳定状态。而另一方面,挣扎中的小地主和刚刚起步的农民因其经济困境,不断指责犹太人放债和容克地主(乡绅或拥有较少土地的贵族)。1830年和1848年爆发的反犹大骚乱,随之而来的一系列法案和民众请愿,随着1858年三项法令的颁布达到高潮,这些法令通过从业限制而非宗教分类的方式来遏制犹太人的公民权利。①

截止到1885年,基希海因常住人口超过140户,②成为在马堡城周边的农村土地上建立起该地区的三个犹太社区生活中心之一。③基希海因犹太人反映了这一地区农村犹太人的基本特征。即使在解放了半个世纪之后,许多库尔黑森的犹太人还生活在乡村,仍以牲畜贸易、推销和小规模的信贷交易为主要经济活动。与快速增长的革新派犹太教会(Reform Jewish Synagogues)相比,他们仍然通过城市中心区的教友召集集会,革新运动未能在马堡周边的犹太社区扎下根基。这种对犹太教自由派(Liberal Judaism)的抵制表明了一种对文化、传统的普遍保守主义态度,这是农村犹

---

① 在1923年9月10日的一封致Joseph Meisl的未刊书信中,施特劳斯向这位犹太复国主义战友提供了黑森州犹太人差异的精辟的政治性分析,这些差异是宪法不断修改,地域性地趋向同化或保守的一种结果。参见David Peal,《库尔黑森的反犹主义和农村转型》(Antisemitism and Rural Transformation in Kurhessen: the Rise and Fall of the Böckel Movement),哥伦比亚大学1985年博士学位论文,18f。

② 占当地人口总数的8.2%。参见德国希伯来语百科全书犹太社区的人口数据。Baruch Z. Opher 编,*Pinkas ha - Kehilot. Germanyah: Entsiklopedyah shel ha - yishuvim ha - Yehudiyim le - min hivasdam ve - 'ad le - ahar sho'at milhemet ha - 'olam ha - sheniyah*, Jerusalem: Yad Vashem, 1991, 卷1, 页345。

③ 这个地区另外两个犹太生活中心分别是诺伊斯塔特(Neustadt)和韦特(Wetter),参见Bernd Klewitz,《基希海因:第三帝国下的日常生活》(*Kirchhain: Alltag im Dritten Reich*),Marburg: SP - Verlag, 1990, 页18 - 19。

太人的根本特征。①

第一次世界大战之前，散布于库尔黑森的小犹太社区以严守宗教仪式和爱国主义为主要特征。②宗教正统派和政治保守主义糅合在一起，表现出一种相对模糊却又充满活力的抵制现代性的力量。③这里我们可以援引洛温斯坦的高见，即"惯性与传统"（inertia and tradition），而非各种精心设计的保守主义的"反攻"（counter-attack），构成了德国农村犹太人抵制现代性的主要模式。④洛温斯坦进一步指出，历史学家没有认识到"德国犹太人具有很多的传统与保守的本性"，很大程度上是由于这些正统的因循守旧者们（traditionalist）没有自己的思想领导者和发言人来公开表达他们的保守立场（《19世纪德国犹太人的现代化步伐》，前揭，页41-56）。例如，革新派犹太教的著名评论家和正统分离主义的斗士——赫尔施（Samson Raphael Hirsch, 1808-1888）⑤

---

① 参见 Yeshayahu Wolfsberg,《流行的正统观念》(Popular Orthodoxy)，载于 *Leo Baeck Institute Yearbook*, 卷1, 1956, 页237-254。

② 关于德意志帝国正统犹太人的一般性概述，参见 Mordechai Breuer,《传统中的现代性：德意志帝国正统犹太人的社会历史》(*Modernity Within Tradition: The Social History of Orthodox Jewry in Imperial Germany*), Elizabeth Petuchowski 译, New York: Columbia University Press, 1992。

③ 一种更重要的关于德国—犹太人现代主义亚文化的反例情况，为索尔金（David Sorkin）以"解放的意识形态"为主要对象的研究所推进。关于索尔金对参与者觉察不到亚文化的出现这一挑衅性论题的简洁表述，见《德国犹太人的转型（1780-1840）》(*The Transformation of German Jewry 1780-1840*), New York: Oxford University Press, 1987, 页3-9。

④ Steven Lowenstein,《19世纪德国犹太人的现代化步伐》(Pace of Modernization of German Jewry in the Nineteenth Century), 载于 *LBIYB*, 卷21, 1976, 页41-56。

⑤ 赫尔施成功地拥护了1876年的国家分裂法，该法律允许退出官方犹太社区，同时不放弃犹太教信仰。他认为，革新派和正统派之间（转下页注）

并没有代表传统的东方乡村阶层，而是站在城市中产阶级的立场上。乡村正统派关于解放和现代性意识形态的犹疑不定，①正如洛温斯坦所描述的，是"一种消极抵抗，一种相对较少激战（pitched battles）的标志，但却是一种相当成功的消极抵抗"（《19世纪德国犹太人的现代化步伐》，前揭，页42）。

在1929年施特劳斯最后公开发表的犹太复国主义作品中，他提及19世纪黑森州农村犹太人生活的命运，即"保持不受自由主义革新派运动的影响"。但在成功地避免受到［11］犹太教革新派侵蚀的一段时期之后，到了20世纪20年代末，施特劳斯认为犹太人生活基本上完全腐败了。"即使在今天"，施特劳斯写道，"当一些老一辈成员严格遵循传统，德国社会生活中非犹太因素的渗入，体现在越来越多的光明节②灌木（Chanukah bushes）照亮

（接上页）的差别远大于天主教和新教之间的差异。赫尔施还公开宣称自己宁可葬在基督教墓地，也不会长眠于革新派旁边。他走得如此远，甚至沉思死亡问题，上帝表述的第一个问题是，人无论如何都已离开自由主义社会。与班伯格（Seligmann Bamberger）领导下的德国正统派的主流观点不同，赫尔施拒绝与非正统派组织及其运动合作。他的正统派拉比协会禁止其成员同时加入德国拉比总会，因为后者的成员既包括正统派拉比，也包括自由派拉比。参见 Robert Liberles，《社会语境下的宗教冲突》（*Religious Conflict in Social Context: The Resurgence of Orthodox Judaism in Frankfurt am Main*, 1838-1877），Westwood, Coon.: Greenwood, 1985，页208。

①　索尔金探究了19世纪的诸种关联，尤其是犹太人解放、德国犹太民众亚文化的发展、传统自治社区的萎缩与自我教化的犹太中产阶级（bildungsbürgertum，文化资产阶级）数量增加之间的内在关联。参见，例如，他的文章：《德国犹太人解放的影响》（The Impact of Emancipation on German Jewry: A Reconsideration），载于 *Assimilation and Community: The Jews in Nineteen-century Europe*, Jonathan Frankel 和 Steven J. Zipperstein 编，New York: Cambridge University Press, 1992，尤其是页184-198。同时参见他的文章《德国犹太人的转型》（*The Transformation of German Jewry*）。

②　［译按］犹太人由于拒绝耶稣，因此不庆祝圣诞节。但在每年与圣诞节相若的十二月份，庆祝修殿节，或称光明节。在光明节期间，（转下页注）

了圣诞节期间"(《19世纪德国犹太人的现代化步伐》,前揭,页42)。

19世纪80年代,政治反犹主义找到了一个可接受的受众区域。实际上,库尔黑森是德意志帝国唯一的这样一个地方,在那里,反犹主义作为有组织的政治运动获得选民和体制上的成功。① 犹太放债人中的重要人物成为外来势力的化身,他所代表的世俗化、物质主义和自由主义破坏了农村的安宁。② 博克尔(Otto Böckel,1859-1923),一个语言学家和目录学家,领导了大众化的反犹主义运动,他在库尔黑森选区获得了德国国会选举(1887-1903)的胜利。③ 博克尔将批判矛头指向容克地主和犹太人,指认他们作为主要元凶应为经济错位和社会文化的沦落负责。他呼吁农民,打倒这些非法权力拥有者,打倒这些"我们时代国王"的时候到了。博克尔被誉为"德意志农民的国王",是试图反对在农业经济中犹太人充当中间人和放贷者的众多权威人物之一。其他反犹主义力量增强了博克尔政治上的成功。例如,库尔黑森

(接上页)犹太人点亮"哈努卡灯",并赠送孩子礼物,因此,光明节是犹太人庆祝光明的节日。

① 见 Richard Simon Levy,《德意志帝国反犹主义政党的没落》(*The Downfall of Antisemitic Political Parties in the German Empire*),New Haven:Yale University Press,1970,特别参见第二章 The Outsiders:Antisemitism in Hessenland (1883-1890),页55-91。

② David Peal,《反犹主义的诸种手段》(Antisemitism by Other Means? The Rural Cooperative Movement in the Late Nineteenth-Century Germany),载于 *LBIYB*,卷32,1987,页136。

③ 博克尔1887年2月第一次当选为国会议员。关于反犹主义大众化时期的简要概述,参见 David Blackbourn,《德意志帝国蛊惑人心的政治》(The Politics of Demagogy in Imperial Germany),载于 *Past and Present*,第113期,1986年11月,页152-184。同时参见 Paul Massing 的《破坏的彩排:德意志帝国政治反犹主义研究》(*Rehearsal for Destruction: A Study of Political Anti-Semitism in Imperial Germany*),New York:H. Fertig,1967。

信贷合作社运动，于 1888 年成立，旨在打击犹太人信贷和贸易方面可预见的垄断行为。另外，19 世纪 70 年代末，俾斯麦的保守主义和右翼势力的新联盟，包括天主教中心党，利用流行的反犹太人的偏见，巩固和扩大了自己的选民基础。①在农村贫困人口增加期间，犹太交易商和小商人在普鲁士吞并、公民解放、自由经济合法化的背景下实现了蓬勃发展。因此，反犹主义政治在一个怀疑——在某些领域甚至敌视——自由主义和资本主义的中心区域找到了支持。

反犹主义运动的这些事例是 19 世纪后三分之一时间里更大的中欧现象的一部分。一群广泛的德国反犹主义政治家与思想家包括：马尔（Wilhelm Marr，1818 - 1904），1879 年创立反犹主义同盟；拉伽德（Paul de Lagarde，1827 - 1891），施特劳斯后来将其视为理解德国犹太人问题的重要来源；特莱希克（Heinrich von Treitschke，1834 - 1896），柏林大学史学教授，赋予反犹主义以更大的学术合法性。当这些人获得不同程度的大众欢迎，环马堡地区就成为德意志帝国反犹主义运动最成功的地区之一——更值得注意的一个因素是，坐落在马堡地区的高等教育机构（［译按］指马堡大学）是德国人文主义的一盏明灯。实际上，马堡变成了合法之地，呼应着中世纪反犹主义现象。1888 年，《塔木德》（Talmud，［译按］犹太法典）及其对犹太人行为的权威约束力成为诽谤诉讼的焦点。这一法院诉讼程序的 ［12］ 特色在于，专家证言不是别人而是拉伽德（Paul de Lagarde）和柯亨（Hermann

---

① 在 1878 - 1879 年，俾斯麦促成了天主教中心党和民族自由党右翼的联合。对于天主教反犹主义，参见 David Black‑bourn，《罗马天主教、中心党与德意志帝国反犹主义》（Roman Catholics, the Centre Party, and Anti‑Semitism in Imperial Germany），载于 *Nationalist and Racialist Movements in Britain and Germany before* 1914，Anthony Nicholls 和 Paul Kennedy 编，Oxford University Press，1981，页 106 - 129。

Cohen)。笔者在探讨施特劳斯关于反犹主义和反犹主义者的独特而惊人的观点时，将回到这一插曲。

在 1962 年芝加哥大学希勒尔会馆（Hillel House）所作的一次演讲——《为什么我们仍然是犹太人?》中，施特劳斯谈到他父亲曾收留过一群俄裔犹太难民，他们从大屠杀（极有可能是 1903 - 1905 年的基什尼奥夫大屠杀）中逃脱，途径基希海因，前往澳大利亚。这个大屠杀的故事听起来让人不寒而栗，它在施特劳斯心里留下了永久的印记。这一"难以忘怀的时刻"撼动了他之前的安全感：他第一次认为这一事件（[译按]大屠杀）很可能发生在他的家乡德国。① 博克尔运动较之东欧的大屠杀更接近于施特劳斯的黑森州地区，但这一戏剧性的收容难民的经历却给施特劳斯带来了更强烈的印象。例如，在 19 世纪 90 年代的一次旱灾中，反犹主义合作运动让人心寒，因为施特劳斯粮食公司当时是亟需饲料的最艰难小农户的不二选择。② 在 1903 年，大约是东欧大屠杀中的难民在施特劳斯家中避难的同一时间，库尔黑森修建了一个粮仓，其资金来自于地区合作运动的一个分支，而提供资金的目的在于取代像施特劳斯父子这样的犹太粮食贸易商。③ 然而，施特劳斯似乎并没有记录这些事情的进展。或许施特劳斯的家人没有谈论经济和政治领域存在的反犹主义。施特劳斯曾经回想起库尔黑森犹太人生活在非犹太邻居的"深刻的平静"中的情形。他认为"或许不是在任何方面都令人钦佩"的政府，在维持秩序的能力方面却值得"钦佩"。④

---

① Strauss,《为什么我们仍然是犹太人?》。这样的一种可能性，施特劳斯说道，"深入我的骨髓"。载于 *JPCM*，前揭，页 143。

② Staatsarchiv Marburg（马堡市国家档案馆，以下简称 StAM），165/724。见 Peal,《反犹主义的诸种手段》，前揭，页 142。

③ 引自 Peal,《反犹主义的诸种手段》，前揭，页 147，注释 44。

④ Strauss,《为什么我们仍然是犹太人?》，载于 *JPCM*，前揭，页 313。

童年、少年与青年

施特劳斯的父母——雨果·施特劳斯（Hugo Strauss，1869－1942）与珍妮·戴维·施特劳斯（Jenny David Strauss，1873－1919）是土生土长的当地人。①雨果出生于库尔黑森，是一位成功的商人。②雨果的父亲，迈耶·施特劳斯（Meyer Strauss，1835－1920）与儿子雨果和戴维共同创立了一家批发粮食、饲料和羊毛业务的公司。半个世纪以来，迈耶一直是库尔黑森犹太社区的杰出代表。③ 迈耶和他的两个儿子向库尔黑森犹太教会堂定期捐款，

---

① StAM, Bestand 300 Kirchhain, Nr. 5310。参见 Joachim Lüders 和 Ariane Wehner,《黑森州中部——是犹太人的家园吗?》(*Mittelhessen——eine Heimat für Juden? Das Schicksal der Familie Struss aus Kirchhain*), Gymnasium Philippinum, Marburg, 1989。珍妮·施特劳斯去世后，雨果与乔安娜·施特劳斯（Johanna [Hanna] Strauss [1886－1942]）再婚，乔安娜生于黑森州东部走廊的埃施韦格（Eschwege），在 1942 年 5 月 31 日遭到驱逐出境后，乔安娜与 35 名犹太人从马堡地区前往卢布林犹太隔离区（Lublin Ghetto），最终死于马伊达内克（Majdanek）或索比堡（Sobibor）死亡集中营。参见 Händler-Lochmann 与 Schütt,《普林节》(*Purim*), 227f。一个揪心的口头证词声称，在基希海因出发的流放列车上乔安娜怀里还抱着一个婴儿。马堡地区第二次驱逐 35 个犹太人出境的命令现存于 StAM, Bestand 180 LA Mbg, Nr. 3593。

② 自 19 世纪早期，施特劳斯的姓氏开始出现在基希海因，它紧随拿破仑的入侵，并与 1809 年法令要求基希海因犹太人采用姓氏相一致。

③ 施特劳斯提及他基希海因的家谱是在 1923 年 9 月 10 日的一封致 Joseph Meisl 的信中。这封信现存于耶路撒冷犹太人民史（CAHJP）中央档案馆的 Joseph Meisl 档案中，页 35。我们可以找到有限，但不完全准确的关于施特劳斯家族各支脉的信息在 Händler-Lochmann 与 Schütt 的《地址不详或失踪——马堡老区犹太人的命运，1933－1945》("*unbekannt verzogen*" *oder* "*weggemacht*" *—Schicksale der Juden im alten Landkreis Marburg, 1933－1945*), Marburg: Hitzeroth, 1992, 页 97－99。

同时担任犹太社区商业和社会利益的代表①根据施特劳斯后来的回忆,他的房子是值得注意的典型的德国—犹太房屋,至少在下列意义上如此:它强调犹太礼俗的传承与保存,但在起源或具体实践的意义上却又缺乏实质性的了解。②

施特劳斯就近到马堡的菲力完全中学(Gymnasium Philippinum,[译按]创建于1527年的一所德国著名高中)学习,在那里接受德国古典人文主义传统。③学校的全部课程[13]由通常科目组成,包括:数学、自然科学、拉丁语、古希腊语、德国语言文学。在施特劳斯就读高中的几年中,犹太学生人数在学校约二百名学生中占有较高的比率(7%),远高于马堡地区犹太人口的统计比率(1-2%)。④学校每周提供宗教指导课,按不同信仰分别进行忏悔——这足以施以一般性的宗教影响,但却无法为传统犹太资源提供坚实的基础。1960年,施特劳斯因获得许多犹太习俗的缘由而向他的好友索勒姆(Gershom Scholem)表示感谢,例如,the simirot [sic] of erev Shabbat [安息日除夕颂歌],施特劳斯的家人经常哼唱这些颂歌,而他本人对其来源却一无所知。施特劳斯回忆道:"我儿时在一点不明其'背景'的情况下经常哼

---

① 1809年的法令准许基希海因犹太人获得姓氏。

② "GA",后收入 *JPCM*,页459-460。

③ 马堡菲力完全中学1915年以来的记录现存于StAM。参见 *Jahresbericht des König. Gymnasium Philippinum zu Marburg für das Schuljahr* 1914 (LXXXii), Staatliches Gymnasium Philipinum zu Marburg (Lahn), 1915。

④ 施特劳斯就读中学那几年,马堡高中的学生数量彰显了小镇基希海因的教派分歧。参见德国犹太社区希伯来百科全书的人口数据,*Pinkas ha-Kehilot. Germanyah: Entisklopedyah shel ha-yishuvim ha-Yehudiyim le-min hivasdam ve-'ad le-ahar sho'at milhemet ha-'olam ha-sheniyah*。Joseph Walk 编,Jerusalem: Yad Vashem, 1991,卷2,页32f. 参照阿恩斯贝格(Arnsberg)马堡犹太社区的历史梗概,见页48-60。

唱这些颂歌。"① 施特劳斯以如下方式描述他作为中学生与德国古典传统人文主义的早期相遇：

> 我偷偷阅读叔本华和尼采。到了 16 岁时，我们在学校读《拉克斯》（*Laches*），我当时萌生了一个念头，或者说许下宏愿，要终生阅读柏拉图，一边养养兔子，一边当个乡村邮政局长来维持生计。不知不觉间，我已疏远了自己的犹太教家庭，用不着造反。17 岁那年，我皈依了犹太复国主义，可以说是那种单纯的、直截了当的政治上的犹太复国主义。②

从这些描述中，很容易看出施特劳斯的高中经历——对教育理想的消化吸收，与后启蒙批判方案的接触和对乡村沉思生活的理想化——将他拽离基希海因的传统犹太教家庭。皈依政治犹太复国主义的意外之举反映了施特劳斯仍然做一个忠诚犹太人的本能欲望。

施特劳斯的政治犹太复国主义生涯持续到 20 世纪 20 年代末，犹太复国主义对其思想的影响成为他后期反思的主要论题之一。毋庸赘言，施特劳斯的犹太复国主义在非犹太的欧洲影响下并没有实现戏剧性的突破，他始终对犹太复国主义运动的智识基础保持强烈的批判意识。施特劳斯描述了政治犹太复国主义"高贵的"却"仅仅形式或贫乏"的要旨，即是说，它缺乏文化敏感性和思想深度。施特劳斯曾经记得他与一位激进的［犹太复国主义］修正派领导人亚博廷斯基（Vladimir Ze'ev Jabotinsky, 1880 - 1940）的相遇。亚博廷斯基对《圣经》、犹太史，甚至犹太复国

---

① 见施特劳斯 1960 年 11 月 22 日致索勒姆的信，该信件现存于希伯来大学国家图书馆。
② "GA"，页 460。［译按］此处译文参考了《苏格拉底问题与现代性——施特劳斯讲演与论文集：卷二》（刘小枫编，彭磊、丁耘等译，华夏出版社，2008，页 269 - 170）的译文，部分有改动。

主义理论不感兴趣。相反，他仅仅对是否进行射击训练感兴趣。①尽管施特劳斯对德国古典人文主义传统多有反抗，但他在寻求启蒙的过程中却没有放弃激情献身教育的个人理想。

施特劳斯1917年春从高中毕业，刚好作为［14］战备期间潜在的新兵匆忙离开学校。众所周知，绝大多数德裔犹太人，像他们的德国同胞一样，带着狂热的爱国主义与博爱情怀去拥抱1914年8月3日爆发的战争。仅仅在两天后，德国的犹太人，不顾阶级、宗派、地区和种族方面的差异，纷纷响应皇帝对国庆日祈祷的号召，蜂拥而至犹太教会堂。

最后，这种为战争效力的热情消退了。②虽然青年施特劳斯并未在口头上公开支持或反对这场战争，但有逸事表明，施特劳斯对在前线服役并没有什么热切的愿望。施特劳斯似乎诉诸常见的策略——装病，来试图逃避兵役。他假装一个患阑尾炎病人的表现惟妙惟肖，以至于被送到了手术室。然而，一经医生测量他的体温正常，他的计划便落空了。之后，施特劳斯被送往比利时做一名［战地］翻译。③

---

① "WWRJ"，前揭，页319。施特劳斯经常与以前的一些复国主义战友们谈论思想生活，他们充满热情，仅仅关注像巴尔扎克那样的人，其中的一些人后来成为以色列的官员，见"WWRJ"，前揭，页319。关于亚博廷斯基作为民族主义者和正统欧洲人的形象，参见 Michael Stanislawski，《十九世纪末的犹太复国主义》(*Zionism and the Fin de Siecle*: *Cosmopolitanism and Nationalism from Nordau to Jabotinsky*)，Berkeley and Los Angeles：University of California Press，2001。

② 参见 Rivka Horwitz，《犹太思想家对第一次世界大战的反对声音》(Voices of Opposition to the First World War among Jewish Thinkers)，载于 *Leo Baeck Institute Year Book*，卷32，1988，页233 – 259。

③ 见 Edward C. Banfield 基于施特劳斯告知他的情况撰写的纪念文章《列奥·施特劳斯：1899 – 1973》(Leo Strauss [1899 – 1973])，载于 *Remembering the University of Chicago*：*Teachers，Scientists，and Scholars*，Edward Shils 编，Chicago：University of Chicago Press，1991，页490 – 501。

马堡与德国观念论的遗产

马堡的菲利普斯大学（Philipps‑Universität）创建于16世纪，是德国第一所新教大学。除了短暂的保守主义时刻外，这所大学有着长期进步思想家的传统，包括犹太哲人柯亨（Hermann Cohen），马堡新康德主义学派的创始人。柯亨的哲学回返到康德赖以立基的信仰，这种信仰存在于通过人的意识和信念确立起来的世界先验秩序中，而哲学能够系统地揭示并指导人的这种意识结构。

柯亨对德国犹太人具有毋庸置疑的重要性。对他而言，进入德国科学院的神圣殿堂是显而易见的事情，柯亨的位置是独一无二的：1876年，当他接替自己的导师朗格（Freidrich Lange）执教马堡大学，便成为担任德国哲学教席的唯一一名犹太人。[1]柯亨对德国犹太人的象征意义远远超出了他所处时代作为一流哲学家的地位。正如施特劳斯后来所回忆的，柯亨是"德国犹太人中最伟大的代表和代言人"，是依靠"灵魂的激情与力量"成为德国最著名哲学家的人。因此，作为德国最重要哲学家的代表人物，柯亨支配性的影响超逾了个人的死亡阈限（［译按］柯亨逝世于1918年），一直延续到1925年，海德格尔（Martin Heidegger）最终以其充满魔力的力量僭取了柯亨在马堡的哲学位置。[2]

在施特劳斯最后公开进行的关于青年时期的一次回忆中，我们得知，他对柯亨感兴趣是"因为他是一位满怀激情的哲学家，

---

[1] 柯亨在马堡大学执教从1876年到1912年。参见 Bernhard Breslauer, *Die Zurücksetzung der Juden an den Universitäten Deutschlands. Denkschrift in Auftrage des Verbandes der Deutschen Juden*, Berlin: Berthold Levy, 1971。

[2] 见"GA"，载于 *JPCM*，页460。这篇文章是1970年1月30日，施特劳斯与克莱恩在马里兰州安纳波利斯圣约翰学院座谈时要点的记录。

又是一位献身于犹太教的犹太人"。① 柯亨坚定地献身于哲学研究和犹太宗教,为德国犹太人提供了贯通德意志民族精神和犹太教之间关系的可能性。柯亨最广为人知的犹太学著作,《源自犹太教的理性宗教》(*Religion of Reason out of the Sources in Judaism*, 1919),试图 [15] 系统地论证康德哲学遗产的最先进理解与犹太教传统之间的相似性。②虽然施特劳斯本人最终部分地离开了柯亨的思想遗产,但是他承认,其他"献身于犹太教的犹太哲学心灵"将柯亨视为"他们所敬畏的大师"。③施特劳斯到马堡大学求学是在1919年,当时柯亨业已去世,他不在马堡教书已近十年。然而,即使柯亨的思想遗产在施特劳斯进入马堡大学时几近瓦解,但柯亨依然保持在场。施特劳斯借助柯亨对柏拉图、迈蒙尼德和斯宾诺莎的诠释进行的思考贯穿了他魏玛时期的整个写作。虽然施特劳斯足够成熟地拒绝了柯亨诠释学中的几个核心方面,但是他的许多重要洞见却是在对这些诠释(甚至是错误诠释)的理解和论辩中产生的。④

---

① "GA",载于 *JPCM*,页462。

② Hermann Cohen,《源自犹太教的理性宗教》(*Religion der Vernunft aus den Quellen des Judentums*, 1919),施特劳斯为该书的英译本撰写了导言,Simon Kaplan 译,New York:Ungar, 1972。

③ Leo Strauss,《柯亨引论》(Introductory essay to Hermann Cohen),载于《源自犹太教的理性宗教》(*Religion of Reason out of the Sources in Judaism*),New York:Schocken, 1965,页1-31。后收入 *JPCM*,页267。

④ Leora Batnitzky 探讨了施特劳斯反复,有时甚至歪曲的柯亨批判的中心地位。见氏著,《施特劳斯与列维纳斯:哲学与启示的政治》(*Leo Strauss and Emmanuel Levinas: Philosophy and the Politics of Revelation*),Cambridge:Cambridge University Press, 2006。特别是,Batnitzky 揭示了施特劳斯对柯亨理想化解释学策略的著名成熟批判如何奠基于一系列错误引证的基础之上的:它开始于施特劳斯对柯亨《迈蒙尼德伦理学》的评论,在柯亨《源自犹太教的理性宗教》一书的英译本引言中达到顶峰,参见 Batnitzky,《施特劳斯与列维纳斯》一书第五章。

施特劳斯早年受到个人所处环境二元特质的影响。一方面,他作为当地高中和大学的学生,沉湎于德国古典传统人文主义。另一方面,他在库尔黑森德国犹太人的保守主义氛围下孕育成长。因此,虽然他对正统教义的坚守和信仰随着时间流逝逐渐减弱,但他仍然对自由派或革新派倾向指导下的对现代犹太教的侵袭持怀疑态度。当施特劳斯的成长环境被新形式的政治反犹主义——利用地方社会经济的混乱,挪用种族科学、流行神话和传说的不同要素——的崛起打下印记时,他宣称自己丝毫没有受到这些因素的影响。但我怀疑他年轻时倒向政治犹太复国主义可能是这一未公开承认历史的一个副产品。①这一地域性反犹主义历史背景引人兴趣的另一个后果是,施特劳斯对它的出现并不震惊。他声称自己抓住了它的逻辑,并发现这种推理对犹太复国主义者的启发意义。

大学生活

在离开军队之前的 1917 年夏,施特劳斯在马堡大学注册入学。但他并未开始真正的大学生活直到 1918 年 12 月,即在完成 17 个月的服役之后。② 如前所述,虽然柯亨 1912 年就离开了马堡大学的教学一线,但是当施特劳斯入学时,柯亨的哲学遗产仍支配着马堡。依照可以在几所不同机构学习的德国传统,施特劳斯

---

① 根据施特劳斯晚期回忆,他"皈依犹太复国主义,一种单纯的、直截了当的政治上的犹太复国主义"是在 17 岁的时候。"GA",页 2;后收入 *JPCM*,页 267。

② 见马堡大学 1917 – 1918 年初的注册记录,马堡市档案馆, Bestand 305a Acc. 1950/9, Nr. 777;Bestand 305q, Nr. 8, Matriculation Records, 315a, Acc. 1963/13 Nr. 1。也可参见施特劳斯附在博士论文(1921)上的履历说明(简历),重印于 *GS*,卷 2,页 298。

不仅在马堡大学，而且也在美茵河畔的法兰克福大学、柏林大学和汉堡大学学习。

在马堡大学，施特劳斯在新康德主义者哈特曼（Nicolai Hartmann, 1882 - 1950）和那托普（Paul Natorp, 1854 - 1924）的指导下开始学习西方哲学的传统：他学习的课程中包括柏拉图的[16]理念论、康德的认识论与形而上学以及近代德国哲学史。① 施特劳斯哲学上的浓厚兴趣在专事古典文献学研究的莱茵哈特（Karl Reinhardt, 1886 - 1958）与弗兰克尔（Eduard Fraenkel, 1888 - 1970）的课堂上得到弥补。②

施特劳斯后来将他去马堡求学的决定归结为邻近自己的家乡基希海因，而不是因为它在哲学上的出类拔萃。③事实上，施特劳斯将柯亨去世后的新康德主义马堡学派刻画为正处于"分崩离析"的状态。④因此，施特劳斯决定到汉堡大学，在柯亨最著名的弟子之一卡西尔（Ernst Cassirer）的指导下完成博士学位。当然，施特劳斯与卡西尔以及与新康德主义整个规划之间的关系微妙复杂。他提出了与启蒙时代哲学代表人物相同的理想和抱负。但是他很快开始觉察到它在施行运用方面的薄弱环节，甚至质疑自己的博士论文指导教师所倡导的一些基本原则。施特劳斯思想中的这种激进趋向和保守品格开始出现，并且贯穿于魏玛共和国的全过程。

---

① 出处同上。柏拉图在新康德主义马堡学派中的中心地位，见 Karl - Heinz Lembeck, *Platon - Rezeption und Philosophiegeschichtsphilosophie bei Cohen und Natorp*, Würzburg: Königshausen & Neumann, 1994。

② 见马堡大学 1917 年冬季学期至 1920 年春季学期的注册记录。StAM, Bestand 305a Acc. 1950/9, Nr. 777。

③ *SPPP*, 前揭，页 167。

④ "GA", 前揭, 页 460。

第二章　一个魏玛保守主义犹太人的思想形成（1921–1932）

[17] 魏玛共和国诞生于1918年，是德国一战战败和皇帝退位的产物。因此，共和国的合法性立即遭到保守主义和右翼势力的质疑。这些势力愤怒于当局在《凡尔赛和约》中对战胜国的投降，包括军事占领莱茵河流域，德国军队的士兵人数限制在十万人以内以及——最让人痛心的是——繁苛的第231条：战争"罪责"条款。尽管共和国1918年12月决定批准使用自由军团（Freikorps，一个由退役老兵组成的准军事团体）来镇压社会主义革命，但新政权的自由主义允诺仍然受到君主主义者、法西斯分子和其他右翼团体的诅咒。恶性通货膨胀的戏剧性爆发，政治暗杀以及社会动荡标示着魏玛共和国的动荡不安。另一方面，魏玛共和国却给德国犹太人带来了希望，意味着他们可能实现完全平等的愿望。事实上，虽然官方认可的合法歧视不再阻止融合之路，但是新的充满敌意的反犹主义风波却将犹太人推到防御性的位置。

施特劳斯作为激情献身于争论问题的魏玛犹太思想家形象脱颖而出，这些问题受到他那一代人的关注。通过相互连接宗教、历史、艺术、哲学、自然科学和政治等诸领域，他不断成熟的理智例示了对危机的思考。在努力解决现代德国犹太人生存危机的过程中，施特劳斯吸收并参与到当代德国哲学的主流和反主流思潮之中。施特劳斯魏玛时期公开出版的作品具有明显的论战特征，一方面，它揭示了自由主义并不稳固的基础与虚幻的目标，另一方面,它指出启蒙运动对理性与历史进步的信仰。①

施特劳斯通过确认和阐明犹太人立场这一明确的任务来补充这项论战工程,或者说,通过阐明"犹太人的重心"②[18]来充分评估当前的形势,并为将来的思考与行动提供坚实基础。特别是,施特劳斯的作品以犹太人的流亡状态为中心,他最初将流亡理解为一种心理倾向(Gesinnung)和社会政治存在的事实。在他魏玛时期的最后阶段,这些因素转变为普遍和基本的哲学问题:人应当如何生活?③

施特劳斯1921年到1930年期间的思想使命可以理解为源自两种特质,他感到当代德国犹太教和德国自由主义文化严重缺乏无限制的理智真诚(Redlichkeit)与政治现实主义。施特劳斯只是20世纪早期的许多年轻的激进思想家之一,他们具有理智真诚的精神特质。实际上,尽管他试图找到一个能够满足时代迫切需要的政治纲领,但是,施特劳斯的上述思想特质使他很难向一个有组织的政治运动或组织表达一种不成熟的允诺。他对犹太复国主义矛盾的、日益脆弱的联系,充分体现了施特劳斯不愿接受现有

---

① 作为魏玛犹太人,施特劳斯批判历史主义的立场,见 David Myers 的《抗拒历史:德国犹太思想中的历史主义及其不满》(*Resisting History: Historicism and Its Discontents in German - Jewish Thought*),尤其是其中关于施特劳斯的一章《魏玛德国的反历史主义与神学政治困境:施特劳斯的案例》(Anti - Historicism and the Theological - Political Predicament in Weimar Germany: The Case of Leo Strauss),页 106 - 129。关于那一代激进犹太思想家的生动描写参见 Steven Aschheim,《教化与自由主义之外的德国犹太人》(German Jews Beyond *Bildung* and Liberalism),载于 *Culture and Catastrophe: German and Jewish Confrontations of National Socialism and Other Crises*, New York: New York University Press, 1997, 页 31 - 44。

② "ZAW", *GS*, 卷 2, 页 341。

③ 这一苏格拉底问题贯穿在20世纪20年代后期以来施特劳斯的整个研究中;参见,例如,"RLG",载于 *GS*,卷 2,页 380 - 389。希腊语 pos bioeon 在这里被特别引用,见页 380 - 389。

第二章 一个魏玛保守主义犹太人的思想形成（1921–1932）

的政治解决方案。他本人拒绝"自由漂移的知识分子"（free-floating intellectual）——曼海姆（Karl Mannheim）在《意识形态与乌托邦》（*Ideology and Utopia*，1929）中探究的一个著名概念——的说法，因为这一概念具有中产阶级自由主义（如果不是特别社会民主主义）和相对主义的涵义，①施特劳斯的魏玛犹太著作不断地尝试评判各种德国犹太人的世界观和意识形态的基础及其主张。现实局势的严峻性提出了挑战，而这种挑战不能简单通过技术政治的巫术（technopolitical wizardry）加以解决，真正需要的是对当代哲学、政治、宗教以及裸露的存在本身（bare existence itself）面临着的深刻危机不遗余力地加以探究。

从1922年到1925年，施特劳斯先后在柏林、弗莱堡、吉森和马堡等地的大学学习神学、哲学和历史，在此期间，他撰写并发表了几篇关于犹太教和犹太复国主义的论文。这些年轻的著作明显具有革新的叛逆精神和两次世界大战之间中欧文化的使命感。施特劳斯沉浸在保守且激进的趋向中：将对古代社会架构和传统

---

① Karl Mannheim（1893–1947）的知识分子学说在政治方向上保持中立，这就是为什么施特劳斯最终攻击它是相对主义的一个原因。曼海姆将"自由漂移的知识分子"这一范畴，以及这一概念的自由主义思想（liberal-minded）的批判开放性归因于韦伯（Alfred Weber）。伯林（Isaiah Berlin）勾勒了知识分子的家系，并将其视为一个整体的社会阶层，在一次采访中，伯林谈道："历史地看，知识分子是一个群体，他们依某种社会思想团结在一起，他们信仰进步、理性……自由批判、个体自由，简言之，他们反对复古、蒙昧主义、教会和专制国家，他们将彼此视为同一事业中的同志战友，这一共同事业首要地是指人权与可接受的社会秩序"。Isa Ramin Jahanbegloo，《伯林谈话录》（*Conversations with Isaiah Berlin: Recollections of an Historian of Ideas*），London: Phoenix，1992，页183。施特劳斯质疑了这些基于假定的信念。他在der konspectivismus 一文中对曼海姆的"知识社会学"提出了批判，文章在施特劳斯身后收入 GS，卷2，页365–375。曼海姆的《意识形态与乌托邦》以 *Ideology and Utopia*（Louis Wirth 译，London, K. Paul, Trench, Trubner; New York, Harcourt, Brace，1936）为标题译为英文出版。

保守主义的赏识与完全打破现存秩序的革命冲动结合起来。① 斯宾格勒 (Oswald Spengler) 的畅销性著作《西方的没落》(Decline of the West, 1920 - 1923)② 表达了深层次的文化悲观主义, 它影响了整整一代德国人, 他们既质疑并拒绝作为一种进步力量的历史的自由主义观念, 同时也看到再也无法回返到前现代世界了。③

当然, 确信德国与西方已深陷根本性危机, 以及坚信现代理性主义与资产阶级文化丧失意义并不必然走向右派政治立场。有大量魏玛知名人士的实例, 尤其是魏玛犹太人的实例, 他们秉持上述原则却采取左派政治立场: 如兰道尔 (Gustav Landauer)、本雅明 (Walter Benjamin) 以及与 [19] "法兰克福学派" (Frankfurt School) 具有关联的同化犹太人圈子中的大多数人物便是这一现象

---

① 关于魏玛共和国"保守主义革命"或者激进保守主义的不同叙述, 参见 Stefan Breuer,《保守主义革命剖析》(Anatomie der Konservativen Revolution), Darmstadt: Wissenschaftliche Buchgesellschaft, 1995;《魏玛困境: 魏玛共和国的知识分子》(The Weimar Dilemma: Intellectuals in the Weimar Republic), Anthony Phelan 编, Manchester, U. K.: Manchester University Press, 1985; Roger Woods,《魏玛共和国的保守主义革命》(The Conservative Revolution in the Weimar Republic), New York: St. Martin's, 1996。

② 斯宾格勒 (1880 - 1936),《西方的没落》(Der Untergang des Abendlandes: Umrisse einer Morphologie der Weltgeschichte), 卷 2, Munich: Beck, 页 1920 - 1923。斯宾格勒与那些着迷于他的一代人相比属于老一辈人, 出于这个原因, 有时他不包括在所谓保守主义革命的范畴之内。

③ 具有讽刺意味的是, 被描述为"1914 年的一代"是较之斯宾格勒 (1880 - 1936) 更年轻的一代。在社会研究新学院所作的演讲——《德意志虚无主义》(German Nihilism) 中, 施特劳斯考察了斯宾格勒对他那一代人产生的影响, 参见本书第三章的论述。对于这一代欧洲文化的比较研究, 见 Robert Wohl,《1914 年的一代》(The Generation of 1914), Combridge, mass.: Harvard University Press, 1979。对于在法国的受到海德格尔决定性影响的施特劳斯一代知识分子, 见 Ethan Kleinberg 的挑衅性研究,《存在主义的一代: 海德格尔哲学在法国, 1927 - 1961》 (Generation Existential: Heidegger's Philosophy in France, 1927 - 1961), Ithaca, N. Y.: Cornell University Press, 2005。

的明显例证。① 目前讨论的焦点是廓清决定施特劳斯,这个魏玛共和国期间保守的德国犹太知识分子思想轨迹的影响因素。为了突出这一焦点,我首先要考察施特劳斯对自由主义,以及迫使他的力量与形象走向右倾的深层矛盾心理。其次,我要探究他坚定的承诺,即为现代犹太人的存在提供一种解释,这个承诺驱使施特劳斯去审视犹太人的流亡(gault)状态,并将这一状态看作是一种更普遍的不安和危险状态的永恒征兆,这一普遍的不安与危险状态只能通过对公正、透明与正义恢复可能性的决定性一瞥才能抵消。然而,这样的愿景不能被解释为面向未来的乌托邦主义或神秘的弥赛亚主义。

最初,施特劳斯的作品反映了对于流亡意识的批判性立场,他将这一意识视为一种需要克服的事物,因为它具有过分屈从和未经反思的特性。犹太人的同化主张和犹太复国主义一样共享了

---

① 见 Setephen Aschheim 对 George Mosse 的《不信犹太教的德国犹太人》(German Jews Beyond Judaism,载于氏著,*Culture and Catastrophe*)一文的评论。另见拜勒在一大批魏玛犹太知识分子的背景中对施特劳斯的评论:他"分享了一个共同的话语、共同的背景,最终分享了一个共同的命运"。拜勒指出,因为施特劳斯,"今天的犹太思想,如同中世纪犹太思想所做的那样,成为一种生活方式,它反对因循守旧的习见,保存着隐微哲学主导世界的真理",而这些隐微哲学保有基督教的隐蔽特性。David Biale,《施特劳斯:作为魏玛犹太人的哲学家》(Leo Strauss: The Philosopher as Weimar Jew),载于 *Leo Strauss's Thought: Toward a Critical Engagement*,Alan Udoff 编,Boulder, Colo.: Lynne Rienner, 1991,页32。Michael Löwy 在《中欧的犹太弥赛亚主义与自由主义乌托邦》(Jewish Messianism and Libertarian Utopianism in Central Europe, 1900–1933,载于 *New German Critique*,第20期,特别是第2期,1980年春—夏季号,页105–115)清晰地阐述了激进犹太知识分子的典范,后者在理论上可简约为右派和左派。他们的争论具有论著的篇幅,但仍是一般性的论述,见《救赎与乌托邦:中欧犹太自由主义思想》(*Redemption and Utopia: Jewish Libertarian Thought in Central Europe: A Study in Elective Affinity*),Hope Heaney 译,Standford, Calif.: Standford University Press,1992。

关于流亡的一切负面看法，在它们看来，流亡不过是前现代犹太人区犹太人的可耻遗物。当魏玛时期结束时，施特劳斯开始将流亡状态看作是犹太人存在棘手而又必要的真实写照。这种对于流亡状态的态度转变反映了他逐步脱离犹太复国主义的日常事务、政策以及更一般地讲，大众政治，无论它民主与否。施特劳斯始终把犹太复国主义看作是教育年轻德国犹太人无国籍状态的一种手段，但他正在改变的立场要求日益远离整体上的犹太复国主义运动及其意识形态。或许政治化地理解犹太人流亡的最重要意义在于，能够防止德国犹太人的过度一体化（overidentification），或者防止将任何其他现代民族国家（包括犹太人的国家）当作一种救赎的实体。柯亨将德国国家指认为犹太人救赎的工具是犹太政治取向的非犹太复国主义的一个变体，它试图将否定和（或者）克服流亡作为犹太人存在的一种固有特征。

尽管德国犹太复国主义发展了组织上的稳定性和军事实力，但在魏玛共和国期间的任一时段，犹太复国主义组织成员的数量从未超过两万（德国犹太）人。[1]当施特劳斯在整个魏玛时期作为一个作家和演说家贡献于犹太复国主义运动时，他对德国犹太复国主义不断的反对立场掩盖了早期隐含的偏好某些特定派系或政策的倾向。事实上，施特劳斯犹太复国主义作品的目的并非任何现成的民族建国方案，而是关于德国犹太人安全感和获得胜利错误和危险的自我认知。

德国犹太人生存问题的本质成为施特劳斯追求更大真理标准的切入点，一个可以超越目前"意见的无政府状态"的有效"立足点"。[2]启蒙运动旨在从宗教传统的枷锁下解放出来，后来又试

---

[1] 见 Hagit Lavsky 在《大灾难之前：德国犹太复国主义的独特路径》（*Before Catastrophe: The Distinctive Path of German Zionism*, Detroit, Mich.: Wayne State University Press; Jerusalem: Magnes, 1996）提供的一般性概述。

[2] "RLG"，*GS*，卷2，页382，386。

第二章 一个魏玛保守主义犹太人的思想形成（1921–1932） 23

图［20］调和启蒙运动与宗教传统，这导致了它们之间的相互纠缠。事实上，施特劳斯魏玛时期的著作愈益致力于摆脱被错误引导的相对主义限度内的当代自我理解。在魏玛时期行将结束之际，他有力地阐发了挣脱现今根本前提预设的目标。在他1932年对施米特《政治的概念》一书的评论中，施特劳斯宣称要突破"自由主义的阈限"，需要现代人恢复柏拉图对智慧和知识的古代寻求。①

施特劳斯令人着迷的思想个性由乡村保守主义犹太人与激进魏玛知识分子这两种看似相反的敏感性组成。同时，他具体化这一两极化的力量并将其渗透于短命的魏玛共和国——1918年诞生1932年解体——的历史中。两次世界大战期间的一些关于危机的思考深刻影响了施特劳斯，这更直接地源于他在这一期间遇到的强有力的思想力量：罗森茨威格、施米特，最重要的是海德格尔。施特劳斯激进保守主义立场的核心是对深刻危机的根本认同，每一次有效的回应与提出的解决方案只能导致与它进一步深入的纠缠。紧急状况要求不懈的忠诚与现实态度，彻底的自我反思与自我批判将充当重要的标尺。施特劳斯充分利用这些要求，并将他们作为论战武器以反对他的对手，但他们也被用来作为自己思考的推动力。当施特劳斯接近一个特定的思想家或文本时，他总是从那些最紧迫或最重要的断言开始。不过，他往往通过区分一个论辩，一个从作者真实但常常未阐明的动机和意图中引出的更深层次、更激进的反对意见来揭示核心范畴的矛盾性。通常情况下，这些相互抵牾的断言要逐一经受他的批判性审查，最后留下一些

---

① 施特劳斯明确阐述要摆脱现代前提预设这一任务的三篇魏玛晚期的文本，均来自他为犹太复国主义青年营所作的演说。它们分别是："RLG"、Besprechen von Julius Ebbinghaus, *Uber die Fortschritte der Metaphysik*（1931）和 Anmerkungen zu Carl Schmitt, *Der Begriff des Politischen*（1932）。比较施特劳斯与现代前提决裂的看法（参看本书第三章的讨论）。

迫切但最终无法解决的紧张。①

有人可能将施特劳斯的这种风格指认为 pilpul［争辩］——塔木德训诂学的一种传统模式——的一种颠倒形式：通过具体细节的细致甄别以及与 pilpul 的结合来揭示隐匿的核心矛盾，然后深掘这一矛盾隐藏的根基，不仅揭示其不足之处，而且从根本上重述这一需要迫切回答的问题。②施特劳斯这一时期的解释学倾向与解读犹太文本的传统模式相比，更接近于海德格尔。在《柯亨对斯宾诺莎圣经学的分析》（Cohen's Analysis of Spinoza's Bible Science, 1924）一文中，施特劳斯发现柯亨进入斯宾诺莎的方式与"精细且深入的解释学传统技艺的方式"之间具有相同的文体特征，在传统解释学那里，每一个词都受到最严肃和最细致的考虑。柯亨对斯宾诺莎犹太教批判的批判以柯亨疏解的那些作品，如斯宾诺莎的《神学政治论》为样板。对施特劳斯而言，这一方式证明了柯亨受惠于传统犹太解释学的技艺。③［21］柯亨深入探究标

---

① 比较 Daniel Krochmalnik，《犹太哲学的典范》（Modellejüdischen Philosophierens），载于 *Trumah*，卷 11，2001，页 89 - 107。Krochmalnik 提供了范围广泛的现代犹太哲学家对核心矛盾范畴的运用，如雅典与耶路撒冷、闪米特与亚菲特（Schem and Japhet）、托拉与智慧（hochmah）。

② Kenneth Hart Green 转述了一段逸事，这段逸事是由 Marvin Fox 讲给雅法的，内容是关于一位出身不详的纽约犹太神学院的"著名塔木德学者"在听取施特劳斯在该地进行的讲座后，惊呼道："多么巨大的损失啊！这样的天才！如果不将生命浪费在哲学上，一定会成为一位伟大的塔木德注疏专家！"引自 *JPCM*，页 58，注释 19。

③ 参看 Simon Rawidowicz 的文章《论解释》（on Interpretation，原载于 *Proceedings of the American Academy for Jewish Research*，卷 26，1957，页 83 - 126）中对犹太解释学的叙述。这篇身后出版的文章能被找到其缩短的形式在 Simon Rawidowicz 的《犹太思想研究》（*Studies in Jewish Thought*），Nahum N. Glatzer 编，Philadelphia：Jewish Publication Society of America，1974。

第二章 一个魏玛保守主义犹太人的思想形成（1921–1932）

题的每个元素以便揭示斯宾诺莎规划及其基本思想的深层特征。①斯宾诺莎缺少哲学上的兴趣（施特劳斯指出这一点可能只是被偶然地表达）成为与柯亨区分的一个关键点。然而，施特劳斯对不同思想影响的吸纳彰显了他持续改造犹太思想传统的动态张力性质。施特劳斯作为一个文本诠释者的立场可以定性为忠实与偏离的紧密结合。这一发掘并面对不可调和立场的倾向，揭示了一个更大的前提与关切中的诠释者的立场，这些关切奠基于施特劳斯早期解释学承诺的中心。而且，这一分析模式或多或少地持续保持在整个这一时期。只是到了 20 世纪 30 年代，当前模式的戏剧性转变才开始出现。

施特劳斯真正开始自己的大学学业是在他服完兵役后的 1918 年 12 月底。② 作为一个学生，他先后在几所大学学习，20 世纪 20 年代研究生毕业后开始工作。马堡大学成为施特劳斯学习的主阵地，同时他也在美茵河畔的法兰克福、柏林和马堡等地的大学继续深造。在马堡大学，施特劳斯在哈特曼和那托普③的指导下接

---

① Strauss,《柯亨对斯宾诺莎圣经学的分析》（Cohens Analyse der Bible-Wissenschaft Spinozas），载于 *GS*，卷 1，页 363；Cohen's Analysis of Spinoza's Bible Science，载于 *EW*，页 140。

② 施特劳斯的大学入学注册记录现存于马堡市档案馆，见本书第一章注释 42。

③ 见马堡大学 1917 至 1918 年直至 1920 年春季学期的注册记录，StAM Bestand 305a Acc. 1950/9, Nr. 777。最恰当不过的是，施特劳斯首批课程之一是关于柏拉图的。施特劳斯发展了与克莱因（1919 年在马堡大学那托普指导下学习）的友谊，后继续跟随海德格尔学习。伽达默尔在 20 世纪 20 年代以后遵循了同样的轨迹。那托普与马堡新康德主义的关系，见他发表的演讲，《康德与马堡学派》（Kant und die Marburge Schule），载于 *Kant Studien*，卷 17，1912。同时参见 Vasilis Politis,《柏拉图的反现实主义诠释：保罗·那托普》（Anti-Realist Interpretations of Plato: Paul Natorp），载于 *International Journal of Philosophical Studies*，卷 9，第 1 期，2001，页 47–61。参见施特劳斯 1961 年 2 月 26 日致伽达默尔的信，在信中，他间接提及那托（转下页注）

受新康德主义思想遗产的训练,后来转到汉堡大学,在卡西尔的指导下攻读哲学博士学位,卡西尔是新康德主义马堡学派最好的产品之一,同时也是柯亨门下最优秀的犹太弟子。①

质疑观念论信仰

1921年,施特劳斯从汉堡大学获得哲学博士学位。翌年,他到弗莱堡意图跟随胡塞尔,这个现象学的创始人和新康德主义马堡学派最强劲的挑战者学习哲学。②施特劳斯很快发现,弗莱堡大学的其他一些教授对他的思想产生了更戏剧性的影响,例如,积极投身于霍布斯阅读的艾宾浩斯(Julius Ebbinghaus)。但是对施特劳斯思想发展产生更为重要影响的是年轻且才华横溢的胡塞尔哲学弟子,马丁·海德格尔。施特劳斯后来这样回忆海德格尔的思想:它对施特劳斯一代"亲耳听过"课的每一个人是压倒性的,对决定他自己的思想走向具有最为深刻、持久的影响。③ 在

(接上页)普的研讨班。这封通信首次发表在伽达默尔《真理与方法》(*Wahrheit und Methode*: *Grundzüge einer Philosophischen Hermeneutik*, Tübingen: Mohr, 1965,页503-512)第二版。见德英双版本,首次刊出遗失的有价值的部分在 *Independent Journal of Philosophy / Unabhängige Zeitschrift für Philosophie*,卷7,1978,页5-12。

① 关于德国新康德主义不同学派的概述,见 Manfred Pascher,《新康德主义引论:背景,基本立场与实践哲学》(*Einführung in den Neukantianismus*: *Kontext*, *Grundpositionen*, *praktische Philosophie*), Munich: Fink, 1997。同时参见 Klaus Christian Köhnke,《新康德主义的兴起:唯心主义与实证主义之间的德国纯理论哲学》(*The Rise of Neo-Kantianism*: *German Academic Philosophy between Idealism and Positivism*), R. J. Hollingdale 译,New York: Cambridge University Press, 1991。

② 参见"GA",载于 *JPCM*,页460-461。

③ Leo Strauss,《在圣约翰学院纪念克莱因公开演讲中一段 (转下页注)

施特劳斯看来，海德格尔的天主教背景及其训练使他对流行的"尝试现代化亚里士多德的危险"具有免疫力。①施特劳斯自觉抵制现代化和歪曲前现代哲学的冲动，他早期的努力由对现代哲学的内在批判组成。

我们可以在施特劳斯1921年的[22]博士学位论文（即《雅可比哲学学说中的认识问题》）②中看到施特劳斯与卡西尔之间尖锐的分歧。这篇论文探究了雅可比（F. H. Jacobi, 1743-1819）③对德国启蒙运动认识论基础的批判性回应。这篇博士论文的标题类似于卡西尔四卷本的关于近代哲学认识问题的分析。④卡西尔的工作从探究近代科学的诸种方式开始，认为近代科学破坏了前科学现实与真理的确定性图景的根基。⑤虽然施特劳斯的雅可比研究具有类似的着眼点，但是学生反对导师的主张：通过重新发现雅可比对科学理性主义主张及其前提的批判，现代科学呈现出前科学知识基础的"天真"与过时。从某种程度上说，卡西尔

（接上页）未宣读的开场白》（An Unspoken Prologue to a Public Lecture at St. John's College in Honor of Jocob Klein, 1959），首次发表在 *Interpretation* 7, 1978；再版于 *JPCM*，页450。参看"GA"，页461。

① *JPCM*，页450。

② Leo Strauss,《雅可比哲学学说中的认识问题》（Das Erkenntnisproblem in der Philosophischen, Lehre Fr. H. Jacobis）。该论文的答辩日期是1921年12月17日。

③ 1805年，雅可比被腓特烈二世任命为巴伐利亚科学院院长，在这个位置上他待了七年。一些知名学者，如哈曼、赫尔德、莱辛以及门德尔松都熟识雅可比，但雅可比挑衅和论战的倾向使他与上述人物中的每一个的关系（哈曼除外）都变得紧张或者干脆敌对。

④ Ernst Cassirer,《近代哲学和科学中的认识问题》（*Das Erkenntnisproblem in der Philosohie und Wissenschaft der neueren Zeit*），Berlin：B. Cassirer, 1922-1923。

⑤ Ernst Cassirer,《近代哲学和科学中的认识问题》（*Das Erkenntnisproblem in der Philosohie und Wissenschaft der neueren Zeit*），前揭，页2-3。

的工作是魏玛社会民主承诺的一种表达：它将1789年自由原则的遗产，最高的德国文化传统，与接受现代科学作为新共和国的理性支柱结合起来。① 与之相反，施特劳斯的博士论文持续批判了启蒙的理性主义基础以及与之相关联的自由主义神学。为了阐明这一点，我要探究一些哲学问题，以便找出施特劳斯为何着迷于胡塞尔，随后是海德格尔对各种主导的哲学上的科学范型，如新康德主义的批判。

施特劳斯概括指出，雅可比作品中的那些要素整体上关涉到认识论的核心问题。在博士论文附录的辩护性提要中，施特劳斯辩称，自己的博士论文不代表"雅可比本人"，毋宁说是采用"非雅可比的方法"来解决雅可比思想中产生的问题。因为雅可比没有成形的"认识理论"（Erkenntnis – Theorie），博士论文为了构造这样一种认识模式只能"诉诸多种偏离"。②

除了这些方法论的原因，施特劳斯对雅可比感兴趣在于"上帝直接经验的可能性"，他决心彻底想透绝对历史宗教产生的这种可能性的含义。没有这种可能性，个人忠诚于特定宗教传统的主张将失去他们认识论的和道德的根据。因此，雅可比预告了两次世界大战之间"神学的觉醒"，对施特劳斯而言这"被巴特和罗森茨威格的名字所标记"。③ 他们各自表达了对启示的不同理解，这在过往的两个世纪受到现代人日益深入和广泛的接纳。这部关

---

① 关于新康德主义马堡学派的自由主义社会民主取向的理解，见 Bernard Tucker, *Ereignis*: *Wege durch die politische Philosophie des Marburger Neukantianismus*, Frankfurt am Main: Lang, 1984。同时参见 *Ethischer Sozialismus*: *zur politischen Philosophie des Neukantianismus*, Helmut Holzhey 编, Frankfurt am Main: Suhrkamp, 1994。

② 手写方式增补的博士论文稿现存于芝加哥大学的施特劳斯档案中，重印于 *GS*, 卷2, 页297和 *EW*, 页58。

③ 见"GA"和施特劳斯《霍布斯政治学》（Berlin: luchterhand, 1965）的1965年版序言。英文版见 *JPCM*, 页453。

第二章 一个魏玛保守主义犹太人的思想形成（1921－1932）

于雅可比的博士论文是第一个实例，在其中，施特劳斯表明并详尽阐述了自己的哲学立场，这一立场源自18世纪八九十年代和两次世界大战期间辩论的碰撞与融合。①这两个时期，诉诸宗教经验占据了中心位置，从而批判了作为科学经验的狭隘的康德经验观念。②例如，雅可比和巴特都认为，唯理主义者呈现的宗教是狂妄自大的产物，它全然回避了上帝创世的决定性时刻。施特劳斯在探究理性与信仰的紧张对立时无疑意识到雅可比［23］自相矛盾的立场。当雅可比在自己的世俗科学理性主义的批判中，利用理性主义的武器反对各种各样的启蒙哲学时，他——像巴特一样——常常表现为激进反对教会和罗马教皇的权威。这就是为什

---

① Benjamin Lazier 认为："超过其同时代的任何人，施特劳斯似乎同时存在于这两个时期，似乎同时见证了18世纪八九十年代与20世纪二三十年代这两种独特的解释学的融合。"见《从原罪中救赎》（Redemption through Sin: Judaism and Heresy in Interwar Europe），加利福尼亚大学2002年博士学位论文，页148。我要限定关于发生融合的这一阐述，因为施特劳斯多次注意到18世纪与作为当前批判切入点的他自己所处时代之间的显著差别。同时参见 David Janssen 关于这个问题的分析：《启蒙运动的问题：施特劳斯、雅可比及其泛神论之争》（The Problem of the Enlightenment: Strauss, Jacobi, and the Pantheism Controversy），载于 Review of Metaphysics，卷56，第3期，2003年3月，页605－632。

② 在20世纪危机神学与辩证神学的运动中，施莱尔马赫（Schleiermacher）被认为是一个关键性的罪魁祸首。本雅明早期关于经验的沉思也责难康德和（或者）他的新康德主义继承者对经验概念的狭隘化。Martin Jay 将我们的注意力引向下述文章，如 On Perception（1917）和 On Language as Such and on the Language of Man（1916），在这些文章中，本雅明强调康德与新康德主义传统无力"恢复一个强大的先于它的情态意义的经验概念"；《经验之歌》（Songs of experience: Discourses of Experience in Modern Thought），Berkeley and Los Angeles: University of California Press，2005，页319。关于本雅明与柯亨和新康德主义的关系，见 Astrid Deuber-Mankowsky，《早期本雅明与柯亨》（Der frühe Walter Benjamin und Hermann Cohen: Jüdische Werte, kritische Philosophie, vergängliche Erfahrung），Berlin: Vorwerk，卷8，2000。

么施特劳斯发觉,雅可比反对把"拘泥于字面意义"(Literalismus)作为屈服于信仰历史宗教——被视为启示信仰的权威、真理和意义的唯一延续——的强有力的决定性因素。①

然而,施特劳斯更加重视雅可比在坚持"上帝超验性和非理性"基础上"对观念论和理性主义的抵制"。②根据这一观点,历史宗教——作为反对自然宗教的抽象启蒙观念——不可或缺的作用在于,为理解上帝真相的必要形式提供了主题(GS,卷2,页288-289)。承认上帝的存在不应作为强加于世事之上的理论建构与还原的副产品而出现。恰恰相反,通过信仰获得的经验来源于上帝存在的内在真实。因此,雅可比的知觉理论可以理解为主体对上帝的超验和非理性特征的把握和自觉确认。③雅可比对伦理学具有深远影响:上帝对顺服的召唤是无条件的,因而胜过基于理性自然运用的任何考量或标准。

---

① 见 Zank 关于 Literalismus 一词的简扼评注,Literalismus 所指涉的"立场是坚信上帝的非理性品质,因此在绝对启示宗教上完全依赖于人的动机";EW,页60,注释7。对于这两位思想家而言,教会不承认首要的问题是无法获得上帝及其上帝之言。巴特反对天主教教会的立场,这在他对保罗致罗马人书信的解释(在《罗马书》[Römerbrief] 1919年版和更加强烈的彻底修改的1922年第二版中)和他后来的《教会信条》(Church Dogmatics, 1928)中便可看到。巴特认为,对于上帝和真正宗教权威的基本决断必须重新作出解释才能应对和解决危机。罗马教廷由于秉持傲慢的观点而试图回避这个基本要求,这一傲慢观点坚信,连续不断的神启是天国唯一和绝对正确的声音;见 Die christliche Dogmatikim im Entwurf,卷1,Die Lehre vom Worte Gottes, Munich: C. Kaise, 1927,页348-349。

② GS,卷2,页288-289;英译文见 EW,页56-57。注意博士论文《论宗教哲学》(Zur Philosophie der Religion)一节的同一段落,雅可比被安置在"相对主义"与"理性主义"两种力量之间。

③ GS,卷2,页286。比较康德的立场,康德认为理性获得事物的知识源自其本性并"根据自己的计划"(selbst nach ihre Entwürfe)。Kant,《纯粹理性批判》(Critique of Pure Reason),Norman Kemp Smith 译,第二版,London: Macmillan, 1933, B xiv。

因此，雅可比指出康德对伦理和道德的理解具有一个致命的缺陷。根据理性主义观念论和唯物论的学说，伦理道德判断与行为争端的可能性全然来自于作为自主个体的主体尊严。然而这一尊严的内容空洞干瘪，它源自人的傲慢欲望，而这一欲望又以超验上帝的绝对要求所预设的完全自主性为前提条件。①对于雅可比而言，"我"是以"你"为条件的。②因此，施特劳斯将雅可比看作这样一个人，他决意详尽阐述感知主体把握现实的各种方式，而又没有堕入主体性认识的窠臼。雅可比的知觉（Wahrnehmung）运动方向从世界上的事物回返到为思想提供方向和意图的主体，但它并没有为观念论的科学模式提供说明。

因此，与笛卡尔、斯宾诺莎、康德，尤其是门德尔松提出的自由主义理解不同，雅可比的批判试图恢复主体的尊严，这一尊严以伦理体系的根本限制为前提条件，而后者仰赖于对直接经验上帝之期待的认同。而且，我们现在能够理解施特劳斯晚期的一个逸事，这个逸事是关于他为什么为胡塞尔所吸引而远离新康德主义马堡学派的柯亨、那托普和卡西尔。胡塞尔——曾受训于马堡新康德主义传统———次告诉施特劳斯：这一传统明显"优于所有其他的德国哲学学派"，然而，它犯了一个致命的结构性错误："从房顶开始。"③ 1956年2月，在芝加哥大学希勒尔学院基

---

① 见Janssen,《启蒙运动的问题》（The Problem of the Enlightenment），特别是页608–611。Janssen提醒我们注意施特劳斯博士论文的如下段落："自主论是普遍怀疑，即现代文化原则的伦理形式，它以宗教良知、科学理性和道德立法的自主性为根据（唯信、唯理、唯善良意志）。与此针锋相对，雅可比强调：在伦理事物中，绝无必然性，行为主体把握规范，并由其自身的洞见出发来规定规范。并非洞见先行而顺从遵行，恰恰相反：由顺从，由遵行规范，由因顺从而侵入我们生命中心的规范，产生了道德洞见"；EPLJ，见GS，卷2，页281。

② 这就是他有时被看作是最早的存在主义者的原因之一。

③ 见施特劳斯,《论存在主义》（Existentialism），载于（转下页注）

金会资助的一次讲演中,施特劳斯讲述了胡塞尔的这一评论。在施特劳斯看来,新康德主义对"科学分析"的强调,被胡塞尔描述为源自"世界万物的初级知识"。代替将现代科学设想为"人类对世界认识的完善化",胡塞尔将现代科学描述为"对前科学理解的特定修改"。施特劳斯关于雅可比对17 – 18世纪最著名哲学建构的认识论基础的批判的揭示,使他忽略了胡塞尔前观念论的对科学分析问题研究的先驱性意义。施特劳斯进一步勾勒了胡塞尔如何使中立性和客观性的科学要求变得可疑:"科学如何从前科学理解中充满意义地起源,这是个问题;首要论题是对前科学世界进行哲学理解,于是首先便是分析被明显感知的事物。"①胡塞尔与施特劳斯的雅可比描述的相似之处是多方面的。施特劳斯将雅可比的方法确认为近似胡塞尔"描述"(Deskription)的方法,而将他自己的表述方法称为"问题史"(Problemgeschichte)② 的方法——以回应他前面提及的对胡塞尔的后期描述。施特劳斯

(接上页)*Interpretation*,卷22,第3期,1995年春季号,页304 – 305。我引用的这一文本并非载于 *SPPP* 中的删节本。

① 施特劳斯,《论存在主义》,前揭,页304 – 305。注意这一演讲转录文本中对"问题"的强调。

② Strauss,《知识问题》(Das Erkenntnisproblem),载于 *GS*,卷2,页251 – 252。见 Michael Zank 对 *Problemgeschichte* 一词的译注,载于 *EW*,页59,注释5。Samuel Moyn 就施特劳斯对 Deskription[描述]一词使用的意指阐发了如下真知灼见:它指出"胡塞尔对意识意向状态的早期分析工程(区别于他两次世界大战期间的观念论)提供了一条超出主体性认识的路径"。在《从经验到律法》(From Experience to Law,即出)一文中,Moyn 对施特劳斯揭示的诸观念,即发现神圣的超逾主体性认识的可能性做出了更大篇幅的论述,这一论述深刻洞见到对青年施特劳斯产生影响,并贯穿其后魏玛思想连续性和过渡性的理念论背景。充分的论证超出了现在讨论的范围,细心的读者将注意到 Moyn 文章的标题指向施特劳斯《哲学与律法》(*Philosophy and Law*,1935)思想的过渡时期,在《哲学与律法》中,施特劳斯转向了律法,后者为哲学、宗教和政治提供了框架。

写道，雅可比的名字引发了后续思想史的冲击波，这意味着哲学的"永恒问题"是一个卓异且"连贯复杂的问题"。① 但我们必须铭记，施特劳斯读取胡塞尔的元素却进入了后者不太关注的领域。在 1946 年的一封致洛维特的信中，施特劳斯回想起自己曾就神学请教过胡塞尔，他说："如果有一种关于'上帝'的事实，我将会描述它。这是真正具有哲学意味的表达方式。"② 在施特劳斯的回忆中，胡塞尔并没有抓住神学觉醒的深层意义和内在关联。③

虽然施特劳斯似乎并不看重其博士论文，④ 但它明显是对德国启蒙理性主义，以及启蒙理性主义与传统的和当前的非理性主义之间关系的辛辣评估。考虑到它对宗教和伦理的理念论描述的激进批判，博士论文可以看作是新的泛神论论争的一部分，这一泛神论之争在雅可比身后发展了近一个半世纪。⑤ 对博士论文作一些评论将有助于定位施特劳斯思想的早期阶段。施特劳斯以一个反对启蒙的思想家作为研究对象，后者倾注大部分公共知识分子生涯卷入论争，这将我们引向青年施特劳斯的意图，即恢复对自由

---

① Strauss, *EPLJ*, 载于 *GS*, 卷 2, 页 283。

② 1946 年 8 月 15 日致洛维特的信载于 *GS*, 卷 3, 页 663 - 664。见 Moyn,《从经验到律法》(From Experience to Law), 它梳理了施特劳斯评论的完整含义。

③ 见施特劳斯在"GA"中的陈述，他认为，胡塞尔的主要方向属于"第一次世界大战之前的世界"，同时声称"一战之后的世界特征是神学的复苏"; *JPCM*, 页 460。

④ 在 1970 年的一次公开演讲中，施特劳斯将其博士论文称为"丢人现眼的成果"; 见"GA"。在美国的学术生涯中施特劳斯再也没有返回到这一主题。

⑤ 见 Lazier 在《从原罪中救赎》(Redemption through Sin) 中关于施特劳斯的章节。同时参见 Lazier,《克服诺斯替主义》(Overcoming Gnosticism: Hans Jonas, Hans Blumenberg, and the Legitimacy of the Natural World), 载于 *Journal of the History of Ideas*, 卷 64, 第 4 期, 2003, 页 619 - 637。

理性主义挑衅性批判。①与卡西尔哲学观念论的新康德主义方法不同,施特劳斯尝试一种雅可比思想的胡塞尔式描述方式②,意图检审一种摆脱现代自由主义图谋的新宗教"经验"之恢复或发现的可能性。

雅可比对信徒直接经验上帝的辩护,作为一种严肃的可能性决定性地将宗教的观念论理解置于绝境。问题是,哲学体系是否能够描述和承认信徒对上帝的直接经验,或是否堵塞和阻碍了[25]这样的一种理解。③而且,施特劳斯对雅可比"信仰"(Glaube)范畴的热情肯定,恰逢他对雅可比面对丧失活力的启蒙理性主义及其最终的"虚无主义"所采取的大胆的且令人费解的吁请回归正统宗教的同样激赏。④对独断信仰(decisive belief)和意志薄弱的理性主义(weak-willed rationalism)的反对是施特劳斯博士论文的关键。就此而论,犹太信仰中因袭传统的与众不同的自我表白:"我是犹太人"(Ich bin jüdischen Glaubens),内含于施特劳斯博士论文附录的个人简历声明(Lebenslauf)中,对抗着他所展示的雅可比特征。⑤

施特劳斯对他以前博士论文指导教师的直接批判,在其《论析欧洲学术》(Zur Auseinandersetzung mit der europäischen Wissen-

---

① 见 George di Giovanni 对《雅可比:主要哲学著作和小说》(*Friedrich Heinrich Jacobi: The Main Philosophical Writings and the Novel Allwill*, Montreal: McGill-Queen's University Press, 1994) 一书的引介文章。

② "PKJ",载于 *GS*,卷 2,页 252。

③ 对于更全面的描述,我已经含糊提及贯穿于 19-20 世纪早期的作为自由主义的理念论传统,见 Jay,《经验之歌》(*Songs of Experience*),前揭,页 78-130。

④ 古内尔指出,雅可比将虚无主义(Nihilismus)一词引入现代德国哲学;见他的《施特劳斯主义之前的施特劳斯》,载于 *The Review of Politics*,卷 53,第 1 期,1991 年冬季号,页 53-74。

⑤ 施特劳斯的简历声明(Lebenslauf)重印于 *GS*,卷 2,页 298。简历声明作为博士论文遗失的两个副本,现存于汉堡大学图书馆。

schaft，载于《犹太人》，1924）一文中表现得尤为突出。① 施特劳斯从犹太读者的视角出发，将卡西尔刻画为一个放弃了柯亨犹太思想遗产的思想家。施特劳斯批判卡西尔对神话在宗教中作用的理解，暗示了这种放弃。② 卡西尔将认识表达方式理解为一个不断进步的过程，即"从神话到语言再到艺术，心灵最终获得了最大的自由"。③ 对施特劳斯而言，这种对神话的观念论"扬弃"（Aufhebung）——保存和克服的双重进程——忽略了伦理学在柯亨宗教哲学中的核心作用。施特劳斯认为卡西尔的神话和宗教理论不仅与柯亨的哲学体系不相符合，而且实际上对其削足适履。在施特劳斯的柯亨视野中，上帝的超验性是一个关键要素："超验的伦理动机包含在自身之内，一开始以潜在的形式，超越了宗教动机的力量和深度"（"ZAW"，页349）。柯亨哲学的本质，以及圣经先知的教诲，需要拒绝偶像崇拜（作为一种无法忍受的神话宗教形式）。柯亨和众先知共同承诺维护上帝对尘世的超验性，施特劳斯将这看作是"柯亨哲学体系和犹太教之间的内在联系"。施特劳斯深谙柯亨的伟大成就，后者为犹太人坚守上帝的超验性和拒绝神话宗教做出了系统的阐释。相反，卡西尔对神话和宗教发展的分析借鉴了一些古代和现代的宗教运动，但是明显忽略了犹太教（"ZAW"，页349）。

据说，与他的犹太博士指导教师卡西尔的关系相比，施特劳斯觉得自己与当代天主教的异端海德格尔之间的关系更为密切。事实上，施特劳斯与卡西尔在核心信念和心性上完全对立。卡西尔从文化角度例示了德国—犹太人之间的紧张，设想一个自由的德国社会是一个德国和犹太人实现和解的社会。这种德国犹太人

---

① "ZAW"。所有引用均来自重印版，见 GS，卷2，页341-350。
② 施特劳斯对卡西尔的《神话思维的概念形式》（*Die Begriffsform im mythischen Denken*, Leipzig: Teubner, 1922）的回应。
③ "ZAW"，页348。英译文见 *EW*。

存在的中产阶级自由主义模式成为施特劳斯反复论战的核心,施特劳斯反对德国犹太人中产阶级的同化模式,因为这一同化模式错误地坚信人类世界大同的信念,以及确信德国政府是一架运转良好的机器。

[26] 施特劳斯对颇有建树的犹太精英,如卡西尔的批判,开启了他试图超逾中产阶级自由主义意识形态视域的一个犹太人立场的探究之旅。他对当代犹太圣经批判的批判就是一个很好的例证。在《圣经的历史与科学》(1923)一文中,施特劳斯通过本质上保守而激进地赋予圣经解释以政治属性的方式,改写了现代犹太圣经诠释的标准。对基本律法的承认是施特劳斯辨明圣经教义应如何指导当代犹太政治的出发点。鉴于人的先天秉性趋向支配和暴力,因此为防止人类的邪恶倾向,律法成为政治上的必须。但是,这种对律法的强调没有涉及对作为解决根本政治问题的国家权力的赞扬。作为代替,圣经强调神权政治,高扬家庭的重要性,以此降低"非人格国家"的重要性。对于施特劳斯而言,圣经政治理论将神权政治视为"彻底抵御统治国家之权力本能的唯一一种手段"("ZAW",页358)。施特劳斯保守主义政治的反讽之一是他对律法的无神论辩护,律法根本上并不依赖于国家,它是唯一合法形式的代表或强制力的执行者。

在方法论上,解释圣经宗教遗产的关键在于直接面对早期犹太教最令人不安与最"不可思议"的政治因素,它们通常为不加批判的接受自由主义所忽略("ZAW",页358)。尽管斯宾诺莎提出了一种按字面解释圣经犹太教的激进方法,但是施特劳斯拒绝了斯宾诺莎形而上学的现代遗产,以消解圣经对上帝与自然的绝对区分。在施特劳斯看来,对上帝绝对超验性和战胜自然力量的信仰,是任何圣经宗教不可或缺的正统观念。巴特提出了类似的观念,他颇具创新性的经文陌生化应被看作提供了一种基本范式,这一范式抵制无孔不入的现代化趋势,进而使理解犹太教和早期基督教之启示的全部意义成为可能。①

而且，通过表面上接受圣经暴力与神迹的现实主义立场，施特劳斯揭示了自己受惠于罗森茨威格的事实，以及他与正统之间的特殊关系。②尽管施特劳斯认为早期犹太教最极端的因素不能被合法忽略或移除，但是他不是正统的犹太原教旨主义的追随者。虽然施特劳斯觉得自己有义务以伪装的方式攻击当代正统，但是他却坚信犹太教的基本要素在信徒和非信徒的眼中是相同的。对施特劳斯而言，关键在于任何犹太宗教和政治的解释不能被信仰或不信仰的虚伪辩护所影响。只有在最狭隘和不合时宜的圣经教义被视为源于其原始和极端的性格之后，一个人才能严肃地投身正统并正确认识现今犹太教和犹太政治的可能性。对施特劳斯而言，一个人是否成为正统的追随者或反对者并不重要，相比而言，对于正统之整体的认识较之 [27] 它已变得怎样更为重要。青年施特劳斯通过引用莱辛，来表达自己对正统的原初基础加以探究的绝对必需："因此，如此令人作呕的不是正统本身，而是一种斜视、跛足的正统，这并不等同于正统自身。"③莱辛处身并反对德

---

① 见 Samuel Moyn 的《魏玛启示：罗森茨威格、巴特及其他神学》(Weimar Revelations: Rosenzweig, Barth, and the Theological Other)，载于 *Origins of the Other: Emmanuel Levinas Between Revelation and Ethics*, Ithaca, N. Y.: Cornell University Press, 2005。罗森茨威格区分了启示来源与潜在现代信徒之间的绝对分歧，该文对这一类似的强调做出了精辟论述。

② 我一直无法确定施特劳斯第一次阅读或遇见罗森茨威格的准确时间。然而，根据施特劳斯晚期的《论存在主义》一文的回忆，我们可以有把握地认定施特劳斯在 1923 年以前就已经与罗森茨威格非常熟悉。在获得关于海德格尔对亚里士多德形而上学开端的处理的一些细节之后，施特劳斯到美茵河畔法兰克福的罗森茨威格居所做以短暂停留，并向后者传达了自己对海德格尔卓越才华的巨大热情。从 1919 年到 1923 年，海德格尔担任胡塞尔的助教，他作品中关于亚里士多德的部分写于 1922 年；海德格尔接受马堡大学的任命是在 1923 年。见 Strauss,《论存在主义》，前揭，页 343。

③ 引自 GS，卷 2，页 358。

国启蒙运动的复杂立场，在未来的十年中激发施特劳斯深化了对正统合法性的政治性解读。在 20 世纪 30 年代，莱辛的洞见对施特劳斯"重新发现""显白"（exoteric）写作具有开创性的意义，显白写作作为一种遗忘的审慎写作类型由前现代思想的，尤其是在 17 和 18 世纪的几个重要作家所倡导。这种写作类型在 20 世纪 30 年代为施特劳斯所发展，正如我们将看到的那样，这一发展发生在施特劳斯经历的"方向转变"之后。

在 20 世纪 20 年代，施特劳斯攻击当代圣经学术成果隐秘的无神论根基。神学教授们作为德国土地上（变成"和解［Versöhnungen］与废除［Aufhebungen］之地"）圣经批判的从业者遮蔽了这一领域根底上的无神论。对施特劳斯而言，现代德国的和谐对立精神与犹太精神正相反对。"作为犹太人，我们是激进的，我们不喜欢妥协"（GS，卷 2，页 359）。这一感叹作为一种未经证实的思想断言出现，但如果我们考虑到施特劳斯将极端流亡状态视为犹太激进化的首要原因，它就会得到理解。这种无国籍民族的例外状况加剧了迫害与苦难，然而，悖论的是，它也证明了犹太人存在的坚毅和不妥协，强化了忍耐当前困苦及其趋向的意志力。

施特劳斯对犹太教和犹太人存在意义的阐述，摆脱了自由主义的特性，彰显了一个犹太思想家的做派。在施特劳斯看来，柯亨的民主社会主义与犹太历史学家杜布诺夫（Simon Dubnow, 1860-1941）的自主论本质上反对上文提及的圣经洞见：一种关于人性的悲观视角和非人格化状态的神权政治的不信任。在 1924 年的一篇评论文章中，施特劳斯评价了杜布诺夫雄心勃勃的全面论述犹太民族历史的贡献，[1] 他将杜布诺夫置于尼采、特赖希克

---

[1] 《社会历史学》（Soziologische Geschichtschreibung），载于 Der Jude，卷 8，第 3 期，1924 年 3 月，页 190-192；重印于 GS，卷 2，页 333-337。施特劳斯评论了杜布诺夫的第一套《世界犹太民族史》（Weltgeschichte（转下页注）

(Treitschke)、西贝尔（Sybel）等历史学家群体之中，将其嘲讽为毫无希望的糊涂虫（*GS*，卷2，页335）。根据施特劳斯的观点，杜布诺夫无法从传统的枷锁中解放犹太历史，他远远没有完成自己设置的挑战：对犹太史提出一种系统连贯的社会学的客观视角。

施特劳斯对当代圣经批判的批判，契合于他对犹太世界观的更广泛追求，而犹太世界观自觉抵制欧洲文化的自由主义倾向。德国人（尤其是德国犹太人）强有力的反潮流提供了必要的动力推动施特劳斯朝向自己的目标。卡西尔的思想遵循老一辈德国犹太人的自由主义倾向，但缺少魏玛犹太复[28]兴反潮流的同等力量，这一力量横扫施特劳斯的叛逆一代，而布伯和罗森茨威格则处于这一新犹太复兴运动的中心。

罗森茨威格、布伯与新德国犹太人的回返运动

施特劳斯对于布伯的矛盾心理以及对罗森茨威格的依附，对于勾勒他在德国犹太"复兴"中的位置具有重要的启发性意义。布伯在德国犹太复兴运动中的权威性影响是毋庸置疑的。毕竟，是他在1901年首次引入"犹太复兴"（Jewish renaissance）这一范畴。[1]在使用这一词语时，布伯旨在通过创建现代犹太文化来实现犹太民族的复兴。这种新的犹太文化采取犹太复国主义的形式，有意识地结合了德国流行的各种文化力量，如民族主义、浪漫主

（接上页）*des Jüdischen Volkes*），十卷，Berlin：Jüdischer Verlag，1925 – 1929。

[1] Martin Buber，《犹太复兴》（Jüdischer Renaissance），载于 *Ost und West*，卷1，1901年1月，7–10列；后收入布伯，《犹太人的运动：论文与演讲集》（*Die Jüdische Bewegung：Gesammelte Aufsätze und Ansprachen*，1900 – 1914），Berlin：Jüdischer Verlag，1916。

义、东方学、漂鸟青年运动，以及现代主义美学潮流如青春艺术风格（新艺术运动）。加利西亚出生的布伯试图将东欧哈西德主义（Hasidism）的经验智慧和生命哲学（Lebensphilosophie）结合起来，并以此作为其文化犹太复国主义的基础。

布伯的犹太复国主义挪用上述的非犹太文化因素，这表明他并不希望延续流亡状态。布伯对流亡作为一种需要克服的灾祸的否定看法至少有其犹太复国主义的根源，这一根源可溯源自平斯克（Leon Pinsker），后者以训练有素的医生眼光将流亡状态诊断为一种卑屈的病态状况。① 布伯将流亡形容为"一颗扭曲的螺丝钉"（eine Folterschraube），并指认它应为犹太精神的堕落负责。② 布伯着手清除犹太教非本质的和悖谬的诸种因素，如令人窒息的拉比文牍主义，这些因素累积在犹太人两千多年放逐的痛苦历程中。③ 布伯从纯粹消极的方面审视这一"流亡的时代"。流亡的时代是一个"思想贫瘠的时代……热衷于迂腐的用词，为了解释而解释；极端贫穷、扭曲，甚至病态"。④ 布伯呼吁具有创造性和决断力的犹太人精英群体直面被动的流亡犹太人，以便激活被遮蔽的原始且真实的犹太教（Urjudentum）重返锡安（[译按]耶路撒冷的圣峰，这里指犹太民族的故国）。犹太教复兴（Erneuerung）与复返的任务应由犹太（Urjuden）群体的真正先驱者（chalutzim）来实现，

---

① Leon Pinkser（1821 – 1891），《自我解放》（*Auto - Emancipation*），New York：Federation of American Zionists，1916。

② Martin Buber，《犹太人的运动》（*Die Jüdische Bewegung*），前揭，页14。

③ Martin Buber，《犹太人的宗教性》（Jewish Religiosity），1916；后收入他的《论犹太教》（*On Judaism*），New York：Schocken Books，1967，页79 – 94。

④ Martin Buber，《犹太教与人类》（Judaism and Mankind），1911，载于《论犹太教》（*On Judaism*），前揭，页29。

而不是由流亡犹太人的"杂多的乌合之众"来进行。①

虽然布伯对流亡的憎恶与一般的犹太复国主义的判断之间具有共通性,②但是施特劳斯关于流亡的最终观点被证明更接近于布伯在德国犹太复兴时期的未来搭档——罗森茨威格。罗森茨威格关于一般性犹太主题的题为"两河流域"(Zweistromland,1926,[译按]与美索不达米亚同义)的文集,引发了对奢华与罪恶之城的跨文化争论。③甚至可以说,通过帮助犹太人摆脱腐化变迁的历史,罗森茨威格确实安抚了犹太人无家可归的状况。"虽然基督徒和[29]基督教存在于'世界历史的螺旋式上升'之中",罗森茨威格在《拯救之星》中叙述道,"但是犹太人和犹太教则在好战的俗世之外占有了一席之地。"④对罗森茨威格而言,当前的无家可归迫使"这个永恒的民族"将精力集中在精神方面而不是器物层面,至关重要的事物而非肤浅的表面。⑤

罗森茨威格的言述进入犹太公众的视线是在他的一封致柯亨的公开信中:"现在是时候了:这一刻是思考犹太教育问题的时候了。"⑥罗森茨威格呼吁成立一所犹太教学术研究院(Akademie

---

① Martin Buber,《神圣之路》(Holy Way),1918,载于《论犹太教》(On Judaism),前揭,页147-148。

② 这不是否认布伯对德国犹太身份"混合性"的肯定。见 Paul Mendes-Flohr,《德国犹太人:双重身份》(German Jews: A Dual Identity),New Haven: Yale University Press,页41-44和注释70。

③ 罗森茨威格与布伯共同将《圣经》迻译为德语,Paul Mendes-Flohr这样来阐释罗森茨威格的犹太人文主义:"犹太人居住于两种文化的岸边,尘世的一岸和犹太教的一岸。这双重的效忠是真正多元论的根据,它保存了犹太人作为一个犹太人和尘世公民的完整性。"载于 German Jews,页44。

④ Rosenzweig, SdE,页450; SoR,页368。

⑤ 见 SoR 第三部分,第1节,标题为"圣地",页300。

⑥ Rosenzweig,"现在是时候了……"(《诗篇》,第119章第126节)。"是思考教育问题的时刻了",重印于 Gesammelte Schriften,卷3,Zweistromland: Kleinere Schriften zu Glauben und Denken,Reinhold Mayer and (转下页注)

für Wissenschaft des Judentums),这一机构将有助于新一代得到培养的犹太信徒获得超逾犹太会(教)堂限制的犹太教育,并且满足同化的德国犹太青年的精神渴求。①罗森茨威格选定的名称和题词取自圣经旧约的《诗篇》第119章第126节:"这是耶和华降罚的时候,因为他们亵渎了您的教诲。"②这一箴言的引用传达了一种紧迫感,一种关于犹太教育的朽坏状态,以及亟需建立一些能够传达复兴犹太教及其教义要求的、作为必需的重要工具的文化机构。"各种级别及其样式的犹太教育问题是当前犹太人的首要任务。承负重任的时刻业已到来。"③

罗森茨威格对犹太学研究机构应成为它周边犹太社区的头脑和心灵的迫切呼召,使施特劳斯大获启发。与其说施特劳斯闭门索居耕耘纯学问,不如说他是在设法实现罗森茨威格增补犹太教学术研究院各级专职学者的远见。因为这一研究院的研究员们纷纷证明自己在犹太事务上是一群卓越的文献专家,而没有分享罗森茨威格向犹太社区拓展的承诺。施特劳斯针对地方犹太社区的演讲和教学可以看作是其他被任命的研究员中的一个异数。④ 在

(接上页)Annemarie Mayer 编,Dordrecht: Martinus Nijhoff,1984。

① 关于这一机构创立发展的历史,见 David Myers,《犹太历史主义的沉浮:犹太教学术研究院的发展历程(1919 – 1934)》[The Fall and Rise of Jewish Historicism: The Evolution of the *Akademie für Wissenschaft des Judentums* (1919 – 1934)],载于 *Hebrew Union College Annual*,卷 58,1992,页 107 – 144。

② 译自《塔纳赫》希伯来—英语对照版(*JPS Hebrew – English Tanakh*),第 2 版,Philadelphia: Jewish Publication Society,1999,页 1569。

③ Rosenzweig,《人与工作》(*Der mensch und sein werk*),卷 3,*Zweistromland: Kleinere Schriften zu Glauben und Denken*,Reinhold Mayer and Annemarie Mayer 编,Dordrecht: Martinus Nijhoff,1984,页 78。

④ 其他研究员包括 Fritz(Yitzhak)Baer,David Baneth,Selma Stern 和 Chanoch Albeck。见 Michael Zank,《施特劳斯秘传的再发现》(Leo Strauss's Rediscovery of the Esoteric),载于 *Religious Apologetics—Philosophical* (转下页注)

第二章 一个魏玛保守主义犹太人的思想形成（1921–1932）

发起反叛自满且陈腐的犹太主流文化——由德国犹太人创建，并为他们后辈子女所遗弃——方面，施特劳斯同样发现自己与罗森茨威格的志趣相投。这项犹太教育工程的推动表现在罗森茨威格直接对抗犹太人存在成问题的特质："从门德尔松开始，我们整个民族经受这种尴尬问题的拷问；整个犹太的每一个体都在这个'为什么'的关键问题上坐立不安。"① 罗森茨威格通过积极投身于德国犹太人存在成问题的特质来献身于打破这种传统。施特劳斯早期思想中的一些焦虑与紧张源于他本能地对罗森茨威格认同并重铸救赎问题的局促不安。

罗森茨威格和施特劳斯代表了倾覆规范前提之魏玛犹太人戏剧性的重新定位。罗森茨威格为德国大学没有正式承认犹太研究的合法性而感到沮丧，②因此他将研究院作为推进犹太学术和实现"克服历史主义"目标的手段。③

[30] 罗森茨威格在其文章《教育没有终点》（Bildung and No End，1920）中公布了一项犹太成人教育的方案。④在方案中，他

（接上页）*Argumentation*，Yossef Schwartz and Volkhard Krech 编，Tübingen：Mohr Siebeck，2004，页190。

① Franz Rozenzweig，《论犹太人的学习》（*On Jewish learning*），Nahum Glatzer 编，New York：Schocken Books，1965，页78。

② David Myers，《犹太历史主义的沉浮：犹太教学术研究院的发展历程（1919–1934）》[The Fall and Rise of Jewish Historicism: The Evolution of the *Akademie für Wissenschaft des Judentums* (1919–1934)]，前揭，页107–144。

③ 关于柯亨、罗森茨威格、施特劳斯、布鲁尔（Isaac Breuer）对历史主义危机回应的更详细论述，见 David Myers，《抗拒历史：德国犹太思想中的历史主义及其不满》（*Resisting History: Historicism and Its Discontents in German-Jewish Thought*），Princeton：Princeton University Press，2003。Ernst Simmon 引用这一词语在其《罗森茨威格与犹太教育问题》（Franz Rosenzweig und das jüdische Bildungsproblem），载于 *Korrespondenzblatt*，卷11，1930，页12。

④ 见载于 Rosenzweig 的《论犹太人的学习》（*On Jewish learning*，前揭，页55–71）一书中的这篇文章的英译文。

的"新学"在内容和方法上追随布伯对犹太复兴的呼吁,进而区别于神学院或正统犹太学校实施的传统学习模式。根据罗森茨威格的新学观,通过缩减传统的犹太教育,教与学的工作被置于一种不受阻碍的学术氛围下。罗森茨威格将自己的反叛精神注入法兰克福教育之家(Frankfurt Lehrhaus)这一文化空间之中,在教育之家,高度同化的德国犹太知识分子试图避开不再满足新一代需求的、停滞不前的宗教情感和知识。从这一意义上讲,教育之家标志着罗森茨威格偏离了研究院的犹太学术观念,遵从了德国大学最严格的标准。在教育之家,罗森茨威格希望至关重要的、更持久的犹太教内容源自对核心犹太文本阅读,从而教学与学习将以强烈相关的方式实现互动。

在法兰克福教育之家的开幕词中,罗森茨威格指出,新学的方法不是拒斥,而是拥抱德国犹太人的疏离状态。传统的或旧的学习方法开始于《托拉》,然后试图与当代生活的某些方面发生关联。罗森茨威格翻转了这一次序。他从同化的犹太人世界开始,从一个"不知道律法的世界,或者至少假装对律法一无所知的世界"开始,然后从这一世界返回到《托拉》。在这一学习方案中,"他最适切地将自己置于最大化的陌生状态"。① 罗森茨威格对处在异化阵痛中的德国犹太人的教育献身,激励施特劳斯加入其中,寻求重塑德国犹太人存在的地基。

青年施特劳斯与罗森茨威格的重要区别之一在于二者对犹太复国主义的矛盾态度。罗森茨威格长时距、深层次的犹太复国主义批判体现在《两河流域》的形象化描述中。② 如果犹太人的民族自决主义通过拥抱国家权力来获得正常性,即变得像其他国家一样成为以土地为中心的存在,那么犹太人存在的一些核心而独特

---

① Rosenzweig,《论犹太人的学习》,前揭,页 99–100。
② 见 Nahum Glatzer 在《罗森茨威格:一种生活方式》(*Franz Rosenzweig: A Life*, New York, 1945)一书中的早期阐述。

第二章 一个魏玛保守主义犹太人的思想形成（1921－1932） 45

的东西将会受到削弱。罗森茨威格的理论认为，巴勒斯坦和散居各地的犹太中心之间的交流互动或许会很好地支撑这两个实体。①然而，流亡者系统地聚集到一个犹太国或犹太人的国家，将会给犹太人和犹太教带来灾难性的影响。

尽管罗森茨威格与布伯是合作伙伴，但罗森茨威格仍对犹太复国主义持一种怀疑的态度。戈登（peter gordon）将罗森茨威格呈现为一个"犹太流亡理论家"，因为后者没有将流亡视为一种需要克服的可耻的卑屈状态，而是将它看作是一种具有"在尘世中获救"（redemption－in－the－world）可能性的存在论状态。②正如罗森茨威格在致哈罗（Rudolf Hallo）的信中所言，流亡状态是"犹太人的生存状态"："作为一个犹太人，就意味着身处'流亡'（Golus）之中。犹太人的生活就是这样一种形式，通过这种形式，我们使犹太人的存在变得可以容［31］忍。"③在《拯救之星》中，罗森茨威格解释说，犹太人的选举权应涵盖流亡中的犹太人。

---

① 见 Leora Batnitzky，《偶像崇拜及其表征：罗森茨威格哲学再反思》（*Idolatry and Representation: The Philosophy of Franz Rosenzweig Reconsidered*），Princeton：Princeton University Press，2000，页188－198。Batnitzky 引用了罗森茨威格部分赞同阿哈德·哈姆（ahad ha－am，［译注］哈姆是金斯伯格［Asher Hirsch Ginsberg，1856－1927］的笔名，此人系文化犹太复国主义的主要代表）愿景的几个段落，即在巴勒斯坦建立犹太人精神中心，并向散居各地的犹太人辐射这种改造了的犹太文化。罗森茨威格指出，哈姆的愿景是"无意识的正确"；见 Rosenzweig，《人与工作》（*Der mensch und sein werk: Gesammelte Schriften—Briefe und Tagebücher*），卷2，The Hague：Martinus Nijhoff，1974－1984。

② Peter Gordon，《罗森茨威格与海德格尔：犹太教与德国哲学》（*Rosenzweig and Heidegger: Between Judaism and German Philosophy*），Berkeley and Los Angeles：University of California Press，2003，特别是页219。

③ Franz Rosenzweig 致 Rudolf Hallo 的信是在1921和1922年，引自 Gordon，《罗森茨威格与海德格尔：犹太教与德国哲学》，前揭，页219。注意 golus 只是希伯来语 galut 一词的德系犹太人译法。

罗森茨威格关于人类对"继续存在"之迫切愿望的哲学理解得到放逐的幸存犹太人——"残存的"犹太存在——的集体认同。犹太社区生活的结构与实践产生了一种优越意识：它使犹太人的存在"蔑视一切世俗的历史"，因为犹太存在只是作为迫害残余存活于世。①

施特劳斯对过去犹太思想的关注与他对陷入困境的各种德国犹太复国主义的质疑相互交融，促使他着力把握"目前情况"的一般性。②为了找到一种能够经受反思和自我批判考量的思想立场，施特劳斯梳理了每一个主要犹太复国主义思想家，以及他们所表征的运动的内在矛盾。他的整个20世纪20年代的作品不同程度地介入到学术研究和政治之间的公共场域。

在1924-1925学术年期间，施特劳斯与一些著名的犹太知识分子一起，在罗森茨威格的法兰克福自由犹太人教育之家（Freies Jüdisches Lehrhaus）就斯宾诺莎的《神学—政治论》和政治犹太

---

① 见Rosenzweig，《拯救之星》（*The Star of Redemption*），Madison：University of Wisonsin Press，2005，页426-428；SaE，页449-451。见Gordon关于"统一"进程的论述，载于*Rosenzweig and Heidegger*，页219-220。关于礼拜仪式实践内在动力学的现象学解读，见Almut Sh. Bruckstein，《罗森茨威格〈拯救之星〉中犹太礼仪的现象学解读》（Zur Phänomenologie der jüdischen Liturgie in Rosenzweigs Stern der Erlösung. Ein Versuch über das Schweigen mit Husserl），载于*Rosenzweig als Leser：Kontextulle Kommentare zum "Stern der Erlösung"*，Martin Brasser编，Tübingen：Max Niemeyer，2004，页357-368。

② 施特劳斯魏玛时期两部作品的标题可以清楚展示这一关切。施特劳斯的演讲——《时代的宗教状况》（The religious situation of the present，1930）首次发表在勃兰登堡州"卡迪玛"（Kadima）的德国犹太复国主义训练营。作为一部手稿，《时代的精神状况》（The spiritual situation of the present，1932）标明的写作时间是1932年2月6日。这两篇文章的首次出版要感谢施特劳斯全部著作的编辑——迈尔的努力。这两篇文章现分别载于*GS*，卷2，页377-391和*GS*，卷2，页441-464。

复国主义学说等论题发表演讲。①在那里，施特劳斯同时主持了对柯亨《源自犹太教的理性宗教》一书的解读。②作为对施特劳斯犹太复国主义演讲的回应，罗森茨威格抱持着对政治犹太复国主义的怀疑态度，请求文化犹太复国主义者西蒙（Ernst Simon）回击"极为愚蠢"的蓝白联盟（Blau–Weiss）③——施特劳斯代表的

---

① 法兰克福教育之家成立于1920年，同时提供了一份令人炫目的指导教师名单。其中最著名的包括索勒姆（Gershom Scholem）、布伯（Martin Buber）、拉比拜克（Leo Baeck）、社会学家洛文塔尔（Leo Löwenthal）、西蒙（Ernst Simon）、希伯来作家阿格农（S. Y. Agnon）、神秘的女权斗士帕朋罕（Bertha Pappenheim）、记者和文化评论家克拉考尔（Siegfried Kracauer）、以色列正教党的正统派代表伯恩堡姆（Nathan Birnbaum）、考古学家拉罗（Rudolf Hallo）、生物化学家施特劳斯（Eduard Strauss）。见 Michael Brenner 在《魏玛德国犹太文化的复兴》（*The Renaissance of Jewish Culture in Weimar Germany*, New Haven: Yale University Press, 1996, 页69ff）中对教育之家的精彩论述。同时参见 Nahum Glatzer,《法兰克福教育之家》（The Frankfort Lehrhaus），载于 *Leo Baeck Institute Year Book*, 卷1, 1956, 页105–122。关于教育之家的另一份著名的演讲者名单，见 Nahum Glatzer,《法兰克福教育之家》（Das Frankfurter Lehrhaus），载于 *Der Philosoph Franz Rosenzweig* (1886–1929), *Internationaler Kongress – Kassel*, Wolfdietrich Schmied–Kowarzik 编, Munich: Karl Alber Freiburg, 1986, 页303–327。施特劳斯在教育之家的演讲情况在罗森茨威格1924年6月致西蒙的信中被提及；见罗森茨威格,《书信与日记（1918–1929）》（*Briefe und Tagebücher*），卷2, Rachel Rosenzweig 与 Edith Rosenzweig–Scheinmann 编, The Hague: Martinus Nijhoff, 1979, 页1007。

② 根据 Nahum Glatzer，对柯亨的这一"分析性阅读"被安排在1923–1924学年的课程计划中进行。见 Nahum Glatzer 的文章《法兰克福教育之家》，前揭，页116。

③ 蓝白联盟最初是德国"漂鸟"的一个犹太支脉，后者强调远足郊游作为亲近大自然和矫正堕落的布尔乔亚生活方式。蓝白联盟致力于寻求"犹太内容"，这一要求为布伯等学者所激发，然而，在施特劳斯及其许多同代人眼里，蓝白联盟对同化的拒绝不过是矫情的虚饰（如以 Shalom［您好］来取代 Heil［万岁］的德语问候语）。关于蓝白联盟和其他德国犹太复国主义团体之间的争论，见 Jörg Hackeschmidt,《从布卢门费尔特到埃（转下页注）

集团——的犹太复国主义。① 然而，一旦蓝白联盟处在摩西（Walter Moses）领导之下，施特劳斯便于 1923 年，对在蓝白联盟那里受到的重要曲解展开猛烈批判。② 通过发表《答法兰克福的"原则之言"》（1923）一文，施特劳斯投入到 1922 年圣诞节期间在伯林召开的犹太复国主义会议上出现的派系之争当中。在柏林会议上，犹太复国主义学生庇护组织——K. j. V.（Kartell Verband jüdischer Verbindungen，意为犹太协会联盟）未能实现合并蓝白联盟青年运动（Blau - Weiss youth movement）的目的。施特劳斯目标直指 K. j. V. 的法兰克福小组，后者发表原则之言反对蓝白联盟

（接上页）利亚斯：犹太民族的发明》（*Von Kurt Blumenfeld zu Norbert Elias: die Erfindung einer jüdischen Nation*），Hamburg：Europäische Verlagsanstalt，1997。Glenn Richard Sharfman，《两种身份之间：德意志犹太青年运动蓝白联盟，1912 - 1926》（Between Identities: The German - Jewish Youth Movement Blau - Weiss, 1912 - 1926），载于 *Forging Modern Jewish Identities: Public Faces and Private Struggles*，Michael Berkowitz, Susan L. Tananbaum 和 Sam W. Bloom 编，Portland, Ore.：Vallentine Mitchell，2003，页 198 - 228。Michael Zank 在其编选的施特劳斯论文中提供了关于这一派系立场的注解；见 *EW*，页 71 - 75。关于德国犹太复国主义运动及其他们相对优势的概述，见 Jehuda Reinharz，《德国犹太复国主义的意识形态及其组织结构（1882 - 1933）》（Ideology and Structure in German Zionism, 1882 - 1933），载于 *Jewish Social Studies*，卷 42，第 2 期，Spring 1980，页 119 - 147。同时参见 Michael Berkowitz 在《西方犹太人与犹太复国主义方案（1914 - 1933）》（*Western Jewry and the Zionist Project*, 1914 - 1933, Cambridge: Cambridge University Press, 2002，页 149f）中的更广泛分析。

① 见 *EW*，页 73 - 74。罗森茨威格致西蒙的信是在 1924 年 12 月 6 日，现收录在《书信与日记（1918 - 1929）》（*Briefe und Tagebücher*），卷 2，前揭，页 1007。

② Strauss，《答法兰克福的"原则之言"》，载于 *Jüdische Rundachau*，卷 28，第 9 期，1923 年 1 月 30 日，页 45 - 46。收入 *GS*，卷 2，页 299 - 306，以 Response to Frankfurt's "Word of Principle" 为题收录于 *EW*，前揭，页 64 - 75。

第二章 一个魏玛保守主义犹太人的思想形成（1921–1932）

"布雷劳斯派"（Breslau）一翼主导的强权政治。①

施特劳斯对这种十分常见的派系之争的描写和分析记录了他所参引的政治观点，这一观点在未来十年将保持相对稳定。施特劳斯看到法兰克福犹太协会联盟与蓝白联盟交战各派在根底上的一致之处："科学至上"与"政治至上"之信仰的崩溃。施特劳斯表明，交战双方秉持的反现代情感拒绝对理性主义科学与政治的信仰，但这种以彻底的现代方式呈现自己立场的做法却完全"根植于现代"。更为左倾的法兰克福小组原则上反对某些右翼的由摩西提出的政治要求。施特劳斯注意到，摩西对"异教法西斯主义"的"政治"运用具有古老的含义。"在彻底废除'私人'领域这一行为的背后，并不是一个现代利维坦，而是一个具有异教法西斯［32］性质的东西，与法兰克福小组手里带有神秘—人道主义色彩的东西相对立。"现代利维坦指的是霍布斯的全权国家观念。"神秘—人道主义"这一对立物毫无疑问是指布伯对左倾法兰克福小组的影响。这两个团体呼吁废除中产阶级的私人领域，并将其作为他们期待和渴望的新政治的必要特征。施特劳斯提出，但另一方面也试图解决这一可争议的问题，即在"'科学'与'国家'——那些反天主教精神的结果"与"最内在的犹太倾向"之间是否存在紧密关联。这种关联经常被一些犹太复国主义者，如诺焘（Max Nordau）和克拉兹金（Jacob Klatzkin）——施特劳斯间接称其为"颅相学家"——所揭示。然而，这里未提到的另一群思想家则主张，犹太利益或犹太精神与作为最高规范的现代科学和国家进步之间具有内在一致性——这些反启蒙的思想家从雅可比一直到施米特，他们洞悉到作为现代自由主义背后隐秘力

---

① 《教育问题的原则之言》（Ein prinzipielles wort zur Erziehungsfrage），载于 *Jüdische Rundachau*，卷27，第103–104期，1922年12月29日，页675–676。这份宣言的签署者分别是：Ernst Simon, Ernst Michalis, Erich Eromm 和 Fritz Gothein。

量的世俗主义与犹太教之间的阴谋联盟。我们撇开"现代精神"的基础是否完全正当不论,施特劳斯断言,"不言而喻的是,我们不可能运用现代手段,却又从现代生活中全身而退"。甚至在指责和意图翻转现代规范的问题上,施特劳斯在其整个职业生涯中都坚持现代武器是唯一可用的军械库。

但施特劳斯并不热衷于各个派系的具体要求,而是对达到一个"真正标准"更感兴趣,后者是德国犹太人具体发展的固有品质,因此能够衡量德国犹太复国主义的发展轨迹。施特劳斯以蓝白联盟的名义发言,将这一标准确定为"进入现实"(Einwirklichung)——自觉地进入现实,其标志是寻求"获得进入正常历史'现实'(根基与土壤、权力与军队、农民与贵族)的入口"。[1]但是施特劳斯提出犹太复国主义重返历史现实的观点最终只是颠覆了这一观点的基础。

在施特劳斯看来,犹太复国主义观念与德国犹太人在现实运作中选取的同化道路观念之间具有明显差别:前者旨在寻求一种集体的世界观,而后者则完全从个体感觉的角度来限定它对现实的理解。近代时期针对个体犹太人提出了公民解放的愿景,宗教循着个体忏悔的方向得以重建,一个人基于私人信仰就可免于教士权威的压制。但是社会包容的这种逃避式的承诺需要世界观的

---

[1] GS,卷2,页300和EW,页66。在20世纪30年代,施特劳斯改变了自己对这个问题的看法。比较施特劳斯1946年与洛维特往来通信中对于这一问题的探讨,见GS,卷3,页658–670;特别参见1946年8月15日([译注]原文此处为1963年,是原作者的笔误,见原文页146。)施特劳斯致洛维特的信件,在信中,施特劳斯强调,"要克服现代性,不可用现代手段,只要在我们还具有自然理智的自然存在物的情况之下;但是,在我们身上,自然理智的思维手段已经丧失,像我和我这类人一样的寻常人,不可能凭借自己的手段重新得到它:我们应尝试着向古人学习";GS,卷3,页661。《关于现代性的通信》(Correspondence Concerning Modernity),载于 Independent Journal of Philosophy,卷4,1983,页107。

改变，即将分析的单元从前现代的共同体转向个体。施特劳斯致力于犹太复国主义显露出的竭力否定流亡的矛盾论述，读者和作者被置于类似于早期苏格拉底对话带来的发人联想的困惑状态。对施特劳斯而言，上述的犹太复国主义与同化之间的根本区别为形成"一个反对流亡的非正常存在的单一战线"提供了根据，从而预示着将会彻底消除犹太复国主义者和世俗同化论者所厌恶的流亡存在的虚幻幽灵。

[33] 直到1925为止，施特劳斯关于现代德国犹太人思想与政治正面或侧面的看法代表了一个无业学者的观点。1925年，犹太教学术研究院院长古特曼（Julius Guttmann）正式任命施特劳斯为研究员，施特劳斯成为以柏林为基础的这一研究机构的正式成员。施特劳斯对柯亨关于斯宾诺莎《神学—政治论》广受争议之处理（1924）的历史批判给古特曼留下了深刻印象。① 然而，古特曼要么追随柯亨，这一宽容甚至鼓励差异和异政论者的楷模，要么就是他没有充分理解施特劳斯反传统和反自由主义的特质。作为一个著名犹太律法学家家族的后裔，古特曼致力于德国犹太人自由解放的实现。因此，他与施特劳斯的冲突只是一个时间问题。

直到1932年10月，施特劳斯才在研究院公开表明自己的立场，当时，研究院正陷入严重财政危机之中，不得不解雇一些研究员。而研究院对施特劳斯的任命，适逢他在犹太研究高等学院（Hochschule Lehranstalt für die Wissenschaft des Judentums）的古特曼柏林研讨班上进行自己的中古犹太哲学研究。1924-1925学年

---

① Leo Strauss，《柯亨对斯宾诺莎圣经学的分析》（Cohens Analyse der Bibel-Wissenschaft Spinoza's），载于 *Der Jude*，卷8，第5-6期，1924年5-6月，页295-314。重印于 *GS*，卷1，页363-386。施特劳斯的文章是对柯亨的《斯宾诺莎论国家与宗教、犹太教与基督教》（Spinoza über Staat und Relgion, Judentum und Christentum）的一个扩展性评论。柯亨的文章原载于 *Jahrbuch für jüdische Geschichte und Literatur*，卷18，1915，页56-150；重印于柯亨的《犹太文集》（*Jüdische Schriften*），Berlin: Schwetschke, 1924。

的研讨班论题集中在 15 世纪阿尔博（Joseph Albo）的《原理书》（*Sefer ha - Ikarim*）和 12 世纪迈蒙尼德的《迷途指津》。阿尔博的哲学受惠于前阿拉伯哲学传统的事实，成为施特劳斯批驳自由主义犹太教的一个非常有用的鲜明例证，即从政治律法的意义上对宗教加以限定。①阿尔博是西班牙迈蒙尼德理性主义的晚期代表，后者是一种高度技术化的哲学传统，要求熟谙且能够自由运用希伯来、阿拉伯以及古希腊的资源。②施特劳斯对中古犹太理性主义日益增长的兴趣是更广泛的德国犹太人着迷于西班牙犹太人的典范——这也是吸引施特劳斯同事鲍尔（Fritz Baer）更多注意力的对象，后者将自己的精力集中在中古西班牙的犹太人生活。巴内斯（David Baneth）则担当大任，将哈列维（Yehudah Halevi）的《卡札尔人书》（*Kuzari*）译为德语。索勒姆（Gershom Scholem）——1923 年移居巴勒斯坦——因致力于利昂（Moses de Leon）与《光

---

① 见 Isaac Husik，《阿尔博，最后的犹太哲学家》（Joseph Albo, the last of the Jewish Philosophers），载于 *Proceedings of the American Academy for Jewish Research*，卷 1，1930，页 61 - 72。阿尔博的迈蒙尼德复兴是对各种争论回应的结果，对这一复兴一般背景的叙述，见 Colette Sirat，《中世纪犹太哲学史》（*A History of Jewish Philosophy in Middle Ages*），Paris：Maison des Sciences de l'Homme；Cambridge：Cambridge University Press，1985，页 374 - 381。

② 在古特曼的研讨班上，施特劳斯以经常与同学交流自己对于海德格尔教学上的兴奋点著称。见 Alan Udoff，《论施特劳斯》（On Leo Strauss：An troductory Account），载于 *Leo Strauss's Thought：Toward to Critical Engagement*，Boulder, Colo.：Lynne Rienner，1991，页 26 - 27，注释 63。根据尤多夫，圣经学者列波维茨（Nehama Leibowitz，1905 - 1997）曾与施特劳斯一起参加了研讨班，并对各自擅长与薄弱的领域达成一致。列波维茨指导年长的施特劳斯读果昂（Saadya Gaon）的希伯来文本《信仰与意见之书》（*The Book of Beliefs and Opinions*），作为交换条件，施特劳斯帮助她阅读柏拉图《高尔吉亚》的希腊语文本。列波维茨还提到，施特劳斯在那两年里曾以极大的热情反复谈及海德格尔。

第二章 一个魏玛保守主义犹太人的思想形成（1921－1932）

明书》（*Zohar*，喀巴拉［kabbalistic］文本的奠基之作，［译注］犹太教神秘主义要著，又译《光辉之书》）之间潜在关联的研究而获得犹太教学术研究院的资助。

在此期间，施特劳斯对 17 世纪荷兰裔犹太异教徒斯宾诺莎兴趣浓厚，后者一直对隐蔽犹太人马拉诺（Marrano，［译注］指中世纪时在西班牙和葡萄牙境内被迫改信基督教，但私下依然信奉原来宗教的犹太人或摩尔人）的遗产及其相关的背景因素表示怀疑，这或可解释斯宾诺莎对迈蒙尼德中世纪哲学范式的颠覆。古特曼最初鼓励施特劳斯继续他的研究并写一部关于斯宾诺莎的著作。但围绕施特劳斯著作《斯宾诺莎作为其圣经学基础的宗教批判：斯宾诺莎〈神学—政治论〉研究》（*Die Religionskritik Spinozas als Grundlage Seiner Bibelwissenschaft*，1930）最终形式的讨论，暗示了施特劳斯观点和古特曼的传统德国犹太立场之间日益加深的分歧。①尽管施特劳斯在 1928 年就完成了这部论著的第一稿，但是由于古特曼的修订要求，这部论著直到 1930 年才得以付样。在一封致克吕格（Gerhard Krüger）——作为海德格尔学生时与施特劳斯结为好友——的信中，［34］施特劳斯为该书存在的诸多不尽如人意之处表示歉意，并将这些错误归因于书面审查制度下写作这一事实的结果。②

---

① 施特劳斯对罗森茨威格的悼文（1929）公开谴责了古特曼对研究院的领导，因为它放弃了罗森茨威格对研究院的愿景，即为当代犹太人现存的利益服务；*GS*，卷 2，页 363－364。同时参见迈尔关于施特劳斯与古特曼之间意见分歧的评论，见 *GS*，卷 2，页 xxxi。

② 几乎没有什么文献记录古特曼所期望的具体修订。见施特劳斯 1931 年 10 月 3 日致克吕格的信，现出版于 *GS*，卷 3。基于施特劳斯 20 世纪 20 年代论文与这部论著之间的差异，加之施特劳斯对古特曼付出努力的明确致谢，我们可以推测该书第一部分的第二节，即"献给科斯塔"（Uriel da Costa），可能是引起争论的一个地方。古特曼希望施特劳斯探究科（转下页注）

获得研究院的任命之后，施特劳斯积极参与罗森茨威格的成人教育活动，这一教育活动集中在地方犹太社区和罗森茨威格的家乡城市卡塞尔（Kassel）。①在此期间，施特劳斯贡献了几篇关于现代犹太教和犹太复国主义等不同方面的论文，这些文章发表在权威的犹太场所，如布伯主办的杂志《犹太人》（Der Jude）和《犹太评论》（Jüdische Rundschau）以及在柏林的犹太研究高等学院的演讲。②施特劳斯对犹太教育的献身尤为明显地表现在作为K. j. V.（犹太协会联盟）的资深前辈招募新成员的活动中。1925年，施特劳斯成为K. j. V. 法兰克福萨若尼亚（Saronia）支部的成员，1928年转至汉堡的阿尔托纳（Altona – Hambug）支部。③施

（接上页）斯塔与塞尔维特（Michael Servetus，[译注] 西班牙医生，文艺复兴时代的自然科学家、神学家、肺循环的发现者）之间更深层次的关联，探究当代无神论的潮流之内，尤其是关于摩西和基督作为神圣启示来源的地位问题以及对不朽灵魂的批判。然而，这一推测主要基于施特劳斯在出版专著中所作的注解。参见，例如，SCR，页276，注释25，在这一注释中，施特劳斯表示自己受到古特曼指出的这一关联重要性的启发。接下来的注释26到29，施特劳斯具体比较了塞尔维特的圣经批判与科斯塔对上述问题论述之间的关联，从而将这两个人物置于自己构建的宗教批判（Religionskritik）的伊壁鸠鲁主义传统之中。西班牙异教徒塞尔维特最终由于对核心教义，如三位一体学说的异端批判，被宗教裁判所处以极刑。然而，施特劳斯此处关注的是，科斯塔对灵魂不朽的批判如何成为塞尔维特的根本前提。塞尔维特关于生理学的科学观点成为他的灵魂有死理论观念的基础。比较施特劳斯更早时期论文关于这一问题的论述。然而，确定无疑地讲，这一小部分的修订似乎并不成为该论著延迟两年时间才出版的必要条件。

① 在1926年10月9日的一封致Gustav Bradt的信中，罗森茨威格指出施特劳斯在这一方面的独特地位，载于《书信与日记》，前揭，页1107。他认为施特劳斯在"开创精神"上与柯亨颇具一致性。

② 罗森茨威格，《书信与日记》，前揭，页1107。

③ 关于K. j. V. 的历史，见Walter Gross，《犹太复国主义学生运动》（The Zionist Student Movement），载于 Leo Baeck Institute Year Book，卷4，1959，页143–164。K. j. V. 创始于1914年。施特劳斯也被列入20世（转下页注）

第二章 一个魏玛保守主义犹太人的思想形成（1921–1932）

特劳斯的一些作品发表在《犹太学生报》（Der Jüdische Student）①——K. j. V. 的官方喉舌，并且在犹太复国主义青年营地发表演讲，这表明施特劳斯很难被看作是一个无所属的或不受约束的知识分子。②施特劳斯从大学里招募犹太学生加入犹太复国主义，其结果显然是喜忧参半。他不厌其烦地试图说服克莱恩（Jacob Klein）——海德格尔的另一个学生——成为一个犹太复国主义者，但最终归于失败，但他们随后的终身友谊夹杂着施特劳斯的戏谑狡黠以及对犹太政治的反叛。施特劳斯工作的隐秘意图在于推进自己反正统的犹太教育愿景。例如，在1923年秋天，施特劳斯写信给自己的犹太复国主义战友——梅塞（Joseph Meisl, 1883—1958），③建议在黑森州地区，如卡塞尔创立一些犹太复国主义学院。施特劳斯详细阐述了一项方案来推动立法，以促进黑森州诸学院犹太学生民族意识的灌输。除了担任其他几个犹太社区的领导职务之外，梅塞在1915–1934期间还兼任柏林犹太社区的秘书长。施特劳斯通过勾勒政治与法律的现状来拟定自己的构

（接上页）纪40年代巴勒斯坦创建的 K. j. V. 的通讯录中，以后的版本中则不再包含施特劳斯的名字。施特劳斯提到他作为招募者的经历是在《评温伯格的批评》（Bemerkung zu der Weinbergschen Kritik），载于 Der jüdische Student，卷22，1925，页15–18。

① Leo Strauss,《评温伯格的批评》（Bemerkung zu der Weinbergschen Kritik）和《评弗洛伊德〈一个幻觉的未来〉》（Die Zukunft einer Illusion,［译注］原著中似乎省略了部分英文），载于 Der jüdische Student，卷26，第4期，1928，页17–21。柏林出版的《犹太学生报》（Der jüdische Student）创刊于1902年（由犹太复国主义协会联盟［Kartell zionistische Verbindungen］主办），1933年停刊。

② 见，例如，"RLG"和"gLG"。

③ 除兼任一些期刊如《犹太人》（Der Jude）的评论员之外，梅塞还担任柏林犹太社区的档案保管员；移民到巴勒斯坦之后，梅塞成为耶路撒冷的犹太文明史中央档案馆（the Central Archives for the History of the Jewish People in Jerusalem）的创办负责人。

想,这一现况表现在:在一群无效率的正教拉比们的治理下,产生了一个极为保守且"愚不可及"的犹太人选区。①

施特劳斯致力于政治化犹太人②的民族主义意识,可以被看作挪用罗森茨威格关于犹太人思与学之新任务构想的犹太复国主义者。罗森茨威格宣称,上帝的真理必须从哲学与神学的双重视角接近,即通过犹太信徒和非信徒两个视角进入。③事实上,罗森茨威格对犹太教育的献身,是专门针对同化德国犹太人的情绪的:后者感到犹太传统及其文本的不相容和难以接近。施特劳斯在乡村正统犹太家庭中长大,因而对犹太人礼拜仪式的形式十分熟稔,但他同情身处异化之中的一代德国犹太人,这导致他将关注点移向犹太教和犹太性的一些具体而肯定的形式。

与同时代的大多数德国犹太青年一样,施特劳斯早期犹太教育读的是非犹太的公立学校。④[35]每周微不足道的两个小时的宗教教学,根本不足以提供基本的手段以超逾希伯来圣经和犹太

---

① 施特劳斯致梅塞的信是在 1923 年 9 月 10 日。这封信现存于耶路撒冷的犹太文明史中央档案馆的梅塞文档中,页 35。一个具有里程碑意义的法案是 1823 年 12 月 31 日的法律,它委派几个同级别的律法专家到库尔黑森的四个辖区。

② 1925 年,施特劳斯解释了自己对政治(politics)一词的运用,即将其理解为"一种替一个民族的生存和尊严承担责任的责任意识所维系的意志,而这种生存被视为仰赖纯粹'自然'……的条件";《评温伯格的批评》(Bemerkung zu der Weinbergschen Kritik),前揭,页 17。

③ *SoR*,页 104;《救赎之星》(*Stern der Erlösung*),载于 Franz Rosenzweig,《人与工作》(*Der Menschun und sein Werk*, *Gesammelte Schriften*,四卷,Dordrecht, The Netherlands: Martinus Nijhoff, 1976 – 1984,卷 2,页 118。

④ 随着犹太学校,尤其是城市地区犹太学校数量的激增,这一状况在 20 世纪 20 年代开始有所改观。关于这一变化的简要介绍,见 Paul Mendes-Flohr,《犹太文化与精神生活》(Jewish Cultural and Spiritual Life),载于 *German Jewish History in Modern Times*, Michael A. Meyer 编,New York: Clumbia University Press, 1998,卷 4,页 135 – 136。

第二章 一个魏玛保守主义犹太人的思想形成（1921－1932）

节日带来的［对犹太教传统］的肤浅感知。施特劳斯的作品对犹太教自由派提出了强烈批判，但这并不意味着他相信并遵循正统原则。相反地，他在一定程度上通过挑战启蒙运动对前科学宗教——根植于奇迹而非自然事件的神圣启示的可能性和现实性——的漠视，走向了现代无神论的激进自我理解。在20世纪20年代中期，施特劳斯试图重温十六七世纪，即无神论宣布最终胜利之前，正统派与无神论之间发动的强烈激战。与传统的疏远与距离而非简单地背叛，在施特劳斯的理解中扮演了关键作用，这不仅表现在对斯宾诺莎思想的理解中，而且也是施特劳斯本人作为一个现代犹太思想家所面临的困境。[①]

对于施特劳斯来说，斯宾诺莎对犹太传统的疏远与距离预示着德国犹太人的困境，敦促罗森茨威格开启思想与体制方面努力的方向。1929年冬，当施特劳斯为满足古特曼的关注，而忙于修改自己关于斯宾诺莎的第一部专著时，罗森茨威格去世了。施特劳斯发表了一篇悼文以颂扬自己以前的导师，这个施特劳斯现就职的犹太教学术研究院的真正创始人。[②]在施特劳斯的理解中，罗森茨威格教育学上的伟大贡献在于作为一个犹太人的自觉行动。罗森茨威格不打算在这一新的学术机构实践一种价值无涉的科学。恰恰相反，罗森茨威格"怀着一种无法忘怀的紧迫感，坚持认为

[①] Leo Strauss,《柯亨对斯宾诺莎圣经学的分析》（Cohens Analyse der Bibel-Wissenschaft Spinozas）, 载于 *Der Jude*, 卷8, 1924, 页295－314。重印于 *GS*, 卷2, 页111; *SCR*, 页174。

[②] Leo Strauss,《罗森茨威格与犹太教学术研究院》（Franz Rosenzweig und die Akademie für Wissenschaft des Judentums）, 载于 *Jüdische Wochenzeitung für Kassel, Hessen und Waldeck*, 卷6, 第49期, 1929年12月13日; 重印于 *GS*, 卷2, 页363－364; 英文版, 载于 *EW*, 页212－213。同时参见施特劳斯专论罗森茨威格"圈子"的文字, 载于 *Franz Rosenzweig, eine Gedenkschrift*, Eugen Mayer 编, Frankfurt am Main: Israelitischen Gemeinde Frankfurt am Main, 1930。

所有犹太技术的规范都应当对犹太人的存在负责"。罗森茨威格对于犹太学术复兴的激情献身，施特劳斯评论道，"将始终提醒所有为这种学术之故而辛勤耕耘的那些人，他们的真正任务在哪里"。①施特劳斯对罗森茨威格研究院愿景的刻画，锋芒直指研究院施行的客观学术研究的价值无涉模式。鉴于施特劳斯曾引证自己书中的一些不相干的因素，来表明研究院院长古特曼对他的吹毛求疵，施特劳斯将这部著作题献给罗森茨威格，或许表明了自己对德国犹太人反传统，即寻求颠覆德国犹太主流倾向的某种忠诚。但更为重要的是，题献给罗森茨威格，有助于我们正确估价施特劳斯对自己已故导师深刻的哲学与神学忠诚。

重估传统：海德格尔与罗森茨威格

哲学家洛维特——在海德格尔的指导下顺利完成他的教职论文（Habilitationsschrift）——曾评论指出，如果有谁能被称为当代的海德格尔，它将是罗森［36］茨威格。② 而且，在最后的论文

---

① *GS*，卷2，页364 和 *EW*，页212。

② 洛维特作出这一断言是在他的论战性的文章《海德格尔与罗森茨威格；或者，暂时与永恒》（M. Heidegger and F. Rosenzweig; or, Temporality and Eternity），载于 *Philosophy and Phenomenological Research*，卷2，第1期，1942年9月，页53–77。他在海德格尔的指导下完成了自己的早期著作——《共在角色中的个体》（Das Individuum in der Rolle des Mitmenschen），Munich：Drei Masken，1928。洛维特只是在1933年之后阅读柯亨论斯宾诺莎的文章时一并读了罗森茨威格［的文字］，见 *GS*，卷2，页689，第58封信。同时参校洛维特以笔名 Hugo Fiala 发表的，阐释施米特魏玛时期作品的论战性质的文章——《政治的决断论》（Politischer Decisionismus，1935），后收入《洛维特全集》（*Sämtliche Schriften*），卷8，Stuttgart：Metzler，1984。英译本标题为 The Occasional Decisionism of Carl Schmitt（《施米特的机［转下页注］

第二章　一个魏玛保守主义犹太人的思想形成（1921–1932）

之一中，罗森茨威格写道，他本人也承认自己与海德格尔的"新思维"（New Thinking）之间具有惊人的家族相似（Kinship）。① 然而，罗森茨威格事实上并不知道海德格尔弟子的内部圈子中有很多人具有同化犹太人的背景。虽然施特劳斯未能加入助教海德格尔的内部圈子，② 但是在弗莱堡和马堡学习哲学期间，施特劳斯与这个圈子里的许多人发展了稳固的智识联系，并且尽责地向洛维特推介罗森茨威格的犹太思想。③ 辨识施特劳斯作为一个魏玛犹

[接上页]缘决断论）），载于《海德格尔与欧洲虚无主义》（*Martin Heidegger and European Nihilism*），Richard Wolin 编，Gary Steiner 译，New York：Columbia University Press，1995，页 138。

① Franz Rosenzweig，《交换的阵地》（Vertauschte Fronten），载于 *Der Morgen*，卷 6，第 6 期，1930 年 4 月，页 85–87；收入他的《两河流域：短文集》（*Zweistromland: Kleinere Schriften*，Berlin：Schocken，1937）和《人与工作》（*Der Menschun und sein Werk, Gesammelte Schriften*，卷 3，页 235–238）。最近的英译本以 Transposed Fonts 为题，并附一篇有见地的编者引言，见《罗森茨威格：哲学与神学著作》（*Franz Rosenzweig: Philosophical and Theological Writings*），Paul W. Franks 和 Michael L. Morgan 编译，Indianapolis, Ind.：Hackett，2000，页 146–152。Peter Gordon 将罗森茨威格与［海德格尔］的比较作为他自己研究专著——《罗森茨威格与海德格尔》（*Rosenzweig and Heidegger*）的出发点。

② 根据伽达默尔的说法，海德格尔助教生涯中提到的"我们"包括：洛维特、克吕格和伽达默尔。圈子的扩展板还包括布鲁克（Walter Broecker）、克莱因、约纳斯和阿伦特。见 Gadamer，《哲学生涯》（*Philosophische Lehrjahre*），Frankfurt am Main：Klohstermann，1977，47f。

③ 洛维特获得罗森茨威格的书信（1935 年出版）是在他离开欧洲赶赴日本之前的 1936 年秋。但是，直到 1939 年，他才读这些书信。这些书信产生了重要的影响，它们促使洛维特继续阅读《救赎之星》（*The Star of Redemption*）和罗森茨威格的《短文集》（*Kleinere Schriften*），而且是"一口气"（at one stretch）读完了整个的一千多页。洛维特提到自己对罗森茨威格的兴趣是在他 1942 年的著名文章——《海德格尔与罗森茨威格：〈存在与时间〉补遗》（M. Heidegger and F. Rosenzweig: A Postscript to *Being and Time*）中，后收入《自然、历史与存在主义》（*Nature, History and*　［转下页注］

太知识分子的一个因素在于,他在德国,尤其是在德国犹太思想的领域内融合了最先锐的思潮。这两个曾经激发青年施特劳斯的最重要哲学家就是海德格尔和罗森茨威格。

施特劳斯的早期公开论著中并未提及海德格尔的名字。然而,如果我们要把捉施特劳斯焦躁不安和激动人心的早期思想运动,海德格尔的影响则是中心性的。尽管施特劳斯的著作缺乏系统性,但是他不满——如果不是轻蔑——的对象之一,却几乎保持一贯:自由主义。在所有的现代运动或意识形态中,寻求宽容与社会平等的可靠原则都被视为自由主义的幽灵。施特劳斯发现自由主义的不诚实,因为它努力实现其目标的一致,却对自身决定性的紧张和相左意见视而不见、反应迟钝。在现代德国,自由主义的母体建立在1789年原则、新教文化、启蒙理性主义、历史进步的信仰以及价值无涉的科学理念的基础上。

值得一提的是,魏玛激进保守主义旋涡中涌现出的两个最具影响力的人物——海德格尔和施米特均为天主教徒。19世纪最后三分之一时间里,在天主教对新出现的自由民族国家仇视的特定背景下,普鲁士在文化争端(Kulturkampf)中运用高压政治攻击天主教少数派。虽然海德格尔和施米特与教会之间具有复杂多变的关系,①但是施特劳斯对德国犹太人疏远与距离的立场为德国天主教徒之境遇提供了一个有趣的比较。当海德格尔充当智识方向的来源时,施米特则以激进保守主义盟友的面相出场,试图通过

[接上页]*Existentialism*),Arnold Levison 编,Evanston,Ill:Northwestern University Press,1966,页51。

① 与海德格尔的"信仰危机"及其随后的无神论相比,更鲜为人知的是天主教会1926 – 1950年间将施米特逐出教门,因为后者违背教规的第二次婚姻而与教会的决裂行为。见 Gopal Balakrishnan,《敌人:施米特的思想肖像》(*The Enemy:An Intellectual Portrait of Carl Schmitt*),New York:Verso,2000,页62。Balakrishnan 也提供了施米特与天主教政治之间复杂关系的令人信服的分析,页42 – 52。

第二章 一个魏玛保守主义犹太人的思想形成（1921–1932）

批判地回返自由主义开端的方式来打破自由主义的桎梏。

1922年，在刚刚获得博士学位后，施特劳斯定期参加海德格尔在弗莱堡大学关于亚里士多德的课程。根据施特劳斯后来的回忆，他在这些课程中"没有听懂一个字，却意识到他［海德格尔］所处理的问题，对人之为人而言至关重要"。在海德格尔早期弗莱堡课程将注意力转向亚里士多德的《形而上学》的开端部分时，施特劳斯对海德格尔的理解实现了突破。施特劳斯评论道，他以前从未"听到或看见这样一种……如此细致、透彻地剖解一份［37］哲学文本"。通过其他地方叙述的这一经历，我们了解到施特劳斯曾告知罗森茨威格，"与海德格尔相比"，杰出人物韦伯——在这一事件之前，施特劳斯将其尊崇为"科学和学术的精神之化身"①——现在"对我（［译注］指施特劳斯）而言，在精确性、探究性与天资方面简直像个'弃儿'（orphan child）"。或者，如施特劳斯在其他地方所描述的，韦伯的才智被削弱为"被抛弃的流浪儿"（destitute waif）②。海德格尔深刻影响了这位年轻的博士："如此细致、透彻和专注地剖解一份哲学文本，对我来说真是闻所未闻，见所未见。"③

施特劳斯多次重复自己的判断：海德格尔无可争议地优于其同时代的所有人。在一篇缅怀里茨勒（Kurt Riezler）的纪念文章

---

① "GA"和 Leo Strauss，《古典政治理性主义的重生》（*The Rebirth of Classical Political Rationalism*），Chicago：University of Chicago Press，1989，页27。海德格尔在弗莱堡的讲课是在1922年夏季学期，主题是关于亚里士多德本体论和逻辑学的现象学解读，在下一学年，海德格尔继续了关于亚里士多德的讲座。见 Theodore Kisiel，《海德格尔〈存在与时间〉的起源》（*The Genesis of Heidegger's Being and Time*），Berkeley and Los Angeles：University of California Press，1993，页227–275。

② 这个词也被作为"弃儿"（orphan child）提及，见"GA"，页3。

③ 《论存在主义》，前揭，页304。参照"GA"，页461。

中，施特劳斯详细阐释了海德格尔非凡才智的独特魅力。①在谈到里茨勒1929年在海德格尔与卡西尔的达沃斯著名交锋期间的作用之前，施特劳斯告诉我们，海德格尔无与伦比的哲学无畏在他"为公众所熟知"之前就已经非常明显。②在叙述20世纪20年代初自己与海德格尔的早期接触时，施特劳斯作出了如下评论："只要一出现在现场，他就处于中心并开始占据主导地位。他的支配地位在广度和强度方面持续增长。为了获得清晰性与确定性，他充分表达了对流行——如果不是整体性的，至少是对起首和决定性环节——的不安与不满。[当他这样做时，人们内心的]骚动和风暴逐渐归于平静。"魏玛的混乱无序为海德格尔引人注目地走上舞台的中心提供了背景。海德格尔的支配性在场彻底征服了施特劳斯及其他那一代人。他的出场，无论是在教室，抑或是达沃斯的公开论辩，最终使观众变得如此着迷，以至于感到他们的主要官能都停止运转。

从事哲学似乎被转化为满怀敬意地聆听刚刚开始的海德格尔神话（mythoi）：

---

① 见施特劳斯纪念里茨勒之讲座的发表版本，首发于 *Social Science Research*，1956，后收入《什么是政治哲学？》（*What is Political Philosophy?*），Chicago：University of Chicago Press，1959，页233-260。施特劳斯第一次遇见里茨勒是在1938年美国的社会研究新学院（见这篇文章233页的注释）。在1944-1945学年，施特劳斯与阿希（S. E. Asch）和里茨勒联合讲授亚里士多德的《论灵魂》（*On the Soul*）和笛卡尔的《灵魂的激情》（*The Passion of the Soul*）；与里茨勒联合举办关于柏拉图《泰阿泰德篇》（*Theatatus*）的研讨班。见新学院研究生院目录公告（New School Bulletin of the Graduate Faculty Catalogue，1944-1945），页16，17。

② 见 Peter Eli Gordon，《欧陆分歧：卡西尔与海德格尔1929年在达沃斯》（Continental Divide：Ernst Cassirer and Martin Heidegger at Davos 1929：An Allegory of Intellectual History），载于 *Modern Intellectual History*，卷1，第2期，2004，页219-248。

第二章 一个魏玛保守主义犹太人的思想形成（1921-1932）

这时倘若他们看见了一个德高望重、受人尊敬的人物，就会安静下来，竖起耳朵肃立谛听他说什么。①

这一引用来自《埃涅阿斯纪》（Aeneid），此处维吉尔（Virgil）将尼普顿（Neptune，［译注］古罗马神话中的海王神，对应于希腊神话中的波赛东［Posidon］）对海浪的平静比作一个能够安抚暴乱城市乌合之众的卓越政治家。煽动的群众一旦看到一位"德高望重、受人尊敬的人物"，"就会竖起肃立谛听的耳朵"陡然安静下来。②上面叙述的一些要点，是施特劳斯从一个在场听众的视角，记述海德格尔在达沃斯与卡西尔交流时的表现。但是在目前的讨论中，施特劳斯聆听海德格尔着迷效果的描述仅适用于——正如我们已看到的——海德格尔作为胡塞尔助教在弗莱堡"一出现在现场"时的效应。

［38］关于哲学巨擘的这些逸事在以下几个方面引起了我们的兴趣。从特定偏好出发，施特劳斯发现海德格尔关于亚里士多德的课程是如此令人信服，在之后的旁听课程中，我们察觉到海德格尔对施特劳斯及其同代人的强有力影响：一种新的哲学与超凡魅力教学的典范。代替臆测一种直接的影响，笔者此处考察的是，

---

① 这段话出自《里茨勒》（Kurt Riezler）一文，页246。见 Virgil，《埃涅阿斯纪》（Aeneid），卷1，第151-152行。[译按] 此处译文参考了《埃涅阿斯纪》（杨周翰译，译林出版社，1999，页49）的译文。

② Virgil，《埃涅阿斯纪》（Aeneid），卷1，第148-154行。拉丁文原文如下：ac veluti magno in populo cum saepe coorta est/seditio, saevitque animis ignobile vulgus, / iamque faces et saxa volant—furor arma ministrant—/tum pietate gravem et meritis si forte virum quem/ conspexere, slient arrectisque auribus adstant; / ille regit dictis animos, et pectora mulcet: / sic cunctus pelagi cecidit fragor. [就像在群众集会上时常发生的叛乱一样，那些下等的黎民百姓因激怒而骚动，火把和石块乱飞（动了怒火是会动武的），这时倘或他们看见了一个德高望重、受人尊敬的人物，就会安静下来，竖起耳朵肃立谛听他说什么，他的话果然平息了他们的怒火，使他们的心情平定下来。]

在此期间，以及在走向激进神学和存在主义哲学转向的更大背景上，施特劳斯与海德格尔之间一些显著的承继关系。

施特劳斯的第一部专著，将海德格尔解构（Destruktion）的激进解释学技艺的精神——清理并根除对哲学史传统的无意识的歪曲继承，"敞开"（Laying bare）真正、纯粹的根基——倾注在对现代自由主义国家及其文化基础的批判中。巴姆巴赫（Charles Bambach）表明，海德格尔20世纪20年代初期形成的解构思想，"并非意味着只是'拆毁'（destruction），它也包含解构自身以消除障碍、敞开场域，在解—构（de-structure）中揭示自身的积极意义"。我们获得的强烈印迹在于，海德格尔的解构在施特劳斯那里转化为，通过追溯海德格尔解构原初意图的早期形成，来说明当前德国犹太教的状况。1920年，海德格尔将解构作为"呈现此在（Dasein）不确定的自身存在"的一种哲学工具。①通过将这一情境（situatedness）描述为首要的探问对象，海德格尔将哲学思辨转化为一种紧迫相关的事物，即一个人在传统中的处境成为他对传统激进批判的起点。在《存在与时间》中，海德格尔解释道："流传下来的不少范畴和概念本来曾以真切的方式从原始的'源头'汲取出来，传统却赋予承传下来的东西以不言而喻的性质，并堵塞了通达'源头'的道路。"②因此，解构的运用是为了

---

① Charles R. Bambach，《海德格尔、狄尔泰与历史主义危机》（Heidegger, Dilthey, and the Crisis of Historicism），Ithaca, N.Y.：Cornell University Press，1995，页197-198。海德格尔的Destruktion［解构］一词源自他对路德的destruere［摧毁］这一拉丁术语的挪用。Bambach对这一哲学词源展开论述所援引的注释取自海德格尔1920年夏季学期的课程——《现象学直观与表达》（Phänomenologie der Anschauung und des Ausdrucks: Theorie der philosophischen Begriffsbildung），1920年7月26日。

② Martin Heidegger，《存在与时间》（Sein und Zeit, 1927），第一部分，第2章，第6节，第19-27段；英译本《存在与时间》（Being and Time），John Macquarrie和Edward Robinson译，New York：Harper and Row, 1962，页43。

第二章　一个魏玛保守主义犹太人的思想形成（1921–1932）

怪诞化（或者说陌生化）过去的思想，后者将传统还原为催眠式的满足和当下的舒适。传统对自身起源的遗忘，以及相伴随的当前规范状态的实体化诱发了这种自满情绪。①虽然施特劳斯没有追随海德格尔探究"源初经验"，但是他认为海德格尔敞开了"真正回归古典哲学，回归柏拉图和亚里士多德哲学的可能性"。②

这些后来的反思证实了一个大胆的预测：施特劳斯与其他一些敏锐的天才哲学家受到海德格尔对胡塞尔批判的影响。海德格尔转而反对事物本身及其源头。当胡塞尔批判新康德主义从房顶开始，海德格尔认为胡塞尔做着同样的事情。希腊人进入世界首先也是最根本的方式不是将事物看作客体，而是看作 pragmata［物］，一种为使用而在手的东西。根据施特劳斯，海德格尔对胡塞尔和现代哲学的批判迫使追问：最先进的现代哲学范式是否无法想象［39］古代哲学家如何理解世界的基本轮廓。在这个问题上，在施特劳斯20世纪二三十年代的思想发展中，有两个核心观念的出现成为重要的转折标志：作为有限存在的焦虑的阐释者在其**视域**（horizon）与**路向**（orientation）上是如何决定自己的洞察力与旨趣的。"胡塞尔分析前科学理解的世界时所处的视域（horizon）是作为绝对存在者的纯粹意识。海德格尔指出如下事实来质疑这一路向（orientation）：属于纯粹意识的内在时间必定有限度，

---

① 见 Dana R. Villa，《阿伦特与海德格尔：政治的命运》（*Arendt and Heidegger: The Fate of the Political*），Princeton，N. J.：Princeton University Press，1996，页9–11。Villa认为，海德格尔、阿伦特和本雅明每一个都运用解构的方式来"打破当前的自满"。阿伦特于1924年在马堡遇见海德格尔，次年，两人开始了长达四年的恋情。见 Peter Baehr 在《阿伦特随身读本》（*The Portable Hannah Arendt*，Peter Baehr 编，New York：Penguin Books，2000，页 viii）中的介绍，

② Strauss，《圣约翰学院公开演讲中一段未宣读的开场白》（An Unspoken Prologue to a Public Lecture at St. John's），页2。重印于 *JPCM*，页450。

甚至由人的有死性所构成。"①在后来的反思中，施特劳斯一直谴责海德格尔，因为他1933年"倒向希特勒"的个人抉择，以及他为国家社会主义提供哲学上的合法性辩护。②同时，施特劳斯犹疑地声称，自己对于海德格尔没有延续其20世纪20年代思想中超善恶的方面（amoral aspect）困惑不已。③一个明显的例证在于，施特劳斯与伽达默尔、克莱因、洛维特、约纳斯、布伯和库恩（Helmut Kuhn）等人的通信表明：施特劳斯跟进了海德格尔《存在与时间》之后发表的许多著作的最新情况。

其次，我们发现施特劳斯沉浸在一个几近绝望的智识背景下，抗击着旧秩序的崩溃和现代技术解决方案自我确信的渐失。海德格尔、施米特和罗森茨威格恰好是三个明确表达批判，并且融合古代与最新视域的人物。罗森茨威格，致力于恢复前现代真理活力的新途径，最终在自己的临终遗作之一的《交换的阵地》（Vertauschte Fronten）中，呼吁读者关注自己与海德格尔新思维之间的相似之处。④

罗森茨威格的文章对1929年三四月间第二届达沃斯年会上卡西尔和海德格尔之间发生的著名论辩提供了独特的描述。⑤ 罗森

---

① 《论存在主义》，前揭，页305。

② 《论存在主义》，前揭，页306。关于这一谴责的其他几处文献，参见"GA"。

③ 在后期对魏玛进行彻底反思之前，施特劳斯20世纪三四十年代的通信充斥着对海德格尔发表《存在与时间》之后的行为、思想及其作品的论述；见GS，卷3，页619-620，633，674-677。这一道德谴责——比他对尼采的谴责更为苛刻——因施特劳斯坚持主张海德格尔的思想应被关注而非忽略，而不断得到削弱。"最愚蠢的莫过于闭上眼睛或干脆拒绝他（[译注]指海德格尔）的作品"（《论存在主义》，前揭，页306。）

④ Rosenzweig，《交换的阵地》（Vertauschte Fronten），载于 Zweistromland，前揭，页235-237。

⑤ 见K. Gründer，《卡西尔与海德格尔1929年在达沃斯》（Cassirer und Heidegger in Davos 1929），载于 Uber Ernst Cassirers Philosophie der（转下页注）

第二章　一个魏玛保守主义犹太人的思想形成（1921－1932）　　67

茨威格提及这一辩论，仅仅是为了表明达沃斯辩论具有更广泛的意义：有大约三百名学生和四十名教师参加了这一会议，它发挥的影响远远超出康德解释学的特定领域，即超逾了卡西尔和海德格尔发表演说所关涉的论题。①一些材料表明，施特劳斯可能参加了达沃斯会议，但他本人并没有明确表述自己曾参加过，同时也没有任何具体的记录证明他参加过这一会议。②1929 年的达沃斯论坛成为一个备受瞩目的哲学盛宴：海德格尔的《存在与时间》（1927）与卡西尔《符号形式的哲学》（*Philosophy of Symbolic Forms*, 1929）的最后一卷，将相互挑战对方作为当代欧陆哲学的根本出发点。

罗森茨威格将这一事件描绘成"卡西尔——柯亨最著名的弟子"与"海德格尔——胡塞尔的弟子、亚里士多德派学者"、柯亨马堡哲学教席的继任者——之间的一场论辩。③卡西尔是马堡学派"旧思维"的代表，而海德格尔——甚至没有意识到这一

（接上页）*symbolischen Formen*, Hans－Jürg Braun, Helmut Holzhey 和 Ernst Wolfgang Orth 编，Frankfurt：Suhrkamp，1988。David R. Lipton，《卡西尔：德国自由知识分子的困境（1914－1933）》（*Ernst Cassirer: The Dilemma of a Liberal Intellectual in Germany*, 1914－1933），Toronto：University of Toronto Press，1978，页 155－159。

①　Calvin O. Schrag，《海德格尔与卡西尔论康德》（Heidegger and Cassirer on Kant），载于 Kant－Studien，卷 58，第 1 期，1967，页 87－100。两个主要的出版文献包括海德格尔的《康德与形而上学问题》（*Kant und das Problem der Metaphysik*, Bonn：F. Cohen，1929）以及卡西尔对它的评论，载于 *Kant－Studien*, 卷 36，注释 1－2，1931，页 1－16。

②　见 Jean Grondin 在《伽达默尔：生平传记》（*Hans－Georg Gadamer: A Biography*, Joel Weinsheimer 译，New Haven：Yale University Press，2003）中的记述。Jean Grondin 将施特劳斯列为海德格尔马堡圈子中的一员，并且参加了达沃斯会议。见他的《伽达默尔：生平传记》，页 146。参照与会者官方登记名册。

③　Rosenzweig，《交换的阵地》（Vertauschte Fronten），前揭，页 236。

点——则代表了柯亨在其职业生涯末期提出的"新思维"。因此，海德格尔反对［40］柯亨最杰出的学生卡西尔，却悖理地成为柯亨哲学教席的合法继承人。而罗森茨威格在对人的存在和个人自我认知进程的理解方面则与海德格尔具有一致性。

施特劳斯后来反思，［海德格尔与卡西尔］这一交锋标志着德国唯心主义无异议地彻底终结。[1]海德格尔对卡西尔的致命批判，"让所有长眼睛的人看到了根深蒂固的学院哲学的这位声名卓著的代表人物（卡西尔）的失败与贫乏"。[2]施特劳斯后来遵循罗森茨威格的分析，强调卡西尔对柯亨最重要贡献的背离。尽管罗森茨威格看到了新思维与旧思维之间的本质区别，然而，施特劳斯——呼应自己对卡西尔的上述批判——声称卡西尔与柯亨之间的关键区别与伦理学问题相关。[3]柯亨的哲学体系以伦理学为中心，"卡西尔把柯亨的体系改变为一个全新的哲学体系，而伦理学在这个体系中则彻底消失"。现代哲学中的伦理学问题被卡西尔"默默地抛弃了"（silently dropped）。相反，海德格尔直面了问题。[4]卡西尔放弃任何尝试来呈现伦理学的理性基础，海德格尔则通过宣告伦理学之不可能来正视这一问题。因此，施特劳斯将这一论辩看作为哲学虚无主义的胜利创造了条件。在施特劳斯的思想发展中，达沃斯的最大意义关涉到一个公共知识分子的责任问

---

[1] 关于施特劳斯对达沃斯的后期反思，见其身后出版的演讲，《海德格尔式存在主义导言》（An Introduction to Heideggerian Existentialism），载于《古典政治理性主义的重生》（The Rebirth of Classical Political Rationalism），Chicago：University of Chicago Press，1989，页28。

[2] Strauss,《海德格尔式存在主义导言》（An Introduction to Heideggerian Existentialism），前揭，页28。

[3] Strauss,《圣经历史与科学》（Biblishe Geschichte und Wissenschaft），1925，载于 GS，卷2，页360。

[4] Strauss,《海德格尔式存在主义导言》（An Introduction to Heideggerian Existentialism），前揭，页28。

第二章 一个魏玛保守主义犹太人的思想形成（1921–1932）

题，即在争夺最优秀的年轻心灵方面不应放弃最激进的哲学意涵。

1924年发表的《柯亨对斯宾诺莎圣经学的分析》一文，可以看作是施特劳斯试图"根除"18世纪末以来德国对斯宾诺莎的戏剧性接受的既有观点。德国犹太人倾向于将斯宾诺莎或是看作新犹太公民哲学家（citizen-philosopher）的典范，或是将其视为在需要时对自己民族不忠的无情异教徒。施特劳斯需要一个新的基础以对这个问题形成独立的判断：重返斯宾诺莎的经典著作——《神学—政治论》，从久已形成的传统批判视角对启示宗教来加以重新考察。①施特劳斯关于柯亨对斯宾诺莎态度的论文，给业已成为犹太教学术研究院当家人的古特曼留下了深刻的印象。古特曼任命施特劳斯为犹太哲学史方向的研究员（Mitarbeiter）。在柏林，施特劳斯建立了与年轻犹太历史学家索勒姆、班伯格（Fritz Bamberger）和贝尔（Fritz Baer）的友谊。在研究院，施特劳斯参与了门德尔松全集的合作出版工作，但他的主要精力仍放在17世纪荷兰哲学家斯宾诺莎及其宗教批判的传统方面，这一传统先于斯宾诺莎，并紧随他独创且明确的圣经批判的世俗方法。根据施特劳斯，斯宾诺莎的最伟大意义在于，他将《圣经》作为历史[41]文学分析的一般对象来加以对待，此举旨在降低神职人员的权威，为走向现代自由的国家和社会铺平道路。

这一自由主义的目标要求斯宾诺莎以及整个启蒙运动，将神圣启示的传统作为最重要的敌人。当施特劳斯呼吁关注现代形而

---

① 施特劳斯关于柯亨对斯宾诺莎态度的批判为他赢得了柏林的犹太教学术研究院的一个职位。古特曼分派施特劳斯研究犹太哲学史。而在柏林，施特劳斯建立了与年轻犹太历史学家索勒姆、班伯格和贝尔的友谊。在研究院，施特劳斯参与了门德尔松全集的合作出版工作（[译注]这两句与正文重复，见原文页40和页151的注释142）。施特劳斯从门德尔松与雅可比泛神论之争的背景出发撰写了编者导言。门德尔松被描写为未能看到雅可比隐秘与好战风格的重要意义。

上学"偏见"的历史发明时,他的声音是清晰有力的。①为了让"启蒙的斗争"拥有意义,它需要限定自身反对"偏见"。因此,"自由的时代"需要通过历史地建构一个明确的敌人来克服"偏见的时代"。施特劳斯声称,"偏见"作为一个历史范畴,它的发明"在启蒙运动反对偏见的斗争与反对哲学由现象和意见开始自己世俗之旅的斗争之间形成了对立"(SCR,前揭,页181)。如果"偏见"只是启蒙运动为了赢得欧洲的自由理想而构造的一个稻草人,那么,施特劳斯发现自己批判性的意向在于找出并恢复可能被抛弃或遗忘的隐秘教诲。

反犹主义与犹太复国主义

从最早公开发表的专著开始,施特劳斯试图打碎启蒙理性主义精心构筑的偶像,因为他怀疑法国大革命产生政治原则的思想基础。许多年轻的犹太复国主义者们反对父辈对中产阶级同化的渴望,不过这种反叛并不充分。一种至关重要的政治考虑是必要的,它源自内部并反对德国犹太人的历史发展。为了通盘考量和评估所有可获得的立场,需要勇敢地打破通常所持的传统习俗观念。本着超愈某些不成文的狭隘的流亡犹太人话语和意识的精神,施特劳斯部分地提出了自己的论断。施特劳斯将赫尔茨在《世界》(Die Welt)杂志所载文章中对反犹主义修辞的自觉运用,视为一种新型的、未受护教学之关切阻碍的犹太人思考的典范。②樟柯(Michael Zank)注意到,通过使用"咕哝"(Mauschel)这一带有轻蔑意味的措辞,赫尔茨将犹太人的内部争斗引向公共领域,

---

① SCR,前揭,页178-182。
② Herzl,《咕哝》(Mauschel),载于 Die Welt,卷20,1897年10月15日。

从而打破了流亡心态的两种主要禁忌。①在年轻的、富有反抗意识的施特劳斯眼中,赫尔茨的粗鲁标志着犹太人意识的革命性转变。在犹太人卑微的行为事例中,我们能否确保悬置反犹主义的虚伪指控?施特劳斯试图沉潜到问题当中以获得进一步的突破。

罗森茨威格评估了"谦卑思维"(apologetic thinking)的价值及其限度。②罗森茨威格将迈蒙尼德的《迷途指津》理解为一种积极应对犹太教可见威胁与潜在威胁的思考模式的范本。根据罗森茨威格,"这一思考拥有 [42] 系统思考很难具有的东西:其思想的魅力——和真理性——源于抗拒偶然,但因此这一思考包含了一种系统思考所移除掉的限度:恰好是偶然性的限度;唯有系统思考决定客体自身的界限;谦卑思维仍然依赖于起因,即敌手"。罗森茨威格对犹太谦卑思维偶然性方面的描述,适切地主导了施特劳斯魏玛犹太作品的风格和他自觉地试图克服的困境。在罗森茨威格的理解中,迈蒙尼德辩护或重构犹太教以回应某些外部因素对一些犹太教原则的质疑。但不管怎样,这位犹太思想家不得不留心自己的思想对他生存其中脆弱的犹太社区的影响。这种外在因素对犹太护教学来说意味着"任何试图以某种方式反思犹太教的人,如果不是在心理上至少是在精神上,撕裂开了犹太教的边界……借由这一力量,他的思考被决定性地引向边界,并在传递、运送或穿越边界的过程中,他关注视界的深度得到确定"。

施特劳斯将自己的首部专著题献给对罗森茨威格的记忆和自己早期从事的挑战,即对德国犹太人境遇之非谦卑路径的探究;

---

① *EW*,页82,注释2。

② Franz Rosenzweig, Apolegetsches Denken: Bemerkungen zu Brod und Baeck,重印于 *Kleinere Schriften*, Berlin: Schocken, 1937,页677-686。英译文载于《罗森茨威格:哲学与神学著作集》(*Franz Rosenzweig: Philosophical and Theological Writings*)。

作为努力的一部分,他想知道反犹主义对犹太复国主义是否产生了积极的影响。施特劳斯注意到自己的论断对犹太护教学的通常做法并没有实际价值。反犹主义领域无关乎"简单和粗糙的东西",而对"数字和表格"的护教学感兴趣,则是那些目光短浅的技术专家的首选。① 施特劳斯显然试图推动一种对思考和公开表达来说被认为是可接受的边界。在他对"犹太复国主义和反犹主义"的分析中,这种克服谦卑流亡心态的目标指向是明显的。② 他以立场鲜明的诗行引出全文:"《约书亚记》9:7。那段话内容如下:以色列人对这些希未人(Hivites)说:'只怕你是住在我们中间的,若是这样,我们怎能和你立约呢?'"对施特劳斯而言,这些诗文所传达的异常"清晰"的含义适用于"我们流亡的情形"。但施特劳斯此处并没有打算阐明这一含义,这里隐含的逻辑源于精明的政治现实主义。现代犹太人必须通过那些当权者的清澈目光考量自己流亡中无权力的当代处境。修昔底德、马基雅维利、霍布斯以及整个现实主义传统都会同意,在仇恨和权力支配的世界里,基于同情、正义甚或和平互利承诺的主张没有任何价值。政治犹太复国主义的核心,一旦剥离它启蒙运动的外壳,将遵循这一路向的现实主义。冷静清晰的犹太复国主义分析对欧洲一体化的预期显然是消极的。这里,我们发现后启蒙的政治犹太复国主义(post-Enlightenment political Zionism)与反犹主义之间的共通之处。

施特劳斯犹太复国主义的现实主义视野是我们反观 [43]

---

① 《评"犹太复国主义与反犹主义"讨论》(Anmerkung zur Discussion ueber "Zionismus und Antisemitismus")原刊 *Jüdische Rundschau*,卷28,注释83-84,1923年9月28日,页501;重印于 *GS*,卷2,页311-313。英译本由 Michael Zank 翻译,英译文标题为 A Note on the Discussion on "Zionism and Anti-Semitism",页81-82。

② *GS*,卷3,页361-362。

《约书亚记》诗文的根据,后者发生在要求以色列人征服巴勒斯坦的背景下。正像古代以色列人不愿意接受外来者——无论后者是否表示愿意接受以色列的统治——的存在一样,因此现代犹太人必须预期东道国同样的不宽容。任何一种对犹太政治的敏锐观点必须说明,为何排斥、不容忍和威压迫害是流亡犹太人生存的永恒特征(ever-present feature)。①但这样一种对人性的根本怀疑不意味着一个个体,甚或一个离散的民族深陷这一境况时不能持有真正、更高的正义视野。犹太人的流亡生活一旦被看作为整个社会一体化和政治救赎提供了可能性,流亡存在的约束力就会丧失,无视人世屈辱的生存意志也将失去。尽管施特劳斯的政治犹太复国主义不利于流亡的稳定,但他也担心对流亡负面因素的过分宣言是否会导致对犹太人生存本质方面的否定。②

施特劳斯政治现实主义道德上的算计为我们指明了犹太人的利益所在:强力的现实并非作为一种禁止的道德,而是朝向犹太目标考虑是否行动的衡量标尺。这或许可以称之为"道德激进主义"。在对诺焘(Max Nordau)的批判文章中(1923),施特劳斯指出了道德和政治之间的内在矛盾,这一矛盾发生在某种形式的同化目的论(naturalized teleology)取代勇敢的现实主义视角之时。《诺焘的犹太复国主义》一文发表在《犹太人月刊》(*Der Jude*),背景是诺焘的去世,该文为施特劳斯异乎寻常地趋向于揭露犹太复国主义的愿景提供了早期文本依据。施特劳斯揭示诺焘关于犹太民族解放的见解,没有足够激进地达到真正突破流亡意识的效果。诺焘私下批判赫尔茨依靠欺骗和偷偷摸摸的手段去实现民族独立。施特劳斯注意到诺焘思想的根本局限在于他未能认

---

① 这样一种立场不应为读者所惊讶,因为作者是来自东欧虔敬的传统犹太人。值得注意的是,施特劳斯恢复了对世界政治的传统主义视角。

② 见《一个幻觉的未来》(*Die Zukunft einer Illusion*, 1928),重印于 *GS*,卷2,页431-439,第2版。

清现实情势及其利害关系,这导致诺焘将思想转向犹太复国主义的精神视界,进而反对赫尔茨政治犹太复国主义的强权政治和伦理道德上的卑劣手段。施特劳斯通过比较诺焘关于政治犹太复国主义和斯巴达对被奴役奴隶的军国主义统治的矛盾心态来结束这篇文章:"他[诺焘]对奴隶的当代同情,伴随着对斯巴达的义愤。但对他而言自明的是:必须用犹太复国主义的斯巴达精神取代同化的奴隶境遇。"①这一悬而未决的结论提出了一个问题:如果犹太人摇身一变成为统治者,通过武力(像斯巴达一样)保护顺从的外邦人,后者是否会丧失自己的独特性?犹太人最深刻、最大化的生存可能性表现为在非正常的卑屈状态下的坚定持守。施特劳斯将流亡境遇视为犹太人根底上的主要悖论,但他并非完全在否定的意义上使用这一范畴:流亡"通过最小的正常性为犹太民族提供了最大的生存可能性"("ZN",页318)。这里的声音[44]模棱两可。最后一句似乎意在将诺焘的论断推至极端,但正如诺焘没有明确提出类似的系统证明一样,我们知道这几行表述中也包含一些施特劳斯自己的东西。

这一悖论的提法较之诺焘似乎更接近于海德格尔,因为施特劳斯意图探究人之存在的最大可能性而非根本上并不稳固的外部条件。1922年,施特劳斯在弗莱堡定期参加海德格尔的研讨班,并且极为热切地告知罗森茨威格关于海德格尔独创性的非凡解释学技能。而且,虽然没有被考虑成为海德格尔圈子的真正成员之一,但施特劳斯与这个圈子的核心成员,如洛维特、克莱因和伽达默尔之间建立了不同程度的智识亲密关系。② 有人可能会比较

---

① "ZN",载于 GS,卷2,页321。

② 尽管进行了重要的思想交流,伽达默尔与施特劳斯之间似乎并没有拉近距离。见伽达默尔在一次访谈中声称自己与施特劳斯保持着谨慎小心的关系:"我们相处得很好,有时相互交谈,但此外就几乎没有什么联系。"见《访谈》(An Interview),载于 Interpretation: A Journal of Political (转下页注)

施特劳斯关于诺焘的评论与海德格尔的《亚里士多德引论》(Introduction to Aristotle)（基于1922年课程），但二者在写作风格和领域上具有明显的区别。海德格尔以现象学的方式走近西方哲学经典的核心。相反，施特劳斯通过廓清德国犹太政治立场和方向的方式拆毁主流的犹太复国主义。然而，这两篇文章都通过研究存在的可能性，如何转变为根据当前解释者的具体情境来构想和重估。在我看来，这绝非是在论证一种根本性的影响，二者的一些有趣的相似之点毋宁说体现在从生命哲学的早期浪漫倾向走向新的存在主义的转变的话语中。

施米特与政治

如果说海德格尔对施特劳斯学术生涯的这一时期非常重要，施米特则逐渐变得同等重要，因为施特劳斯认为后者不仅是从事对自由主义批判的高级盟友，而且是寻求发现一种可替换政治秩序的同道探究者。同时，作为德国犹太亚文化之外的思想家，施米特在赋予施特劳斯才智与学术规划的正当性方面具有重要作用。

施米特的《政治的概念》(Concept of Political) 首版于1927年，该书的出版强化了他作为一个直接从事公法与政治理论基本问题研究的论战型理论家的声誉。施米特的《政治神学》(Political Theology, 1922) 提出了君主是"决定例外状态（Ausnahme-

---

（接上页）Philosophy，卷12，第1期，1984年，页2。格荣丁（Grondin）描述了20世纪20年代施特劳斯在马堡被认为是局外人而伽达默尔是圈内人的情形。"伽达默尔，在马堡保持为一个圈内人，有一个友好的但关系疏远的朋友（施特劳斯）。"虽然传言并非本研究的重点，但上述的记述在此仍值得一提，伽达默尔给出原因认为施特劳斯对他怀有某种类型的"敌意"，源于后者是一个"多疑之人"，伽达默尔依然"小心地与施特劳斯相处，注意不给后者的不信任以口实"；见《伽达默尔》(Hans-Geory Gadamer)，页173。

zustand）之人"的著名定义。主权并没有被限定为统治协约及其规范，而是异常明晰地表现在中止法律和宪法规范的紧急时刻。代替将戒严令的实施与政治程序规范的中止视为一种例外情况，且仅适用于紧急情况，施米特认为这种紧急状况（Ernstfall）的特殊时刻是统治的根本依据。政治的例外状态类似于神学的奇迹。上帝对世人的至高权威过去常常通过［45］中止自然一般法则的决断力而得到明确规定。但正如自由神学难以认清奇迹对宗教的中心地位一样，自由主义政治思想在指出神圣主权根本特征的关键环节方面也存在盲点。

我们可以看到这一表述已经触及"神学的复兴"，它影响了施特劳斯从一战结束到20世纪20年初。施米特的政治神学切入合法性的核心问题，敞开了魏玛自由主义更一般的挣扎。在《政治的概念》（1927）中，施米特宣称政治的根本在于区分敌友。自由主义政制由于其宽容和多元论的原则，而难以看清政治的本质。但对施米特而言，敌意表征了真实的政治。

在施米特对霍布斯的理解中，共和国内的根本敌意作为私人可接受的分歧被抵消了，因为总体上的信任作为无条件的义务以服从最高统治者的公众舆论为真理。①霍布斯基于良知意图遏制暴乱潜在根源的蔓延，施米特则指出，关于最重要事物的系统化的中立观点等同于一种不能，也不应维持的压制。最终，国民必须基于杀与被杀的真实可能性来决定自己的政治忠诚。一个国家的公民怎能——又为何——基于不可知论而孤注一掷呢？

---

① 参见哈贝马斯在这一问题上对施米特和霍布斯的早期论述，后者决定性的创新在于将良知视为一种私人意见而非真理之窗（正如安布鲁兹［Ambrose］所认为的那样）。Jürgen Habermas,《公共领域的结构转型》（*The Structual Transformation of the Public Sphere: An Inquiry into a Category of Bourgeois Society*），Thomas Burger 译，Cambridge, Mass.: MIT Press, 1991, 页 81-85。

第二章 一个魏玛保守主义犹太人的思想形成（1921-1932）

施特劳斯在他1932年发表的对施米特《政治的概念》（第2版）的批判（[译按]即《施米特〈政治的概念〉评注》）中返回到霍布斯，与此同时，他的思想发生了"方向上的转变"。①从这一评论，我们可以看到施特劳斯与施米特之间重要的家族相似和思想歧见。而且，施米特对其概念化的政治法律理论的多方面修正可以视为德国犹太人对话的一个生动案例，或者如迈尔所试图论证的那样，（精确地讲）这是一场"隐匿的对话"。②

施特劳斯的《施米特〈政治的概念〉评注》（Comments on Carl Schmitt's Concept of the Political, 1932）一文揭示了他在犹太政治思想与一般政治思想方面相互交叠的兴趣。施特劳斯转向霍布斯——一如他转向斯宾诺莎——并将其作为现代世界的支柱。为何施特劳斯的犹太思想以流亡为中心，而且后者以他独有的方式贯穿于犹太哲学和犹太复国主义思想之中？在施特劳斯看来，德国的犹太人并非自觉的民族犹太人，他们简直忘记了流亡的根本处境。他们寄希望于一个有教养的社会，希望受到自由主义国家的庇护，而将犹太人遭受的不宽容、迫害和仇视归咎为前现代的迷信时代的遗物。施特劳斯非犹太政治学假定的潜台词在于，自由主义者与社会主义者们遗忘了人性的邪恶，以及政治必须基于这一事实加以考量。施特劳斯认为霍布斯方案成功地将 [46] 人从难以忍受的不安和可怕的自然状态中解救出来，提供了国家机器创建之下自由生活的可能性。但是霍布斯的方案太过成功了。

---

① 见施特劳斯在其1965年的《斯宾诺莎的宗教批判》英译本前言中对这一表述的使用，重印于 JPCM，页173。

② Heinrich Meier，《隐匿的对话——施米特与施特劳斯》（Carl Schmitt and Leo Strauss: The Hidden Dialogue），J. Harvey Lomax 译，Chicago: University of Chicago Press, 1995。William Scheuerman 指出了另一位德国犹太人摩根索（Hans Morgenthau）对施米特施加的未被承认的影响。William E. Scheuerman，《施米特：法律的终结》（Carl Schmitt: The End of Law），Lanham, Md.: Rowman and Littlefield, 1999，页225-251。

以至于人们已然忘记了人类的前自由主义状况。

由于习惯于应对充满危险情境的正负两面的观点，施特劳斯能够解释施米特关于霍布斯政治学前后不一的论述。为了明确施米特的意图，施特劳斯采用的方法是将施米特的政治观念与霍布斯本人及其之后演进的自由主义观点加以对照。与施米特将自然状态（从整体标准上）认定为真正政治的一种标准指引不同，霍布斯论战性地将自然状态看作一种个体之间持续仇视构成的无法容忍的状态，而身处自然状态中的人们为蒙受意外暴死的恐惧所支配。施特劳斯清晰地呈现了这些区别：

> 霍布斯之有别于后世的自由主义，无非然而却固然在于，他直接以自己的所知所见反对自由主义文明理想为之不断斗争的东西：不仅反抗腐朽的国家机构，统治阶级的邪恶意志，而且反抗人的天性之恶；在一个非自由主义的世界里，霍布斯稳步前进，奠定了自由主义的基础，它反对——如果可以这样说的话（sit venia verbo）——人的非自由本性，而后来的人们出于对自己前提和目标的无知，却相信人性的原初之善（基于上帝的创世和眷顾），或者基于自然科学的中立性，心怀人性提升改善之希望，但这种希望并未得到人类自身经验的证实。鉴于自然状态本身之特性，霍布斯试图在自然状态容许克服的限度内克服自然状态，然而后来的人们要么凭空构想出一种自然状态，要么基于某种假定的对历史以及人类本质的深刻洞见，忘记了自然状态。但是——若比较公允地评价后来的人们——从根本上讲，这种梦想和遗忘不过是否定自然状态的结果，不过是霍布斯提出的文明状态的结果。①

---

① "NCSCP"，页101。[译按] 此处译文参考了《〈政治（转下页注）

第二章 一个魏玛保守主义犹太人的思想形成（1921–1932）

在施特劳斯看来，自由主义"在文明世界的遮蔽和垄断之下，忘记了文化的根基，即自然状态，也就是处于危险和危难之中的人性"（"NCSCP"，页101）。施米特转向霍布斯是"为了攻击自由主义的根基"以及翻转霍布斯否定自然状态的意图。施米特"带着政治立场，即立足于对政治现实性的认识反对自由主义对政治的否定"。施米特将自然状态视为"仇视、联盟与中立性的总和"，一种不仅可能的，而且现实且必需的状态（"NCSCP"，页104–105）。在施特劳斯看来，施米特与霍布斯在自然状态上的区别源于二者不同的历史处境。"霍布斯在一个非自由主义的世界上完成自由主义的确立，而施米特则是在一个自由主义的世界上从事着对自由主义的批判"（"NCSCP"，页101–102）。

[47] 施特劳斯进入霍布斯与施米特的领域是其早期犹太作品的自然延伸。例如，施特劳斯选取《约书亚记》9：7那段令人不安的话作为自己犹太复国主义的座右铭，这触及了霍布斯政治理论的核心政治问题：有约束力的契约何以能为根本的敌意留下地盘？这可能会促使我们回想起在施特劳斯对犹太苦难的分析中，他强调（犹太）民族意志的存续需要通过每一代犹太人在面对不可避免的迫害时选择犹太式生存来得到不断确认。施特劳斯1923年对流亡悖论的系统阐述，指引他转向关注施米特，换言之，即以最小的正常性条件确保政治存在的最大可能性。对施米特而言，人脱离了政治（定义为敌友之间的永恒对立）将不再成其为人。对于施特劳斯而言，犹太人如果从流亡中获得救赎将停止成为犹太人。流亡状态（galut），近似于施米特政治中极端的紧急状况（Ernstafall），或是海德格尔哲学上的直面虚无。施米特断言"所有真正的政治理论必须以人的危险性为前提"（"NCSCP"，页106）。这种对人性本质上危险的信念符合主权需要正当性的基本

（接上页）的概念〉评注》（载于《隐匿的对话——施米特与施特劳斯》，刘宗坤译，华夏出版社，2008，附录1，页198）的译文，略有改动，下同。

保守主义信念（"NCSCP"，页108）。

施特劳斯表明自己施米特评论的主要意图在于恢复"自由主义根本批判"这一"紧急任务"的必要性。施特劳斯总结自己的《评注》，认为施米特自由主义批判的根本局限在于它发生在"自由主义的视界"之内。施米特的"非自由主义倾向依然受制于无法克服的'自由主义思想体系'。职是之故，人们只有成功地突破了自由主义的视界，才算完成了施米特提出的对自由主义的批判。在这个视界之内，霍布斯完成了自由主义的奠基。所以，只有在充分理解霍布斯的基础上，才有可能彻底批判自由主义"（"NCSCP"，页119）。

施特劳斯对这一"紧急任务"的个人探究通过评注施米特做了准备，而且通过施米特致洛克菲勒基金会的推荐信得到付诸实施。洛克菲勒奖助金将他送往国外，这恰逢魏玛共和国的崩溃和第三帝国的建立。在下一章，我们将会看到这些事件如何影响施特劳斯和施密特的关系。

在一篇被遗忘的犹太复国主义文章中，施特劳斯从弗洛伊德的《一个幻觉的未来》（*Future of an Illusion*，1928）起航，旨在为当前的"无神论时代"对各种形式的犹太复国主义进行辩证分析提供舞台。①施特劳斯得出结论，各种类型的犹太复国主义同一性在于，它们无法直接返回到前现代的犹太教。施特劳斯将自己批判性的眼光转向政治犹太复国主义对流亡问题的回应上。例如，克拉兹肯（Jacob Klatzkin，1882 – 1948）②将自己对犹太教危机的

---

① Strauss，《一个幻觉的未来》（Die Zukunft einer Ilusion），载于 *Der jüdische Student*，卷25，第4期，1928，页16–21；重印于 *GS*，卷2，附录。
② 克拉兹肯将斯宾诺莎的作品翻译成希伯来文，编辑了德文版《犹太教百科全书》（*Encyclopaedia Judaica*，1928–1934），同时编译了一部中世纪希伯来哲学术语词库。

第二章 一个魏玛保守主义犹太人的思想形成（1921–1932）

"决定性"回应建立在激进地拒斥流亡状态之上。①施特劳斯认为克拉兹肯的策略源于一种误导性的观点，即正常化的意愿应当成为政治犹太复国主义的驱动因素，即"[48]首要词汇"。施特劳斯将弗洛伊德的宗教祛魅与克拉兹肯对犹太民族认同的生机论建构联系起来。因为传统宗教现已被揭开神秘的面纱，并被指认为是一种"谎言"，所以犹太民族不应建立在神学谎言的基础之上，而是要基于它自身，"基于它的劳作、它的土地和他的国家"。②但是这些世俗的政治因素对于犹太世界观的全新基础而言并不充分。即使得到文化规范方面的补充或取代，犹太复国主义仍似乎无法填补空间，这一空间曾为不妥协的、作为选民的前现代犹太存在所体验到的与上帝的特有关联所占据。施特劳斯关注当前的世俗基础，然而他却掩盖了这一要求，因为他通过提出一种似乎必要的、以无神论为根基的犹太复国主义视角来满足犹太人存在紧迫的精神疑难。

施特劳斯在《犹太学生报》上的这篇文章激起了敌意的回应。约瑟夫（Max Joseph）与施特劳斯之间的论战展现了政治犹太复国主义学生群体内部的一些裂痕。在约瑟夫的全部三篇反驳文章中，施特劳斯被描绘为一个意图拒绝所有类型的宗教感受，或者将各种等级的犹太复国主义运动依附于犹太教的"无神论的宣传员"。③ 施特劳斯立即驳斥了约瑟夫的指控。然而，施特劳斯

---

① Jakob Klatzkin，《犹太教的危机与抉择：现代犹太教问题》（*Krisis und Entscheidung im Judentum: der Probleme des modernen Judentums*），Berlin：Jüdischer Verlag，1921，页57。他编辑了《犹太教百科全书》（*Encyclopaedia Judaica: das Judentum in Geschichte und Gegenwart*），Berlin：Eschkol（1928–1934）。克拉兹肯于1912年在伯尔尼大学获得博士学位。

② Strauss，《一个幻觉的未来》（*Die Zukunft einer Ilusion*），前揭，页17–18。

③ Max Joseph针对施特劳斯的《一个幻觉的未来》，在同一期刊（《犹太学生报》）上先后发表三篇批判文章：《犹太复国主义的无神（转下页注）

不愿与论敌达成妥协，他继续争辩指出，目前的实际处境——同化与世俗化——较之任何言辞或文章而言更能说明问题。①

就政治理论而言，政治犹太复国主义对正常化（Normalität）、安全与和平的愿景假定了相同的动机，即敦促人们订立契约，脱离霍布斯意义上的自然状态。②不过，施特劳斯认识到这种正常化的意愿对同化和犹太复国主义而言同样至关重要。返回锡安山的弥赛亚希望作为一种理念普遍存在于流亡状态。然而，一旦与弥赛亚主义连接在一起，犹太复国主义就失去了其现实主义意旨。同化将犹太复国主义与弥赛亚主义加以分离是"为了通过放任犹太复国主义将弥赛亚削弱为使命，促进欧洲犹太人的安乐死（easy death）"。施特劳斯认为，使命论（Missionism）——作为一种犹太人被赋予使命的自由主义学说为紧随其后的其他民族树立了道德榜样——全系西方"犹太利己主义"所激发。施特劳斯认为使命论是一种特别丑恶的、可鄙的教义学说，因为它"世俗化了流亡的观念，后者尽管带有神秘主义，却具有一种极其清醒的充满活力的功能"。而同化用"文明人性的虚幻信任"替代了犹太人在隔离生活中稳固的自我确认。③

（接上页）论意识形态》（Zur atheistischen Ideologie des Zionismus，载于 *Der jüdische Student*，卷25，第6-7期，1928年10月，页8-18）；《宗教果真是一种幻觉吗?》（Ist die Religion wirklich eine Illusion，载于 *Der jüdische Student*，卷26，第8期，1928年12月，页6-17）；以及《科学与宗教》（Wissenschaft und Religion，载于 *Der jüdische Student*，卷26，第5期，1929年5月，页15-22）。

① Strauss,《论政治犹太复国主义的意识形态》（Zur Ideologie des politischen Zionismus），载于 *Der jüdische Student*，卷26，第5期，1929年5月，页22-27；重印于 *GS*，卷1，页441-448。

② 施特劳斯在几篇犹太复国主义作品中做出了这一论断。

③ Leo Strauss,《诺恭的犹太复国主义》（Der Zionismus bei Max Nordau），载于 *GS*，卷2，页318-319。

第二章　一个魏玛保守主义犹太人的思想形成（1921－1932）

在《武装的教会》（Ecclesia militans，1925）①一文中，施特劳斯捍卫赫尔茨的犹太复国主义以抵御布鲁艾尔（Issac Breuer，1883—1946）——法兰克福分离主义正统派的精神领袖和以色列劳工党（Poalei Agudat Yisrael）第一任总书记——发动的攻击。②该文章借助正统派与犹太复国主义之间进攻与反击这一军事隐喻的反讽运用，反映了正统派、犹太复国主义与自由主义同化之间深剧的派系之争。然而，施特劳斯的批判目光关注每一运动展开所赖以为基的权威性指导原则。如，正统派求助于传统，而施特劳斯的犹太复国主义观点诉[49]诸理性。施特劳斯要求正统派关注驱使犹太人朝向犹太复国主义的正当性动机。犹太复国主义或许真的采取了一种远离上帝以及上帝律法统治的立场，但是这一立场源于启蒙运动对宗教的批判，而非单纯地基于伊壁鸠鲁派动机的反抗或背叛。与一种不假思虑的犹太复国主义渴望成为像其他民族一样的民族不同，施特劳斯认同一种自我批判的犹太复国主义，后者解释犹太人作为选民超越了成为一个"商人和律师"民族的命运。③赫尔茨犹太复国主义中假定的正常化意愿，对于自我批判的犹太复国主义而言根本就不是一种足够的动机。

在《柯亨对斯宾诺莎圣经学的分析》（Cohen's Analysis of Spinoza's Bible Science，1924）④一文中，施特劳斯基于对斯宾诺

---

① Leo Strauss，《武装的教会》（Ecclesia militans），载于 *Jüdische Rundschau*，卷20，第36期，1925年5月8日，页334－336；重印于 *GS*，卷2，页351－356。

② Issac Breuer 是 Salomon Breuer（1849－1926）的儿子，后者是法兰克福分离主义正统派的精神领袖赫希（Samson Hirsch，1808－1888）的女婿。

③《武装的教会》（Ecclesia militans），载于 *GS*，卷2，页355。

④ Strauss，《柯亨对斯宾诺莎圣经学的分析》（Cohens Analyse der Bibel-Wissenschaft Spinozas）首次发表在 *Der Jude*，重印于 *GS*，卷1，页362－386。

莎作品背后动机和意图的概念辨析，来着手处理柯亨对斯宾诺莎《神学—政治论》的批判。施特劳斯试图厘清斯宾诺莎的动机——推动斯宾诺莎写作这一论著的各种因素，以及斯宾诺莎通过其作品希望对读者产生的各种影响。柯亨断言，斯宾诺莎写作这部政治抗议小册子出于阿姆斯特丹犹太权威当局将他逐出教会的一种报复行动。在这点上，施特劳斯没有看到这种明显的或合理的个人经历动机。斯宾诺莎的圣经批判不能单靠指出被逐出教门就获得充分的解释。更确切地说，施特劳斯发现有必要说明斯宾诺莎文本的"本质内容"如何源于斯宾诺莎"思想自身的背景"。柯亨最终裁判阿姆斯特丹犹太社区是依照"必要且全然的合法性"将斯宾诺莎逐出教会。①施特劳斯总结指出，柯亨这一论述的视点基于斯宾诺莎对被逐出教会的怨恨。因此，在柯亨的视域中，斯宾诺莎试图政治化地亵渎犹太宗教，并摧毁犹太宗教的观念。②

斯宾诺莎的首要任务，正如施特劳斯在《斯宾诺莎的宗教批判》(*Spinoza's Critique of Religion*, 1930) 中所主张的，是将心灵从神学的偏见下解放出来，哲学的自由便随之而来。③因此，对启示信仰的质疑和对神学偏见 (Vorurteilen) 的批判是哲学起航的前提条件。对启示宗教的批判并非仅仅作为自由科学研究的结果出现。相反，它构成了现代世俗主义思维模式的真正基础。④这一政治含义要求斯宾诺莎为自由主义社会辩护，同时拒绝中世纪的、基于启示的专制主义政治的合法性主张。

伽达默尔巨著——《真理与方法》的核心是重新评价启蒙运

---

① Hermann Cohen, Ein ungedruckter Vortrag Hermann Cohens über Spinozas Verhältnis zum Judentum, 载于 *Festgabe zum Zehnjährigen Bestehen der Akademie für die Wissenschaft des Judentums*, 1919 – 1929, Berlin: Akademie, 1929, 页59。
② *GS*, 卷2, 页367。
③ *SCR*, 页112; *RkS*, 页155 – 156。
④ *SCR*, 页115; *RkS*, 页157。

动对偏见的诋毁，但是大多数评论家忽略了此举显然源自施特劳斯的首部专著。① 施特劳斯强调"偏见"作为一种历史性范畴出现在启蒙运动对宗教可争议的处理中。启蒙运动为自身设定的任务是把自己从宗教权威［50］和以宗教权威为基础的传统偏见的认知束缚下解放出来。现代人与"时代偏见"的斗争立基于截然相反的理性与自由的时代。因此，"偏见"作为一种历史性范畴，作为一个笛卡尔形而上学的核心概念，其自身的发展提供了现代启蒙运动反对偏见、迷信之战与古典哲学试图以知识取代因袭之见之间的根本差异。②

对施特劳斯而言，17世纪的激进启蒙运动似乎比18-19世纪的"稳健启蒙运动"更具启发意义。在后一时期，启示宗教与启蒙之间的调和、内化以及和解得到稳步推进。而在前一时期，启示宗教与启蒙之间进行着一种不妥协的你死我活的斗争，每一方都试图否定另一方的存在。这一根本性的冲突逼迫每一方直面危险而可敬的对手。

在写作关于施米特《政治的概念》的评论的同时，施特劳斯撰写了《斯宾诺莎的遗嘱》（The Testament of Spinoza, 1932）一文，在文中，施特劳斯申明自己对17世纪的特殊兴趣源于它是现代政治学的基础。③如果说"现代观点"的基础正受到怀疑，那

---

① Hans-Geog Gadamer，《真理与方法》（Wahrheit und Methode），Tübingen: Mohr, 1960, 页223f.；参见英译本《真理与方法》（Truth and Method），New York: Continuum, 1993, 页271，注释189。见通信，载于《真理与方法》（Wahrheit und Methode），前揭，页503-512。同时参见德—英双语《关于〈真理与方法〉的通信》（Correspondence Concerning Wahrheit und Methode），载于 Independent Journal of Philosophy，卷2，1978，页5-12。

② 参见 RkS，载于 GS，卷1，页233；SCR，页181。

③ Leo Strauss，《斯宾诺莎的遗嘱》（Das Testament Spinozas），载于 Bayerische Israelitische Gemeindezeitung，卷8，第21期，1932年11月1日，页322-326；重印于 GS，卷1，页415-422。

么，研究的旨趣必然从它的正统倡导者回返至笛卡尔和霍布斯，因为后者奠定了这一"世界观"的基础。如果对斯宾诺莎的崇拜不仅缘于他的天才或性情，那么斯宾诺莎的教诲必须通过重估现代哲学根基的合法性来加以评判。施特劳斯在令人注目的犹太人异化背景下，阐明犹太人重估斯宾诺莎的必要：

> 现代欧洲的动荡导致了犹太教自我意识的觉醒。这种意识的觉醒并未引起对斯宾诺莎评价上的改变，至少在并非永远也绝非立即的意义上：斯宾诺莎仍然是一个权威。诚然，人们不再需要他，或至少似乎不再需要他，因为犹太人的自我认同反对犹太传统和欧洲。然而在大批出走新埃及的过程中，有人觉得自己有义务携带这片土地上升至国王位置（king-like）之人的遗骸，并将他们（这些遗骸）搬运至犹太国的国王廊（pantheon），将他供奉为她（犹太国）最伟大儿子之一。毫无疑问，这一做法是善意的。但是，不去征询如此受尊敬之人的最后遗愿而擅作主张的做法是正确的吗？（《斯宾诺莎的遗嘱》，前揭，页 416 - 417）

在施特劳斯看来，斯宾诺莎的最后遗愿是与犹太教断绝关系。因此他不应作为一个犹太人被崇拜，也不应被视为是一个犹太异教徒，毋宁说是作为"卓越心灵的精英群体"中的一员，一个被尼采称之为的"高贵欧洲人"（good Europeans）（《斯宾诺莎的遗嘱》，前揭，页 419）。斯宾诺莎的永恒遗言通过他戒指上的题（刻）字：Caute［当心］得以表达。换句话说，"只有当人们懂得说出'独立'（Unabhängigkeit）一词意味着什么的时候"，斯宾诺莎才会受到尊敬。①

施特劳斯拒绝依凭从斯宾诺莎及其先贤那里继承的传统立场

---

① GS，卷1，页422。

来研究斯宾诺莎及其先辈。[51] 他比较了迈蒙尼德和斯宾诺莎关于犹太生活的不同态度，斯宾诺莎与犹太教世界的完全隔绝受到关注。迈蒙尼德的哲学方法以及他对犹太教的解释从根本上来源于犹太生活，而斯宾诺莎的方案则以脱离犹太教为前提。根据施特劳斯早期理解，迈蒙尼德的思想基础是完全犹太式的。对犹太教和犹太社区的关注形塑了他的思想方向，且优先于他的哲学转向：

> 作为一个犹太人，他出生、生活，并最终作为犹太人离去，他追求哲学以作为犹太信徒的犹太教师。在犹太人生活的背景下并且为了那个背景，他的立论水到渠成，其抗辩也得以展开。他为犹太人生活的背景进行辩护，这一背景就威胁到哲学家而言，本身也受到哲学家的威胁。他通过哲学的方式解答犹太教的疑难，在一定程度上犹太教能够得到启蒙。他通过哲学的手段将犹太教再一次提升到它曾经达到的高度，就犹太教而言，作为当代失宠的一种结果，它已从那个高度开始下降；迈蒙尼德的哲学原则上始终以犹太教为基础。

对迈蒙尼德的这一生动刻画在随后几年里发生了根本性的改变：迈蒙尼德对传统的假定性辩护获得了更具创造性和颠覆性的性质。但在施特劳斯的首部专著中，迈蒙尼德的哲学和对圣经的解释紧密关联于犹太教的生活世界。相反，"斯宾诺莎对《圣经》的科学研究方法，预设了对圣经之关切及其需要的完全缺席；简言之，摆脱偏见即意味着完全脱离犹太教"。① 因此，对他们的视域中与犹太教相关的事物应当结合这一背景差异来加以考察。

迈蒙尼德的这种出自犹太教的对偶然事件的研究，可能会攻击斯宾诺莎"仍囿于偏见之中"。因此，人们越是能够从这些偏

---

① *SCR*，页 163-164；*RkS*，页 213-214。

见中获得独立性,就越能够获得自由探寻的立场。值得注意的是背景上的变化。在斯宾诺莎时代之前,针对论敌最严肃和最有效的指控是"对革新的责难"。斯宾诺莎从根底上纠弹这一可憎的敏感。如今,所有的偏见必须被彻底地加以质疑:"越激进地加以质疑,就越能够保证一个人免于偏见。革新、背教、武断作为责难的术语最终失去了它们震慑人心的力量。"①在斯宾诺莎的美好新世界里,背叛犹太教意味着思想自由的诞生:独立思考的自由。斯宾诺莎为拒绝摩西律法所作的辩护,无论它是否已证明了神迹的不可能性或质疑了摩西权威的真实性——所有的一切均源于他之前对犹太教的背离。

[52] 斯宾诺莎站在中世纪的宗教世界与现代的文化和自由主义社会之间的"过渡阶段"。当斯宾诺莎"将自己从犹太教的社会关联中解脱出来"之后,他进入到一个下层社会,一个先于斯宾诺莎所追求的"自由主义世俗社会"之避难所存在的社会。这里,斯宾诺莎对积极宗教的脱离被置于试图回返犹太教的马拉诺前辈(Marranos predecessors)②,如科斯塔(Uriel da Costa)和派累勒(Isaac de la Peyrere)的统绪之中。他们都具有反对基督教教义的倾向,同时,他们在集体脱离犹太教之前,都不愿接受"具体的、无条件的犹太教"的束缚。这些社会学上的因素解释了为什么这一群体倾向于对现代世俗科学、文化和政治提供的基本要素采取怀疑论的姿态:"因为犹太教的精神内涵已经——在经过几代非犹太人的生活之后——不可避免地从马拉诺人的心智中消失了。但与犹太教的关联还能足够有力地阻止基督教世界理所当然的生活。另一方面,这一联系又太过贫乏以至于无法保证犹

---

① *SCR*,页165;*RkS*,页213-214。
② [译按]马拉诺(Marranos)指中世纪时在西班牙和葡萄牙境内被迫改信基督教而暗地依然信奉原来宗教的犹太人,此处泛指改奉基督教的犹太人。

太世界的生活得以可能。"①

鉴于德国犹太人存在感知上的这种模棱两可，很容易理解对马拉诺人的强烈兴趣为什么会在两次世界大战期间得到蔓延。在关于斯宾诺莎著作的英译本前言中，施特劳斯对政治依赖和精神依赖的德国犹太人所面临的困境提供了自己的判断。根据施特劳斯的观点，德国犹太人的高度同化引发了"德国思想的流入，尤其是他们生活其中的具体国家思想的流入——也就是本质上被理解为是德国思想的影响"②。这一现代德国犹太人，即一个真正的新马拉诺人的困境，引起了早期学术生涯中施特劳斯的关注。在斯宾诺莎之后，宗教与科学之间论争的地基发生了无法逆转的变化。如今，正统宗教处于守势，它必须调整自己的形式和内容以应对特殊文化和社会中不断变化且完全不同的要求。如果犹太人在某个新地方能够获得真正坚实的基础，这或许不会成为问题。但是一旦德国文化和政治的理由变得值得商榷，德国犹太人的处境将变得十分危险，因为后者没有其他独立的土地来保护他的存在。

因此，在重新评价斯宾诺莎对正统宗教要求断然拒绝的过程中，施特劳斯还试图接受德国犹太人的窘境。如果斯宾诺莎的宗教批判缺乏科学合理性或根本难以令人信服，那么或许还有办法挽救与前现代宗教传统之间的联系。然而，如果斯宾诺莎的宗教批判真正具有权威性，那么正统教义的核心就只是提供了过时的和有害的非理性叙述：造物主上帝，奇迹的可能性，神圣的起源和启示的性质。施特劳斯的首部专著追溯了伊壁鸠鲁主义宗教批判的长期历史传承，这一宗教批判在斯宾诺莎那里开掘出坚定果敢的新方向，并在尼采那里达到顶峰。在施特劳斯文本的表面之

---

① SCR，页53。

② Strauss，《〈斯宾诺莎的宗教批判〉前言》（*perface to Spinoza's Critique of Religion*），重印于 *JPCM*，页140。

下，人们［53］很难看到对于 apikorsut——一种对伊壁鸠鲁怀疑主义的贬抑理解——作为最危险的叛（犹太）教行为之背后动机的拉比式怀疑。从犹太法学专家的规范立场来解释对启示律法传统要求的背叛完全出于人的傲慢，即错误地相信人的自主权力能够确保自己的世俗幸福。施特劳斯追溯伊壁鸠鲁派宗教批判的缘起，认为它源于对灵魂安宁的关切，以防生活在惧怕潜在的愤怒诸神的焦虑之中。根据那些可怕的、愤怒的众神的前现代化身，宗教批判变得十分必要。但是，伊壁鸠鲁派宗教批判的现代变体不再为获得幸福效力，而是致力于勇敢真诚。问题是，犹太复国主义作为人类中心主义的载体能够实现现代伊壁鸠鲁的目标吗？

施特劳斯为了获得答案开始认真考察政治犹太复国主义。在这十年行将结束之际，施特劳斯带着真理之爱的苏格拉底式关切开始反驳现代理智真诚。①这一关切标志着1923年以来观点上的转变，因为那时（1923年），施特劳斯虽然也抵制现代精神，但是认为"不运用现代手段就无法从现代生活中脱身"。但到了1930年，施特劳斯则要求突破当前的这一范式。"如果我们要想如其所是地了解当下，"施特劳斯强调，"就应该摆脱所有流行的可疑前提，因此我们必须摆脱当下。这一摆脱不会自动降临，而是要求我们主动克服它。"②援引柏拉图的洞穴比喻来解释哲学的这一自然困境，施特劳斯认为，我们会发现自己较之苏格拉底和他的同时代人处在一个更为不利的位置。我们深陷在"第二洞穴"之中，在我们到达第一洞穴之前，即在苏格拉底指引下来到阳光下之前，要求我们最初必须依靠现代历史的工具。历史给予我们的辅助功能只是"准备性的"。苏格拉底能够依靠交谈来提升他的对话者，而我们则只能"通过阅读学习"（lesendes Lernen）的

---

① "RLG"（1930）和《柯亨与迈蒙尼德》（Cohen und Maimuni, 1931, 载于 GS, 卷2, 页393-436）是这一转变的标志。

② "RLG", 页384。

展开获得进步。①因此,施特劳斯提倡运用思想史的方式,来推动他随后关于迈蒙尼德和霍布斯的重要著作(在流亡欧洲期间完成)。

---

① Strauss,《关于艾宾豪斯〈哲学的进步〉的评论》(Besprechung von Julius Ebbinghaus, *Über die Fortschritte der Metaphysik*, 1931),载于 *GS*,卷2,页439。

第三章　流亡欧洲与思想转向
（1932–1937）

[54] 1932年夏，时年33岁的德裔犹太学者施特劳斯离开德国前往法国，之后到英国，最终于1937年在美国定居下来。在离开德国的几个月里，纳粹政权合法的、超出法规（extralegal）的反犹主义行动促使施特劳斯出于实践的考虑开始流亡。作为欧洲的一个犹太难民，施特劳斯努力调适自己的思想方向以适应流亡的状况，这构成了他魏玛学术与美国学术之间的过渡时期。犹太复国主义经历和犹太教学术研究院的研究工作使施特劳斯有机会审视现代离散犹太人生存的整体境遇（contours），并将其视为侵袭现代思想与政治的更一般危机的一个样板（distilled form）。为了理解和评估现代思想和政治的前景及其产生，从魏玛时期起施特劳斯就开始了对前现代拉丁、希伯来和阿拉伯文本的终身研究。同时，他的作品显示了对另一个终身关切，即对流亡问题充满求知欲和矛盾心态的强烈兴趣。

到了20世纪20年代末，施特劳斯似乎对犹太复国主义针对犹太人问题提供的所有答案感到厌倦，这些犹太复国主义回答中的任何一个最终都未能向施特劳斯表明，它可以提供一个前后一致且令人满意的解决方案。因此，作为一个活跃的犹太复国主义者长达十五年之后，施特劳斯依然对流亡保持一种矛盾心态。不过，到了20世纪30年代，政治与哲学的关系问题成为施特劳斯关注的中心。通过彻底重审流亡及其被遗忘的美德，施特劳斯获得了一种全新的解释性观点。随着纳粹主义的崛起，流亡的紧迫现实性使它变得不再只是一个理论问题。面对自己的流亡身份，施特劳斯到中古犹太和伊斯兰思想家那里寻求帮助,后者试图调和自己作为哲学家和宗教社团成员的双重身份以应对危机。

在欧洲流亡期间,尤其是在 1935 年完成《哲学与律法》和《霍布斯的政治哲学》两部专著之后,施特劳斯的思想获得了新的、具体的重点。伴随着将自己的大半学术精力投入到 [55] 隐微哲学解释学轮廓的探究之中,施特劳斯开始辨清前现代文学手法(literary devices)的关键是设法避开检控官(censors)和其他潜在的充满敌意或不合要求的读者。鉴于对当时境遇和思想表达压制的清醒认识,施特劳斯着迷于过往思想家为避免迫害所采取的编码和隐秘的冗长论述就显得不足为奇。然而,在施特劳斯这一特定情形下,这种着迷发展成一种对谨慎的间接论述形式的理智创造力的认可。在抵达美国之前的那段动荡岁月中,施特劳斯对隐微写作的特殊兴趣凸显出来(comes to the forefront)。

1937 年,施特劳斯离开英国前往美国,并最终获得社会研究新学院(The New School for Social Research,以下简称新学院)的教职任命。在新学院,施特劳斯继续探究运用多层次的写作风格来应对迫害与政治不完美状况的各种哲学传统。在下一个创新时期(1938 – 1948),施特劳斯实现了从客观描述多层次写作风格到践行这种半遮半掩(revealing while concealing)写作风格的转变。到 1939 年秋欧洲战争爆发时,施特劳斯已为新的视角奠定了学术基础;他系统阐述了一个方案,即呼吁恢复和复兴那种对显白和隐微加以区分的哲学理性主义。这一方案的清晰表达出现在施特劳斯 1941 年发表的《迫害与写作艺术》一文中。

施特劳斯的欧洲流亡同样经历了戏剧性的政治转向。正如对现代思想的责难使他开掘出中世纪隐微哲学的传统一样,施特劳斯通过阐发前现代的论点来反对自由主义。作为一个保守主义的犹太流亡知识分子,迫害的经历驱使他对非完满状况下现实生活的紧迫性作出回应。为了回应流亡的状况,施特劳斯依循隐微主义哲学传统及其中古柏拉图式政治学的特定形式所倡导的审慎策略：即是说，人们必须调适自己的言辞和行为以适应所有人类社会固有的不完满性。隐秘且包含颠覆性成为施特劳斯后魏玛时期思想的固有特征。

在本章中，笔者考察的内容仅限于施特劳斯过渡时期思想的内容和形式：包括他后魏玛时期的自由主义批判，他对多层次写作策略的重新发现，以及考察流亡（galut）这一犹太概念在施特劳斯政治哲学发展中一贯的中心地位。

离开德国：重估现代政治学

在施特劳斯1932年春离开德国的前夕，德国发生了一些重大的政治变化。纳粹政权通过反对"敌对"团体及其个体的极端化手段巩固了权力［56］，并造成了这样一种局面：施特劳斯的前魏玛关切中关于犹太人的存在获得了一种新的紧迫性。在整个20世纪20年代，施特劳斯站在德国犹太人自由主义的视野之内，批判德国自由主义哲学、神学和政治的诸种表现。他试图在"各种意见的无政府状态"之上获得一个"立足点"，从而为走出当前危机提供指导。① 在1930－1932年的文章中，施特劳斯清晰表达了这种超越当前"视界"局限的要求，因为当前的视界闭塞了迫切需要的更激进思想的可能性。而且，在德国发表的最后一篇文章，即1932年关于施米特的《政治的概念》的评论中，施特劳斯明确表达了这一"紧迫的任务"：通过彻底根除自由主义视界的方式来避免自由主义视界的限制。② 施特劳斯认识到施米特对现代自

---

① "RLG"，页382、386。

② Leo Strauss，《施米特〈政治的概念〉评注》（Notes on Carl Schmitt, *The Concept of the Political*），首次发表在 *Archiv für Sozialwissenschaft und Sozialpolitik*，卷67，第6期，1932年8－9月，页732－749。这里对该（转下页注）

由主义根基的理论批判显明了当前政治的危机。现代文化的整座自由主义大厦的解决方案,以及源自这一文化的认识论框架之基础已经在日常生活和政治中变得可疑。

施米特的《政治的概念》首版于 1927 年,该书一经问世便立即被视为当代政治理论领域最重要和最具争议的文本之一。施米特主张政治是由根本上无法调和的敌友冲突构成的。当施米特读到施特劳斯公开发表的《政治的概念》的评论后,他为施特劳斯写了一封说服力很强的推荐函,从而为后者赢得了到国外继续从事霍布斯研究的奖助金。①施特劳斯通过施米特前后矛盾的表述来发掘后者尚未阐明(unarticulated)的根本动机和意图的顽强能力,给施米特留下了深刻印象。在评论中,施特劳斯认为施米特的真正信念是作为一个彻底反自由主义的政治符号而存在的。在施特劳斯看来,施米特无法实现这一潜在的目标缘于他施行运用

(接上页)文的所有引用参考了迈尔再版的英译本《隐匿的对话——施米特与施特劳斯》(*Carl Schmitt and Leo Strauss*:*The Hidden Dialogue*),J. Harvey Lomax 译,附有克罗波西(Joseph Cropsey)所作的序言,Chicago:University of Chicago Press,1995,页 91–119。本译文的微小改动基于迈尔的德文版《隐匿的对话——施米特、施特劳斯与〈政治的概念〉》(*Carl Schmitt, Leo Strauss und "der Begriff des Politischen"*:*Zu einem Dialog unter Abwesenden*),Stuttgart:J. B. Metzler,1988。

① Duncker and Humbolt 出版社社长孚希特万格(Dr. Ludwig Feuchtwanger)自第一次世界大战以来就与施米特熟稔。1932 年 6 月 10 日,施米特致信孚希特万格,宣称在数百篇关于《政治的概念》的评论中,施特劳斯的评论是唯一值得关注的一篇。因此,施米特继续写道,这篇评论应被刊登在 *Archiv für Sozialpolitik* 这一孚希特万格的出版公司主办的杂志上。孚希特万格后来写信给施特劳斯(信纸标明日期为 1935 年 4 月 15 日),在提及《哲学与律法》的出版时,他写道,从你出版自己的第一部专著《斯宾诺莎的宗教批判》(1930)那时起,"《政治的概念》的作者就曾向我满怀敬意地提起你"。施米特致孚希特万格的信引自《隐匿的对话——施米特与施特劳斯》,前揭,页 8,注释 7。孚希特万格致施特劳斯的信现存于芝加哥大学特别收藏部施特劳斯档案,第 1 箱,第 13 文档。

所赖以为基的立场,局限在自由主义概念的边界之内——这一立场也是施特劳斯本人所力图摆脱的立场。迈尔认为施米特重视施特劳斯锐利的批判眼光的最强有力证据在于,前者在《政治的概念》的修订版中心照不宣地采纳并回应了施特劳斯的一些真知灼见(insights)。①然而,施米特在新的修订版本中并没有向施特劳斯表达感谢。而且,从1933年初冬始,施米特停止回复施特劳斯的来信。

施米特之所以决定立即中止与施特劳斯任何公开或私人的对话,源于他与新的纳粹政权的结盟。和海德格尔一样,施米特于1933年5月1日加入了纳粹党。②同年7月,施特劳斯从巴黎致信施米特,汇报了自己关于霍布斯的最新研究计划以及对法国学术状况的一般印象。③在信的结尾,施特劳斯告知施米特,自己被莫拉斯(Charles Maurras, 1868–1952)——《法兰西行动报》(Ac-

---

① 关于施米特对施特劳斯评论的采纳见迈尔,《隐匿的对话——施米特与施特劳斯》(*Carl Schmitt and Leo Strauss: The Hidden Dialogue*),前揭。同时参看 William E. Scheuerman,《卡尔·施米特:法律的终结》(*Carl Schmitt: The End of Law*), New York: Rowman and Littlefield, 1999, 页 226–230, 在该文中, 迈尔的年代学观点受到质疑, 而 Hans Morgenthau 作为一个对《政治的概念》早期不同版本的最重要改变更具决定影响的批判者受到强调。

② 当海德格尔在弗莱堡加入了纳粹党的同时,施米特也在科隆加入了该组织。对于施米特加入纳粹党的决定,见 Andreas Koene,《施米特事件:崛起为第三帝国的桂冠法学家》(*Der Fall Carl Schmitt: Sein Auftieg zum "Kronjuristen des Dritten Reiches"*), Darmstadt: Wissenschaftliche Buchgesellschaft, 1995, 页 6–9。同时参见 Rüdiger Safranski,《马丁·海德格尔:在善良与邪恶之间》(*Martin Heidegger: Between Good and Evil*), Ewald Osers 译, Cambridge, Mass.: Harvard University Press, 1998, 页 88f。

③ 施特劳斯致施米特的信是在1933年7月10日。施特劳斯特别提到了马尼西翁(Louis Massignon)和西格弗里格(André Siegfried)。施特劳斯尚存的三封致施米特的通信发表在迈尔的《隐匿的对话——施米特与施特劳斯》(*Carl Schmitt and Leo Strauss: The Hidden Dialogue*),前揭,页 123–128。

第三章　流亡欧洲与思想转向（1932 – 1937）

tion Francaise）的合作创办人和"法国右翼"（the French Right）组织的领导人——的作品"吸引了"。①像施米特一样，莫拉斯思想中隐含的无神论倾向使他陷入 [57] 与教会的冲突之中。然而，对二者而言，他们的修辞和象征性的用语主要来自天主教传统及其关切。施特劳斯指出，他已经发现莫拉斯和霍布斯之间一些惊人的相似之处，但还没有进一步阐述它。因此，施特劳斯请求施米特写一封信，向莫拉斯引荐自己。当然，在写这封信时，施特劳斯显然没有意识到施米特已经成为纳粹党的一员。②

---

①　莫拉斯是《法兰西行动报》（1908 – 1944）的联合创办人，他支持法国维希政府，于1945年因叛国罪被判入狱。作为一个古典学者，莫拉斯通过谴责现代共和党颓废的浪漫主义开始自己的职业生涯。他的"极端民族主义"试图通过剥夺未同化的异类，如新教徒、犹太人和 métèques [中东国家的人，该词系莫拉斯1894年生造的一个词汇] 的所有公民权利来保护法国社会免遭危险。他的保皇主义及其特有的反对教会参与政治的天主教主张，完全切合他后来整个反动的政治和文化理念。见 Eugen Weber,《法兰西行动：20世纪法国的保皇主义及其效应》（Action Francaise: Royalism and Reaction in Twentieth - Century France），Stanford: Stanford University Press, 1962。Pierre Birnbaum 将莫拉斯及其后继的排犹民族主义者的抨击言论视为法国犹太教右翼的核心，其先锋人物包括德鲁蒙特（Edouard Drumont）、加克索特（Pierre Gaxotte）和都德（Léon Daudat）。见《共和国的犹太人》（The Jews of the Republic: A Political History of State Jews in France from Gambetta to Vichy），Jane Marie Todd 译, Stanford: Stanford University Press, 1996，特别参见，页 156 – 178。

②　根据迈尔的说法，施特劳斯并未意识到1933年3月23日通过《授权法案》（Enabling Act）之后施米特能"突然改变主张"。1933年10月9日的一封通信间接证实了这一状况，在信中，施特劳斯询问克莱因为什么施米特停止给他回信："现在是否普遍如此？"克莱因在10月21日的回信中表明：施米特"以不可宽恕的方式参与了合作。从他现在所占有的官方地位，他可能不好做出回答……我是绝对不会再给他写信了"。施特劳斯显然向洛维特提出了同样的问题。在1933年12月6日的回信中，洛维特告知施特劳斯，施米特以前的一个博士学生——贝克（Werner Becker）认为，"施（转下页注）

无论施特劳斯的动机何在，他请求施米特向莫拉斯引荐自己的时间选择值得考究，因为它紧随3月23日《授权法案》的出台。这一新法案意图驱逐一些犹太学者到法国和英国寻求避难，以此来清除德国官僚机构和学术机构中"非雅利安"（non-Aryan）的德国人。鉴于施米特的非自由主义倾向和偶尔使用的反犹主义修辞，我们可以合理地推定，施特劳斯会考虑当时新形势下施米特的政治倾向。况且，施特劳斯的朋友已经告知他，海德格尔已经切断了自己与犹太学生、同事和老师的联系。① 克莱因——施特劳斯的朋友和海德格尔以前的学生——在1933年最后几个月也劝告施特劳斯停止给施米特写信。②

施米特私下与公开场合避免与施特劳斯发生接触，这一个人遭逢的挫折促使施特劳斯去探究被祖国排除于政治、文化生活之外的流亡德国犹太人的怨恨问题。对自由资产阶级与德国犹太人共生之愿望的拒绝明显贯穿于施特劳斯魏玛时期的犹太作品中，

（接上页）米特虽说原则上支持反犹主义，但却不可能因此而不回答您的信"。据说，施米特曾向不同的访客展示过施特劳斯的来信，以表明直到1934年他还继续收到施特劳斯从伦敦寄来的信件。但在施米特或施特劳斯的收藏部里并没有发现标明日期为1933年夏季之后的通信。有一封现存信件中曾明确提到施米特是一个纳粹，但那是在1935年5月10日的一封致罗森塔尔（E. I. J. Rosenthal）的信中。施特劳斯后来抱怨施米特采纳了自己许多观念却没有做出相应的说明。

① 在1933年4月27日的一封信中，克莱因告知施特劳斯，为了当上海德堡大学的校长，海德格尔是如何对待自己的学生、同事，甚至以前的导师胡塞尔的，见芝加哥大学特别收藏部施特劳斯档案第8箱第4文档。施特劳斯意识到德国审查和迫害的情势是在他1933年与伽达默尔的通信中。伽达默尔和施特劳斯表面上将自己的争论限定在柏拉图文本的解释学问题上，但这些解释学争论的中心关涉到政治与伦理两难的问题，这与他们现实周围发生的事件有着惊人的共鸣之处。见伽达默尔与施特劳斯1933年的通信，现存于施特劳斯档案第1箱第14文档。

② 见克莱恩1933年10月9日致施特劳斯的通信。

第三章　流亡欧洲与思想转向（1932–1937）

这在 1932 和 1933 年发生的政治和个人事件中得到充分的印证。毫无疑问，施米特对新纳粹政权并不稳固的肯定沉重打击了施特劳斯。施特劳斯对施米特支持他申请洛克菲勒奖学金表达了感谢，但施特劳斯使用了更为引人注目的措辞来表达自己对施米特个人重要性的敬重。① 1932 年 3 月，当时施特劳斯尚在柏林，他在致施米特的信中写道："您对我的霍布斯研究表现出的兴趣，是对我的学术研究曾经得到和所能梦想的最荣幸和至关重要的肯定。"② 施米特是一位严肃的右派思想家，他心底里已认可了施特劳斯的评判。然而，由于德国的政治风潮和机运，施米特决定中断与这个挣扎中的年轻学者的任何私人对话，因为后者是一个犹太人。③ 不过，施米特仍以某种方式继续回应施特劳斯的作品，如：考察彼此关于霍布斯和斯宾诺莎观点上的根本相似与差异，围绕良知自由和哲学自由的确立——正如我们将看到的——再现 18 世纪晚期，德国斯宾诺莎之争（Spinozastreit）中雅可比、莱辛和门德尔松等相关人物所发挥的中介作用。

1932 年 10 月，施特劳斯在巴黎开始了关于《霍布斯的政治哲学》（*The Political Philosophy of Hobbes*）的研究。[58] 施特劳斯发现自己身陷德国和中欧知识分子的包围之中，这些知识分子在希特勒掌权那年从渐增歧视和敌对措施的家园逃难到法国，将法

---

① 见施特劳斯 1933 年 7 月 10 日致施米特的通信。

② 见施特劳斯 1932 年 3 月 13 日致施米特的通信。引自迈尔的《隐匿的对话——施米特与施特劳斯》（*Carl Schmitt and Leo Strauss: The Hidden Dialogue*），前揭，页 123；译文略有改动。

③ 我认为，尽管一些人对施米特魏玛时期作品的兴趣源于从它的论敌和自身不足的视角挽救自由民主政制，但施特劳斯及其同时代人仍将施米特视为一位右派人物。施米特声称自己加入纳粹党包含新的特质，但他对自由主义之不足的鄙弃却可追溯到他早期的职业生涯。见 Gopal Balakrishnan，《敌人：施米特思想评传》（*The Enemy: An Intellectual Portrait of Carl Schmitt*），New York: Verso, 2000。

国视为一个安全的避风港。到 1933 年夏季，超过二万五千名德国难民来到法国。①在巴黎，施特劳斯加入到一个由马里坦（Jacques Maritain）、科瓦热（Alexandre Koyré）、克劳斯（Paul Kraus）、派恩斯（Shlomo Pines）和科耶夫（Alexandre Kojéve）组成的国际性知识分子团体当中。施特劳斯同一群令人印象深刻的智识精英一道，参加了由科瓦热和科耶夫在巴黎高等实践研究院（École Pratique des Hautes Études）主持的关于黑格尔的研讨班。②另外，施特劳斯此时还花费大量时间到国家图书馆（Bibliotheque Nationale）研读中古伊斯兰和犹太哲学方面的文本。

关于霍布斯的研究很快将施特劳斯和米丽亚姆（Marie［Miriam］Bernsohn）——二者于 1933 年 6 月在巴黎结婚——带到伦敦和剑桥。施特劳斯的继子佩特里（Thomas Petri）跟随他们一起来到英国。施特劳斯这一时期的通信充斥着对家庭经济状况的焦虑。若不是依赖洛克菲勒基金会奖助金的临时延长，施特劳斯真不知如何或到哪里谋生。霍布斯一书的手稿于 1935 年初用德语完成，

---

① Vicki Caron，《令人不安的政治避难：法国与犹太人危机，1933 - 1942》（*Uneasy Asylum: France and the Jewish Crisis*, 1933 - 1942），Stanford, Calif.：Stanford University Press，1999，页 4。

② 施特劳斯、巴塔耶（Georges Bataille）、科宾（Henry Corbin）、古尔维奇（Aron Gurvitsch）、格诺（Raymond Queneau）和威尔（Eric Weil）等一起参加了科瓦热 1932 - 1933 年主持的关于黑格尔宗教哲学的研讨班。见 Michael Roth，《认知与历史：20 世纪法兰西人对黑格尔的擅用》（*Knowing and History: Appropriations of Helgel in Twentieth - Century France*），Ithaca：Cornall University Press，1988，页 95。参加科耶夫研讨班的则包括格诺（Raymond Queneau）、科宾（Henry Corbin）、巴塔耶（Georges Bataille）、拉康（Jacques Lacan）、威尔（Eric Weil）、梅洛·庞蒂（Maurice and Jacques Merleau - Ponty）、莫赛里（Denyse Mosseri）、布勒东（André Breton）和伊波利特（Jean Hyppolite）等。见 Dominique Auffret，《科耶夫：哲学、国家和历史的终结》（*Alexandre Kojéve: la philosophie, l'Etat, la fin de l'Historie*），Paris：B. Grasset，1990，页 238。

但直到1936年都未能出版，由于德国日益艰难的出版情势，该研究成果最终以英文形式首版发行。

通过确立霍布斯是"对人的正确生活和社会正义秩序问题做出连贯和详尽回答的近代所特有的尝试"的第一人，施特劳斯开始了自己的这部著作。同时，霍布斯也是第一个"感到必须探寻一种关于人和国家的新的科学（nuova scienza），并且成功找到了这个新的科学"的人：

> ［霍布斯］是在一个孕育着变革的历史时刻进行哲学探索的；古典传统和神学传统已经动摇，而近代科学的传统尚未形成和建立。这时只有他提出了道德人生和社会正义秩序的根本性问题。这个时刻，对于即将来临的整个时代，具有决定性的意义。基础在此时奠定，而近代政治哲学完全是在这个基础上形成的。我们充分理解和把握近代思想的任何尝试，都必须从这里着手。这个基础，再也没有像那个时刻那么清晰可见。霍布斯受那个时刻的感召，开始构筑整个大厦，然而只要大厦矗立着，只要我们信仰它的稳固性，它就在掩盖着那个基础。①

欧洲两次世界大战期间发生的革命性和灾难性的事件——此时以独特的方式融入到施特劳斯20世纪30年代中期的这一文本当中——摧毁了现代国家稳固的普遍信念。现代政治以及现代国家的基础因其再次成为一个问题而显现出来。因此，施特劳斯追随施米特返回到霍布斯这一现代政治学的真正创始人，以便看清这一［59］基础并评估霍布斯政治思想的发展如何在有死的上帝，即利维坦的建构中达到高潮。

然而，施特劳斯对霍布斯智识革命之重要性的赞赏，为他看

---

① *PPH*，页8。*GS*，页3。

到的这一新范式的有害影响所削弱:"现代形态的文明理想,无论是资产阶级—资本主义(bourgeois – capitalist)发展的理想,还是社会主义运动的理想,都是由霍布斯所创立和阐述的,其深刻、清晰和直率,不论在这以前还是以后,都无人可敌"(PPH,页1)。这一明显价值中立的定性确立了施特劳斯对霍布斯首要的论战兴趣。霍布斯号召现代西方文明脱离古典政治理性主义的坚实根基,同时倡导一种最终基于至高无上的意志而非理性的新的文明观念。因此,在施特劳斯看来,作为自由资产阶级和社会主义未公开承认的创始人,霍布斯标示着理性毁灭的开始。①

在施特劳斯看来,霍布斯的政治哲学标志着一门新政治学的诞生:它不仅强调个人权利优先于法,而且缩小政治的范围,使其成为管理和规范国家的一门技术。新政治学将自己的任务设定为恢复或建立国家的"权利平衡"。②在这样做的过程中,它引入了机械论的方法,将国家转变为一架完全为了高效运行而加以组装、拆卸、重新组装的机器。对施特劳斯而言,这一新的尖端技术的获得付出了沉重的代价。因为,政治问题的道德目的从一开始就被系统地排除掉了。新政治学不再对何谓"好与得体"以及谁应当统治的问题感兴趣(PPH,页152 – 153)。正如重新制定一台机器的技术规则一样,新政治学没有伦理基础来判断各种事

---

① 比较 SCR 中的表述,在该论著中,施特劳斯指出,与斯宾诺莎不同,霍布斯认为"关于国家政治忠诚的所有主题,原初地为单纯理性所连接"。因此,霍布斯在提供一种严密的理性主义义务理论方面——在那里宗教不再被需要——远远超出了斯宾诺莎。"在斯宾诺莎看来,'你要爱自己的邻居'的戒律之所以对大众具有戒律的力量,源于这一戒律被信仰为直接源自上帝的'启示'之言。但是,从霍布斯的立场来看,这条戒律之所以对人们具有足够的约束力,是由于上帝已经创造了作为理性存在者的人类这一事实。智者与庸众之间的区别根本没有成为一个问题。由于这一区别没有得到考虑,也就没有必要求助于宗教。"见 SCR,页101。

② PPH,页155。

第三章 流亡欧洲与思想转向（1932–1937）

例在道德上的缺失或歪曲。

根据施特劳斯的观点，自由个人主义的思想基础要求发展出一种新的道德。就此而论，施特劳斯将霍布斯的新道德理解为推进了市场经济的发展。这种新道德致力于避免最大的恶，而非增进最大的善。霍布斯强调暴死——或者更确切地说，对暴力造成死亡的恐惧——是所有政治理解的基础。施米特如此引人注目地在霍布斯那里发现了这种对人类状况的核心理解。顺便提一下，海德格尔在希腊哲学的源头处也发现了类似的见解。施特劳斯试图评注霍布斯要求祛除人在自然秩序中处境的全部幻想：

> 因为人要认清自己的处境，必须依赖于现实世界对他的猛烈抗拒，以及对他的自然倾向的抵制。这个自然倾向，编织一道自以为是的虚幻屏障，使他自我蒙蔽，看不到自己的自然处境的恐怖险恶。因为一个人，一旦与这个现实世界发生接触，他的欢笑自得，沾沾自喜便顷刻瓦解、一去不返。情势的凶险使人懂得，必须每时每刻临深履薄、战战兢兢。让人恋栈生命，维系生存的，不是人生的美好甜蜜，而是对死亡的恐惧。人完全处在命运的摆布之下，命运可以称为上帝［60］无法抵御的主宰力量。这个主宰力量，对人的存亡祸福绝对漠不关心，人在全能的宇宙面前所经验到的，不是慈悲为怀，而只是赤裸裸的强势力量。鉴于所有这些，人别无选择，只有孤注一掷、自救图生。（*PPH*，页 125）

施特劳斯试图把捉霍布斯将人从神明佑助的依赖中解脱出来的动机，同时强调那种引人进入虚幻舒适感的徒然遗忘的危险含义。施特劳斯解释到，这种舒适的健忘症说明了为何霍布斯要试图——当然不成功地——设法构筑所有人反对所有人的战争，这一无法为人遗忘的人类自然状态的可怖现实。施米特与其他保守主义革新者们不断抨击中产阶级自满和浮躁的风气渗透到了霍布斯之后的自由主义文明世界。① 对他们而言，娱乐与完全缺乏的严肃性腐蚀了这个世界，使这个世界不再能理解真理存在的时刻：个人遭遇到暴死。②

直到 20 世纪 30 年代中期，施特劳斯才发现在自我编织的"虚幻梦想的束缚下"唤醒人类的实际意义。他认为，真正的政治学不可能建立在中产阶级骄傲自满的基础之上，而应建立在人与世界上其他人之间敌对关系的现实主义立场上。施特劳斯对资本主义利己主义的批判与他作为保守主义革新者（conservative-revolutionary）对真实政治的关切相一致，但这一批判并没有涉及（stopped short）直面死亡之纯粹时刻的真正价值。施特劳斯的批判也分享了马克思主义者对资本主义及其治下社会关系物化——被误认为自然的和（或）永恒不变的——的关切。至于较后对政治传统的关注，施特劳斯注意到霍布斯将人视为"天生的无产阶级"。霍布斯理解的人"同宇宙万物的关系，与马克思笔下的无

---

① 我们可以比较海德格尔的"决断"（resolve）概念以及他在达沃斯论坛上语惊四座的发言。

② 见施米特《政治的概念》，George Schwab 译，New Brunswick, N. J.：Rutgers University Press, 1976，页 62。施特劳斯注意到施米特的目标实际上是对黑格尔的"中产阶级定义的第一次政治争论"。在《论自然法的科学研究方法》（*Über die Wissenschaftlichen Behandlungsarten des Naturrechts*）一文中，黑格尔刻画了中产阶级分子的个性特征，如：他"不想离开非政治的、无风险的领域；他通过占有和正当地处置私人财产的行为来实现个体对整体的反抗；他'发现'了政治虚无的替代品，即运用和平获取的成果，尤其是'充分保障（perfect security）的那些享受之物'来替代政治上的虚无感；因此他希望依旧贬弃勇气，并且远离暴死的危险"（强调部分为施米特所加）。英译本载于黑格尔的《自然法：论自然法的科学研究方法，在道德哲学中的位置以及与实证法学的关系》（*Natural Law: The Scientific Ways of Treating Natural Law, Its Place in Moral Philosophy, and Its Relation to the Positive Sciences of Law*），T. M. Knox 译，Philadelphia：University of Pennsylvania Press, 1975。参见施特劳斯的演讲《德意志虚无主义》，见本书下一章的论述。

产阶级同资本主义世界的关系如出一辙：他若反抗，失去的只是锁链，获得的是整个世界"。①尽管欣赏这一马克思主义观点的激进批判，但施特劳斯并不认同它。我们重温施特劳斯魏玛时期著作，可以看到他对社会主义的人性观，以及对最终将人视为消费者和生产者的反传统政治之观点的一贯批判。然而，在魏玛时期，马克思主义者和对自由主义的保守主义批判共享着同一激进的期待：目前状况的彻底破裂。施特劳斯将这一遗产带入20世纪30年代，这一事实表明了他思想同化的程度：他是而且一直保持为一个魏玛的批判者。甚至政治环境的骤变也未能促使施特劳斯的政治倾向立即改弦更张。

拒绝祈求自由主义的十字架

1933年5月，在一封写给同为德裔流亡者的洛维特的信中，施特劳斯对自己当时的政治倾向做出了惊人的表述，同时指出要依靠威权主义（authoritarian）的原则来对抗可憎的怪物——希特勒。

> [61] 已向右转的德国不宽容地对待我们，从这个事实绝对得不出反对右的原则的东西。相反，只有从右的原则，即从法西斯主义的、专制的、帝国的原则出发，才能体面地、无需可笑和可怜地诉求"不受时效约束的人权"，对可憎的怪物提出抗议。

由于最近发生的一些事件，施特劳斯带着新的理解转向阅读恺撒（Caesar）著作的注疏，并联想到维吉尔（Virgil）在罗马帝

---

① *PPH*，页125，注释2。

国统治下所说的话："体恤臣民并战胜傲慢。"施特劳斯向洛维特表达了自己对紧迫黯淡处境的不妥协立场："没理由去诉求十字架，更不要去祈求自由主义的十字架，只要世界上的某个地方还有一颗罗马思想的火星在闪亮的话。即便真的无路可退，宁可去犹太人隔离居住区，也绝不选择任何十字架。"施特劳斯还劝告洛维特，他们应采取中古阿拉伯"学问人"所展示出来的那种坚定独立的性情取向。①

这一写于危急时刻、措辞惊人的书信，揭示了集不同元素于一身的施特劳斯的世界观。施特劳斯写这封信给洛维特，因为后者曾对基督教欧洲的世俗化表示怀疑。洛维特诉诸前基督教的对自然的依赖作为哲学思考何谓自然正确与正当的范本。不过，20世纪30年代德国反犹主义力量也一度迫使洛维特——这个早已皈依基督教的年轻人——恢复他作为德国犹太人的双重身份。②

在1935年离开德国之后，洛维特热切地通读了罗森茨威格的所有已刊著述。离开德国开始流亡后不久，我们发现了洛维特显著的阅读效果。在接受一所犹太学校面试的过程中，洛维特援引罗森茨威格著述中的一封信，来说明自己如何被要求就普遍而令

---

① 施特劳斯1933年5月19日致洛维特的信，见 GS，卷3，页625。感谢 Jeffrey Barash 提醒我关注这封信。引用维吉尔部分的信纸似乎已经破损，因此，本文引用的段落在语法上略有改动。施特劳斯的信件原文照录如下（[译按]该信件的中译文可参见《回归古典政治哲学——施特劳斯通信集》，朱雁冰等译，华夏出版社，2006，页96－97，此处从略）。

② 洛维特经常为施特劳斯的知识背景以及对犹太人问题的兴趣表示惊讶。洛维特曾因指出施特劳斯是一个正统的犹太教徒而激起后者的愤怒。在1962年9月25日的一封袒露心迹（revealing）的私人通信中，洛维特回应了施特劳斯《斯宾诺莎的宗教批判》英译本序言的初稿。他评论说施特劳斯清晰而深入地讨论的那些与德国犹太人和现代性危机相关联的复杂问题对他而言完全是新的，因为他全然是在犹太传统之外的背景下成长起来的，要不是希特勒，他或许永远不会遭逢到这些问题。洛维特解释说自己的父亲是一个犹太母亲和一个非犹太人的维也纳男爵的私生子。

第三章　流亡欧洲与思想转向（1932 – 1937）

人痛苦的对犹太和德国忠诚的问题表明立场。"我反驳说，我将拒绝回答这一问题。如果生活的某一阶段折磨我，将我撕裂为两个部分，那么，我自然会知晓这两半的心——当然，并非对称的分布——将会偏好哪一侧。而且，我也知道自己不会在这一回答中胜出（［译注］即通过面试）。"① 尽管两者之间确实存在许多哲学观点上的分歧，但施特劳斯仍在信中呼吁自己的这位惊惶不安的朋友应该如何调整自己的政见以适应新的境遇。反犹主义的压力并没有迫使施特劳斯绝望地寻求避难和救赎，在十字架面前卑屈地放弃尊严。②

施特劳斯对纳粹事件的无畏抨击在一家德国犹太出版社那里

---

① 洛维特，《纳粹上台前后我的生活回忆》（*Mein Leben in Deutschland vor und nach 1933：ein Bericht*），Stuttgart：J. B. Metzler，1986。罗森茨威格，《书信集》（*Briefe*），第 364 封（1923 年 1 月底致 Rudolf Hallo 的信），Berlin：Schocken，1935，页 472 – 475。关于罗森茨威格的经历，见 Peter Gordon，《罗森茨威格与海德格尔：在犹太教与德国哲学之间》（*Rosenzweig and Heidegger：Between Judaism and German Philosophy*），Berkeley and Los Angeles：University of California Press，2003，序言。

② 见洛维特在 1933 年 5 月 28 日的回信中对施特劳斯的尖锐回应。在信中，洛维特强调对种族（völkisch）民族主义和种族歧视的粗鄙倒退不仅发生在德国，而且发生在法国和英国。洛维特看到左和右的交点，即法西斯主义的种子根植于民主社会的肌体之中。洛维特带着如下质疑和挑衅结束这封信：

> 关于祈求十字架的事，我虽然并没有想到以任何一种形式去做，但从反面看，当今世界也不可能产生殉道者，只可能产生帮凶和靠边站的人。
>
> 您对这一切有何看法？
>
> Dixi et animam meam slavavi!［我已经说了，因此我已经拯救了自己的灵魂］

（转下页注）

找到共鸣。1933年4月1日，德国爆发了全国性的联合抵制犹太商业的运动。几天之后，4月1日被《犹太评论报》（Jüdische Rundschau）的主编魏尔什（Robert Weltsch）命名为犹太人觉醒日："这是有预谋的侮辱事件。犹太人，行动起来，大卫之星，骄傲地举起它……！"①

[62] 大约在同一时期写给克莱因的信中，施特劳斯使用了同样的话语。1934年6月，克莱因从丹麦写信给英国的施特劳斯，继续同后者探讨纳粹政权的性质。在信中，克莱因修正了自己关于民族社会主义是更为广泛的法西斯主义运动的一个变体的早期观点，现在他重新将民族社会主义的基础定性为反犹主义的原则。②克莱因的解释采取了一种独特的神学翻转的手法，以印证自己后来将民族社会主义解释为，一种异教的无神论对犹太—基督教上帝及其道德的否定。对克莱因而言，纳粹主义的出现标志着自古以来以"上帝为名义者与不信上帝者"之间的"第一次决定性的斗争"。"这一斗争之所以是决定性的，缘于它发生在由犹太

（接上页）

衷心致候。

您的

K. 洛维特

注意洛维特此处援引的《以西结书》（Ezekial，第3章18–19节）的拉丁文（[译按] 即 Dixi et animam meam slavavi！对应英文为 I have spoken and saved my soul）参考了马克思1875年《哥达纲领批判》一书中辛辣讽刺的结束语。

① Robert Weltsch，《自豪地佩戴它，黄色徽章》（Tragt ihn mit Stolz, den gelben Fleck），载于 Jüdische Rundschau，第27期，1933年4月4日。英译本，Robert Wistrich 译，见亚德瓦谢姆大屠杀资源中心（yad vashem SHOAH resource center）网站：http：//wwwl. yadvashem.org/about_holocaust/documents/part1/doc14.html。

② GS，卷3，页512。

教所决定的战场上：民族社会主义是'蜕化反常的犹太教'（perverted Judaism），如此而已，它是没有上帝的犹太教，换言之，它是一种真正的 contradictio in adiecto［语词矛盾］"（*GS*，卷3，页512-513）。

克莱因对纳粹的批判性表达与施特劳斯的表述堪称旗鼓相当。然而，克莱因看到犹太复国主义作为一种陈腐的民族主义运动谈论的是民族和文化，但却忽略了它最终的起源是作为上帝的选民。在对施特劳斯犹太复国主义自我批判值得注意而未获承认的挪用中，克莱因强调犹太历史和文化不能获得充分的理解，除非最终依赖上帝才能说明他们的独特性（*GS*，卷3，页519）。对于克莱因而言，上帝的问题必须直接地得到表达。"即便我们重又被赶进 Ghetto［犹太人居住区］，被强迫进犹太教会堂和遵守全部律法，我们也必须以哲学家的身份去这么做，也就是说，带有一个虽然并未言明但恰恰因此而更坚定的保留条件去这么做。"克莱因和施特劳斯都看到了哲学与启示之间的本质冲突：政治环境可能会迫使哲学"与信仰、祈祷和宣教协调一致，但他们之间绝不会合二为一"（*GS*，卷3，页516）。

在1934年6月23日的回信中，施特劳斯反驳道，鉴于哲学与正教在反对"智术之学"（sophistry）问题上结盟的不可能性，因此，可提供的唯一选项只能是政治犹太复国主义。"我一直是'犹太复国主义者'，这并非没有原因。"考虑到犹太复国主义的高贵动机，政治犹太复国主义，而非文化犹太复国主义，确实是"最正当的犹太人运动"。对施特劳斯而言，此刻只有两个可选项："政治犹太复国主义或正统神学"（*GS*，卷3，页517）。虽然施特劳斯首先同意克莱因将纳粹主义理解为祛神圣化（de-divinized）的犹太教之蜕化反常的形式，但他反对克莱因的"神学转向"（*GS*，卷3，页527）。在施特劳斯看来，无论政治环境如何恶劣，他们都无须在"上帝说"的意义上"爬向十字架"（*GS*，卷3，页516）。

施特劳斯对"爬向十字架"(zu kreuze zu kriechen)一词的辛辣运用，借助了忏悔的宗教形式，通过信徒完全谦卑地转向十字架这一标志，将后者视为获得拯救的唯一源泉。这一措辞与历史上卡诺萨城堡(Canossa)发生的事件紧密相关：神圣罗马帝国皇帝亨利四世(Henry IV)于1077年在卡诺萨向教皇格列高利七世(Gregory VII)屈服，请求解除禁令恢复教籍。①[63]这一蒙羞的行为在俾斯麦(Bismarck)发起的反对罗马天主教的文化斗争中获得了中心位置，当时，即1872年5月，俾斯麦强调："我们不打算在身体上抑或精神上回到卡诺萨。"尼采在自己的几部专著中拾起了这一辛辣的用法。在《查拉图斯特拉如是说》中，查拉图斯特拉哀叹那些曾经跟随自己的年轻快乐的叛教者们："他们中的许多人曾像舞者一样抬起自己的腿"，"现在我看到他们又弯下腰——趴倒在十字架面前。"②在《权力意志》中，尼采在上下文中使用"趴倒"一词来表明自己的反自由主义倾向，这在施特劳斯致洛维特的信中得到再现。尼采反思了当前平等主义时代哲人所面临的困境：平等主义要求"每个人都以最卑贱的奴仆性向天下最大的谎言（[译注]原文此处allies有误，应为lies），即所谓'人的平等'顶礼膜拜，并且只把整齐划一、平起平坐的美德奉若神明"③。在看待自由民主制的平等主义的局限方面，施特劳斯

---

① 因此，每当世俗的政治权力向教会势力屈服，就会被视为"趴倒在十字架面前"。

② 《查拉图斯特拉如是说》(*Thus Spoke Zarathustra*)，"叛教者"(The Apostates)，第三部分，52章，第1节。另参见格言，尼采像堂吉诃德(Don Quixote)一样，强烈抗议大多数人的精神被击垮，可耻地拜倒在十字架面前。人们也可以想到瓦格纳(Wagner)的《帕西法尔》(*Parsifal*)，这一重塑日耳曼神话的戏剧的第三幕或许是这句话（[译注]指爬向十字架）更虔诚遗产的最著名的戏剧版本。

③ Nietzsche，《权力意志》(*Will to Power*)，Walter Kaufmann和R. J. Hollingdale译，Walter Kaufmann编，New York：Random House，1967。

追随尼采,认为其最终闭塞了哲人的可能性,并且从相反视角追问迫害的一些积极影响(virtuous effects)。

施特劳斯告诉洛维特,当前的危机根本不会使他在世俗的自由主义十字架面前折腰。他试图站在欧洲右派的立场,通过诉诸基督教化之前的古罗马帝国的那种专制统治来遏制法西斯主义的崛起。当施特劳斯表示自己要回到犹太人居住区,而不是虚伪地跪倒在"自由主义的十字架"面前时,他并没有预料到后来德国发生的极端反犹主义目标和种族灭绝政策。然而,施特劳斯声称的犹太人聚居区的优先选择并没有在他关于迈蒙尼德——在当时被视为中古犹太政治哲学的楷模——的专著中得到反映。

虽然这些令人印象深刻的声明为我们提供了施特劳斯根本政治信念的独特一瞥,但我们还应警惕将这一立场移植到他众所周知的学术专著中。不过,施特劳斯关于世俗化和自由主义政治遗产的矛盾心理在其研究霍布斯的专著中处于显著位置。施特劳斯在反驳当代学术成果过程中对霍布斯的解释让人印象深刻,他将霍布斯解读为一个捍卫真正的基督教,反对中世纪经院哲学对基督教义加以曲解的虔诚信徒(religious man)。然而,施特劳斯将霍布斯的《利维坦》视为一部神学—政治学论著,就像斯宾诺莎的《神学—政治论》那样以一种"双重意图"(double-intention)来表达宗教:"正如斯宾诺莎日后所作那样,霍布斯出于双重意图来诠释基督教的《圣经》……首先是为了利用《圣经》的权威来鼓吹自己的理论,然后……为了撼动《圣经》的权威本身。"①霍布斯出于各种政治原因隐藏了自己对于宗教的怀疑主义。代替直

---

① PPH,页71。同时参看施特劳斯早期对斯宾诺莎和霍布斯圣经批判的比较:《柯亨对斯宾诺莎圣经学的分析》(Cohens Analyse der Bible-Wissenschaft Spinozas),重印于 GS,卷1,页367,注释ⅱ;《柯亨对斯宾诺莎圣经学的分析》英译文载于 EW,页144,注释2。RkS,载于 GS,卷1,页146-148,同时载于 SCR,页101-104。

接攻击启示圣典本身,霍布斯以"完全信仰《圣经》的名义"攻击经院哲学和自然神学。然而,另一方面,他通过自己对"《圣经》权威"的历史与哲学的批判,"瓦解了"信仰的根基。①

［64］霍布斯故意隐藏了自己关于宗教的公开评论,因为他需要调适自己的言辞来迎合当时的宗法政权。"事实上,霍布斯调适的并非是自己的不信仰,而是自己不信仰的言说方式。在这方面,他迁就于作为一个顺从臣民的行为规范,特别是迁就于作为一个审慎的臣民的行为规范。"这一事实解释了为什么霍布斯在英国内战之前,特别是在较早的人本主义时期,他的写作是如此地谨小慎微。政治敏感性要求霍布斯隐蔽其"真实观点",虚与委蛇,注意敷衍"神学常规"。然而,对于积极宗教(positive religion),霍布斯真实、不变的个人态度始终一贯不渝:"宗教必须服务于国家;对宗教尊重还是蔑视,要依其为国家服务的好坏而定"(*PPH*,页74)。

对积极宗教的这种全然政治性的关切,最清晰地体现在霍布斯在《利维坦》中对一个宗教全部主题之必要条件的处理上,即承认"耶稣即基督"(Jesus is ［the］ Christ)。②即使这种表面上看来直截了当的信仰表白——必然伴有对上帝存在、神意和基督复活等教义的确信——在施特劳斯看来仍包含许多模棱两可之处,只是在指向自由主义国家这一根本发展模式上,霍布斯关于有死上帝的世俗基础才变得确定无疑。

施特劳斯认为,霍布斯的解释只是用自然宗教取代积极宗教之基础的神学—政治策略的一部分。因此,一旦摩西启示被理解为一种自然政治术语,那么基督就被全然看作是重建早期上帝之

---

① *PPH*,页76。施特劳斯认为,与斯宾诺莎一样,霍布斯也受到索齐尼斯教派(Socinains)神学批判传统的影响。*PPH*,页76,注释3;同时参见 *RkS*,在这一文本中,施特劳斯将索齐尼斯教派的影响仅及于斯宾诺莎。

② 定冠词 the 在原英译本中被漏掉了。

国，延续摩西开创之传统的救世王。①施特劳斯在1954年详细阐述了自己对"耶稣即基督"的理解："耶稣即犹太教意义上的弥赛亚。"②后者的阐释只是更明确地阐述了他1936年的理解。

一些思想观念上的翻转趋近于这一结论，但它们只是遵循施特劳斯对《圣经》教义自然解释的神学—政治运用的论证。霍布斯重述了《圣经》宗教如何预设了神权政治，以及这种"上帝之国的政治"如何最终导致了一种先于基督教的弥赛亚教义。③ 根据施特劳斯对霍布斯《圣经》解释的理解，犹太人对逃离埃及奴役后的政治现实感到极端失望。对上帝之国最大自由的渴望，使犹太人清醒地认识到："上帝之国实际上只是一个祭司政权，即一种有着极端缺陷的政权制度。"这一反对教权的陈述，正如霍布斯哲学所论述的，确定无疑地唤起了施特劳斯情感上的共鸣。这种对实际存在的强势祭司—软弱国王之政体的不满最终"唤起了期盼弥赛亚的形式，即一位能恢复且治理上帝之国的人间国王：弥赛亚的观念是对最初的上帝之国观念的修正，是犹太人在祭司统治下的痛苦经历迫使他们对现实政治做出的让步"。

[65] 因此，弥赛亚观念强调尘世王权与上帝之国葆有的权力之间的正相反对。施特劳斯笔下的霍布斯将基督教视为"是对一次，由狂热的政治期望所激发的政治运动的失败进行解释的尝试，这是从信仰奇迹和灵与肉的实体二元性的角度进行的解释。基督教通过如下事实揭示了这场政治运动的起源：基督教信仰的基础是'相信这一信条：耶稣即是基督'，也即，耶稣是犹太人意义上的弥赛亚"。至于霍布斯在一般意义上对宗教，特殊意义上对基督教的自然解读，被施特劳斯（在1936年和1954年）视为预先

---

① 见 Hobbes,《利维坦》(*Leviathan*)，第35章。

② 《论霍布斯政治哲学的基础》(On the Basis of Hobbes's Political Philosophy)，前揭，页188。

③ 出处同上。

引发了对基督教的自然主义批判。这一批判在一个世纪之后,被德国的赖马鲁斯(Hermann Samuel Reimarus, 1694 – 1768)身后出版的著作和莱辛所揭示。①

在一篇关于莱辛文本的简短注疏中,施特劳斯为这一迸发的宗教论争提供了一条学术线索:莱辛追随赖马鲁斯笔下耶稣的历史形象,将耶稣视为一个失败的犹太教弥赛亚,其死后为基督教的那些投机取巧的发明者神格化。莱辛以反驳假想敌人的笔法,通过出版赖马鲁斯的异端观点来挑战这些权威,但莱辛同时代的许多人怀疑这些反驳的某些部分的虚伪性和故意含混。这一公开的论争可与雅可比发动的泛神论论战相媲美。借由18世纪晚期这一中介,我们发现了霍布斯与20世纪的再次相遇。

施米特也将莱辛看作由霍布斯,特别是斯宾诺莎所开启的整体力量的顶点。《霍布斯国家学说中的利维坦:一个政治符号的意义及其失败》出版于1938年。②正如该书副标题所表明的那样,施米特试图揭示利维坦作为一个政治符号的真正含义,同时指出它的最终失败。从政治符号的视角观之,利维坦和贝希摩斯(Behemoth,[译注]似河马的巨兽,出自圣经《约伯记》第40章15 – 24节)很容易被识别为海洋权力的英国和陆地权力的德国的

---

① 出处同上,对莱辛的引证见注释21。注意:在1936年版本中,只有赖马鲁斯的名字被提及。因为莱辛大胆而隐微(bold but veiled)的著作尚处在争论之中,见《全集》(*Sämtliche Schriften*),Karl Lachmann 和 Franz Muncker 编,Stuttgart,1886 – 1924,卷12,页254 – 271。关于历史背景,见 Henry E. Allison,《莱辛与启蒙运动:他的宗教哲学以及与18世纪思想的关系》(*Lessing and the Enlightenment: His Philosophy of Religion and Its Relation to Eighteenth Century Thought*),Ann Arbor:University of Michigan Press,1966,83f。

② LSTH。英译本《霍布斯国家学说中的利维坦》(*The Leviathan in the State Theory of Thomas Hobbes: Meaning and Failure of a Political Symbol*),George Schwab 和 Erna Hilfstein 译,Westport, Conn.:Greenwood,1996。

表征。①施米特并没有简单地从意识形态的角度攻击霍布斯的有死上帝观念。相反，纵然认为这个巨大的鲸鱼终将被征服，他仍对利维坦作为有死的上帝极度着迷。在现代国家过去几年争霸性质的斗争中，施米特认为自己看到了霍布斯利维坦的致命缺陷："良知自由将最终反对大众所认可的国王即基督。"他看到霍布斯鲜明的君权观点——拥有这样一种绝对权力就要认清自己的敌人——将系统地削弱并最终扼杀犹太教和自由主义之间的隐秘联盟。

《霍布斯国家学说中的利维坦》充分显示出施米特本能的反犹主义及其作品中的启示形象。此处，施米特提到了"犹太学者"施特劳斯，但只是提到施特劳斯早期在《斯宾诺莎的宗教批判》（1930）中对霍布斯的处理，而非《霍布斯政治哲学》[66]（1936）——施米特毫无疑问阅读了此书——的研究。②施米特将注意力转向贝希摩斯和利维坦之间的根本冲突，他们中的每一个都试图摧毁对方。通过最近对阿布拉瓦内（Don Yitzhak Abravanel）翻译所获得的对米德拉什（midrash，［译注］希伯来语音译，意为犹太人在西元400-1200年间所做的希伯来圣经注释）的熟稔，施米特将犹太人的暂缓迁移看作是为了"观看世界上人们之间的相互残杀，因为他们这种相互'残杀与大屠杀'是合法的和'合乎犹太戒律'的。因此，他们啜饮着被屠杀者的鲜血，并安居其上"（*LSTH*，页18）。

我们可以看到施特劳斯致力于反思的特定政治问题源于对宗教的这一阅读。乍一看来，霍布斯似乎一直坚持认为，"就世俗权利并不禁止信仰耶稣基督而言，无条件地服从世俗权力是每个基督徒的绝对义务"。但最新的限定条件提出了一个"关键的问题：

---

① 这些神话符号再次出现在施米特对海权（navy power）的精湛分析中。《陆地与海洋：世界史的观察》（*Land und Meer：Eine weltgeschichtliche Betrachung*），第4版，Klett-Cotta，2001。

② *LSTH*，注释38。

当世俗权力禁止基督徒的信仰表白时，他却不得不服从这一世俗权力"。在《利维坦》之前的作品中，霍布斯申明，在这样一种极端的情况下，"基督徒的权利和义务"只能诉诸"消极的抵抗和殉难"。然而，在《利维坦》中，霍布斯拒绝给予"普通的基督徒"这一权利或职责来效行此法，而是将殉难行为严格限定给那些"富有宣扬教义使命的特殊人群"。①

根据上面的解读，霍布斯将反对君主权力的领域限定在中立者抑或敌基督教两个方面。法特（Miguel Vatter）表明，在随后的关于霍布斯的每部专著中，施米特都明确拒绝对公众认可的"耶稣即基督"做世俗化解读。②但施特劳斯却担心这个问题出自霍布斯将神法还原为自然法。在试图论证无条件服从君主权力的正当性时，霍布斯无意于提供一种公民拒绝服从君主权力以及瓦解权威的可能性基础。对霍布斯而言，"自然法的要求［降低为］信守承诺的单一要求，即公民绝对服从的单一要求；然而，为了确证这一降低的正当性，他不得不承认……所有关于仁慈或宽容的要求。他最大限度地维护两种要求之间可能发生的冲突，同时强调公民顺从要求的优先地位"。问题本身并不繁难，只要这两个相互冲突的要求被限定在以实践问题为中心。但是，如果这两个相互冲突的要求关涉到法律是否公正，统治者是否正义的问题时，那么，公民首先应当服从的世俗基础就成为不满与反叛的基础。

---

① *PPH*，页72。

② 见 Miguel Vatter，《施特劳斯和施米特作为霍布斯与斯宾诺莎的读者：论政治神学与自由主义之间的关系》（Strauss and Schmitt as Readers of Hobbes and Spinoza: On the Relation between Political Theology and Liberalism），载于 *New Centennial Review*，卷4，第3期，2004，页161–214。Vatter 阐明了施特劳斯和施米特之间的关联，即间接通过门德尔松，尤其是莱辛来阅读17世纪的两个人物：斯宾诺莎和霍布斯。读者应当注意，在决定谁回答了问题方面，争论的年代顺序是个关键因素，也就是说，这些著作的原始出版日期成为克服在施米特和施特劳斯之间摇摆不定的必要条件。

施特劳斯解释道:"通过试图为绝对服从权威给出原因,通过从诉诸权威转向诉诸理性,正如苏格拉底所作的那样,霍布斯不得不重复自己所认为的苏格拉底的致命错误:'无政府主义'。"①

施特劳斯遵循施米特对政治概念的使用,来指明现代自由主义的固有弱点及其缺陷。他一直担心放松服从的束缚将会导致无政府状态。施特劳斯的思维方式具有极其多元化的特点,因为他设法确保［67］严肃地对待另一方观点和立场的真理性要求——尤其是那些不合情理的沉默或省略。事实上,我们已经看到施特劳斯是怎样抽空了自己和对手立场的理论根基。然而,施特劳斯强调极端立场之间根本紧张的辛辣文风,表明他对缺乏引导的公众舆论结果所持的怀疑态度(如果不是蔑视)。

不过,我们仍然看到20世纪30年代施特劳斯政治学的一个变化。在他被视为新德国政府的敌人群体中的一员之后,施特劳斯明确质疑这种基于假定的决策行为的政治智慧。之后,施特劳斯强调政治的理性基础;为反对施米特及其他激进保守主义者,他不再强调将好战的英雄主义作为真正政治所必备的或可取的标志。因此,作为一个真正体系性的政治思想家,施米特对霍布斯所持的观点虽然增强了施特劳斯对英国哲学家的兴趣,但后者对霍布斯的解读却最终指控了将政治的基础基于主观意志而非理性的所有理论。霍布斯,像斯宾诺莎一样,之所以引起施特劳斯的兴趣,源于他们是现代性的缔造者并且处于现代性的开端。施特劳斯的兴趣在于再现古代人与现代人之争,并且通过重启古今之争所获得的灵感和动力来搅乱,甚至颠覆现代人的骄傲自满。

施特劳斯恢复政治哲学古典路径的构想要求清除现代思想的坚硬外壳,以便更好地理解前现代的古典政治理性主义的世界。施特劳斯找到了开掘前现代哲学的必要手段,即迈蒙尼德的哲学。

---

① *PPH*,页189。

重返迈蒙尼德：哲学与律法

1925年，施特劳斯受聘获得一份犹太教学术研究院的研究职位，当时古特曼（Julius Guttmann）是该研究机构的院长，负责具体实施老一代学者托付的价值中立的科学研究议程。当1925年聘用施特劳斯为研究员时，古特曼并没有意识到自己所雇佣的是一个具有反叛意识和反传统倾向的学者。在研究院，除了继续研究、撰写斯宾诺莎宗教批判的专著外，施特劳斯还被安排了两项与研究院相关联的研究任务。

研究院分派给施特劳斯的第一项合作任务是编译德文版的门德尔松（Moses Mendelssohn）全集（其他编辑包括阿尔特曼［Alexander Altmann］、拉维多维茨［Simon Rawidowicz］和班伯格［Fritz Bamberger］）。门德尔松实际上已为德国犹太人尊奉为圣经中的摩西和"巨鹰"迈蒙尼德的现代化身。① 施特劳斯对门德尔松编译规划的贡献在于，不仅展示了他作为一位比较文献学者的卓越才智，而且，更重要的是他［68］对门德尔松批判性的评释倾向。施特劳斯将门德尔松看作是"温和启蒙"的典范：一个试图"调和"启蒙理性主义和宗教，尤其是犹太教的典范。② 研究院分

---

① 对门德尔松的崇奉，见 Sorkin，《解放德国犹太人的影响》（The Impact of Emancipation on German Jewry: A Reconsideration），载于 *Assimilation and Community: The Jews in Nineteenth - Century Europe*，Jonathan Frankel 和 Steven J. Zipperstein 编，New York: Cambridge University Press，1992，186f。

② 施特劳斯对门德尔松全集周年纪念版的投稿作品分别在1931、1932和1974年出版。Heinrich Meier 叙述了施特劳斯20世纪30年代所写文章被延搁出版的情况，见 *GS*，卷2，页 xxxi。1974年的门德尔松全集编辑版中包括了施特劳斯最为广泛的作品，如：关于门德尔松的评论、对雅可比的早期挖掘以及对莱辛愈益增加的激赏：对《清晨时分》（morgenstunden）和（转下页注）

第三章　流亡欧洲与思想转向（1932－1937）

派给施特劳斯的第二项任务是跟随古特曼评价中古犹太哲学，具体研究吉尔松尼德（Gersonides 或 Levi ben Gershon，1288－1344）的哲学巨著——*Milhamoth Adonai*［《神的战争》］。①吉尔松尼德的专题研究引发了施特劳斯对中世纪理性主义的浓厚兴趣。然而，与古特曼希望的相反，这一研究导致施特劳斯将更多的精力投入到迈蒙尼德的阿拉伯穆斯林前辈，而非迈蒙尼德的法国—犹太继承者。这一对中古伊斯兰和犹太哲学以及与亚里士多德，尤其是与柏拉图政治思想关联的兴趣并未遵循古特曼的设计。

对施特劳斯而言，1924－1925 年值得铭记，由于参加古特曼主持的研讨班，他首次进入中古犹太哲学的领域。在埋首于中古犹太和穆斯林哲学文本及其评注的十多年之后，施特劳斯对迈蒙尼德的政治哲学以及当时形成的伊斯兰学派做出了创新性的重估。

施特劳斯魏玛作品中的观点转变是显而易见的，这表现在他

（接上页）《致莱辛的朋友们》（An die Freunde Lessings）的引介，这些作品在 Alexander Altmann 的主持下于 1974 年出版，后收入 GS，卷 2，页 528－605。

① 见施特劳斯在 1930 年 6 月 26 日致克莱因的信中所做的叙述，施特劳斯提到关于"犹太经院哲学家"吉尔松尼德的作为纯粹"培养性质"的专题研究。施特劳斯也为难以开展自己最感兴趣的研究工作而大倒苦水，因为雇主试图强迫他从事不同方向的研究任务。同时参见施特劳斯 1933 年 12 月 7 日致克吕格（［译按］此处应为索勒姆，系本文作者的笔误，见《回归古典政治哲学——施特劳斯通信集》，前揭，页 150－153）的通信，在信中，他谈到这篇文章——《迈蒙尼德的先知论及其来源》（Maimunis Lehre von der Prophetie und ihre Quellen）本应发表在 1931 年的《犹太教学术研究院通讯》（Korrespondezblatt der Akademie für die Wissenschaft des Judentums）上。然而，由于该机构的财政困难，这篇文章直到《哲学与律法》（1935）的出版才得以面世。该文章基于对吉尔松尼德的《神的战争》以及阿威罗伊（Ibn Rushd）对亚里士多德的注疏（例如，《论决断》［Decisive Treatise］）的研究，勾勒了中世纪先知学理论的初步轮廓，遂成为《哲学与律法》的第三章——《律法的哲学基础：迈蒙尼德的先知论及其来源》（The Philosophic Foundation of the Law: Maimonides's Doctrine of Prophecy and its Sources）。

对门德尔松和 18 世纪晚期德国启蒙辩论的论述中,并在 20 世纪 30 年代达到顶峰。推动施特劳斯后魏玛时期思考的问题,正如他在 1935 年的信中所言,是"重返前现代的哲学是否可能"的问题。①为此,施特劳斯向中世纪启蒙运动——最伟大的代表人物是迈蒙尼德,后者同时亦是中世纪犹太思想的主要代表——寻求指导,从而对 1933 - 1935 年的政治危机作出了出人意料的回应。

施特劳斯发现英国是研究迈蒙尼德和霍布斯的理想场所。1933 年底,施特劳斯表达了自己想要留在英国的愿望。②与法国国家图书馆(Bibliothèque Nationale)相比,大英博物馆的图书室给施特劳斯留下了深刻印象,成为施特劳斯乐于出入之地。在一封致科耶夫的信中,施特劳斯将英国的特征描述为"口渴的(酒吧在晚上 10 点关门……)"和"简朴的"。尽管如此,与当时法国应对犹太难民危机的方式相比,施特劳斯更喜欢英国人对待外国人的温文尔雅。③至于相关饮食问题,施特劳斯以开玩笑地口吻声称,早餐"带有猪肉的火腿实在是太美味了",因此,依照 halakhic [犹太法典的法律部分] 饮食限制的"无神论解释",犹太律法必然会允许畅享此等美食。④这些开玩笑的用词彰显了施特劳斯和古特曼不同的人格形象。他们研究同样的权威犹太文本,但是

---

① 见施特劳斯 1935 年 6 月 23 日致洛维特的信,这封信后来发表在 *Independent Journal of Philosophy*,第 5 - 6 期,1988,页 182 - 183。

② 在 1933 年 12 月 31 日的一封致克吕格的信中,施特劳斯写道:"所有一切都表明,英国最可取。"在这同一封信中,施特劳斯带着绝望的语气透露,更年长的学者——拉维多维茨(Simon Rawidowicz)也在致力于耶路撒冷希伯来大学的中世纪犹太哲学的教席。表面上看,施特劳斯似乎认为古特曼——当时正在美国任教——应该不会成为耶路撒冷教职的候选人。在这个月的较早时间里,施特劳斯曾估计自己很有可能会获得希伯来大学的这一教席,见 1933 年 12 月 7 日施特劳斯致克吕格的信,载于 *GS*,卷 3,页 436 - 437。

③ 见施特劳斯致科耶夫的一封未注明日期的信,后收入施特劳斯,《论僭政》(*On Tyranny*),New York:Free Press of Glencoe,1963,页 222。

④ 《论僭政》,前揭,页 222。

当施特劳斯试图对前现代正统观念加以无神论解读之时，古特曼则寻求推进宗教哲学的现代科学理解。

1935年是迈蒙尼德诞辰800周年。[69]施特劳斯通过出版专著《哲学与律法》参与了那一年的学术庆祝活动，①该书呼吁严肃地重返迈蒙尼德是处理哲人与犹太人之间困窘状态的真正指南。

该书的第一章，"犹太哲学中的古今之争：古特曼《犹太教哲学》评注"，几乎是在攻击施特劳斯以往的研究主管在《犹太教哲学》（1933）中对犹太教哲学史所作的全面叙述及其权威。施特劳斯对古特曼的中世纪和现代犹太哲学解读进行了颠覆性批判。施特劳斯注意到古特曼专著的近三分之二篇幅致力于研究中世纪犹太哲学，然而，他认为后者并没有严肃地处理这个主题。正如这一章标题所表明的，施特劳斯希望重开古代人和现代人之争，其部分原因在于，古特曼的处理预先假定了现代人的优越。施特劳斯认为古特曼对中古犹太哲学的处理，未能按照中古犹太哲学自己的方式来研究它的论题。相反，透过宗教意识不断进步的科学理解的现代历史主义棱镜，古特曼选择性地滤除了中古思想中的一些方面。可见，古特曼的整个叙述，奠基在对现代文化哲学优越性之不言而喻的天真信仰的基础上，对过去思想加以毁损、贬评，甚至摒弃。

然而，抨击以前的老师和研究主管——古特曼，并非《哲学与律法》一书的最终目的。毋宁说施特劳斯瞄准现代哲学的整个大厦，意图找到解决当代宗教、政治和哲学危机的办法。施特劳斯在迈蒙尼德那里发现了对这些危机问题的尝试性回答：迈蒙尼德提供了一种理性主义，这种理性主义是"真正的自然模型，[和]有力防止任何歪曲的标准"。施特劳斯认为迈蒙尼德的理性主义是"防止现代理性主义瓦解的屏障"，并宣称自己作品的双

---

① *PG*，重印于 *GS*，卷2，页3-124。这里引用的是英译修订本，见 *PL*。

重目的是"有助于唤醒对迈蒙尼德观点的偏见,更重要的是,唤起对强有力的反对偏见的怀疑"。①古特曼的叙述只是带着必备严肃性和谦逊接近迈蒙尼德的一个失败案例。

施特劳斯将迈蒙尼德的思想看作犹太教自由主义形态的优等选项,当时,施特劳斯正在寻找替代历史相对主义和自由主义政治等现代智术的范型。②他视野中的迈蒙尼德,沉思犹太人的流亡存在,并最终得出了关于理想政体和现存政体之间关系的一种令人信服的、缜密的和审慎的理解。

施特劳斯认为,恢复前现代哲学视野的主要障碍是启蒙运动已成功击败了正统神学。为了克服这一困境,施特劳斯试图在自己所处的后启蒙时代重新开启正统神学与现代启蒙之间的论争。因此,[70]这一冲突便归结为两种原则立场:信仰或无神论之间的一种决断问题。③ 这是现代犹太人所直面的抉择,不管施特劳

---

① *PL*,页21;*PG*,载于 *GS*,卷2,页9。在《斯宾诺莎的宗教批判》(*Spinoza's Critique of Religion*)中,施特劳斯认为,"偏见"是一个"现代历史范畴",与"自由"正好相反。施特劳斯写道,"'偏见'一词最适合表达启蒙运动的主题,为了意志自由,为了无先入之见的研究(open-minded investigation)……启蒙运动反对偏见所包含的绝对含义。因此之故,偏见的时代和自由的时代彼此之间正相反对。对自由的时代而言,在它之前的偏见时代是必不可少的。'偏见'是一个历史范畴。这恰好构成了启蒙运动反对偏见的斗争与启蒙运动反对表象和意见——哲学由此开始了世俗之旅——的斗争之间的区别";*SCR*,页181。

② 施特劳斯首先在自己关于曼海姆(Karl Mannheim)的《意识形态与乌托邦》(*Ideologie and Utopie*,1929)的评论 Konspektivismus(1929,于死后收入 *GS*,卷2,页363-376)中指出了这些要素。施特劳斯后来将曼海姆看作"我们时代的智术"(sophistry of our times)的一个样板。见施特劳斯1931年2月27日致克吕格的信,以及在"时代的智术"(Sophistik der Zeit)的标题之下的两页手写稿,现存于施特劳斯档案第8箱第4文档。

③ 参见施特劳斯在《一个幻觉的未来》(Die Zukunft einer Illusion,载于 *Der jüdische Student*,卷25,第4期,1928,页16-21)中关于信与不信的早期提法。

斯认为犹太教是多么"必要的事情",却无法接受犹太教的基础:绝对信仰西奈山的神圣启示。① 在这里,施特劳斯谈及自己所持的立场:"皈依"哲学。纯粹的知性真诚不允许他去追求上述路径所能获得的最大安慰:无条件重返犹太教正统神学。

施特劳斯并没有简单承认自己命中注定是一名无神论者,并以此来公开背叛自己的祖传宗教和共同体,相反地,他试图找到一种替代性方案:既不放弃,也不澄明自己作为哲人和犹太人的相互矛盾的忠诚。施特劳斯质疑启蒙运动针对正统宗教的胜利是否只是一场幻梦。或许孤立无援的人类理性需要正统宗教的补充,或至少要求一种修辞学上的肯定。② 但是,一个人只要她或他依赖于现代的前提,就无法触及现代理性主义和犹太教危机的根本来源。

对施特劳斯而言,启蒙运动在将人自身理解为自然的一部分,以及在提供道德与政治上的指导方面存在缺陷。自然科学中纯粹人类理性的成功运用,鼓舞启蒙思想家们相信,人类理性同样有能力解决生存问题。施特劳斯声称,这种确信相当于傲慢的自我中心主义,而非对人类问题的审慎评估,后者无法依靠先进技术和理性效率的方式加以解决。结果,宗教幻象与宗教偏见的现代批判变成了目的本身,取代了原初的沉静目标,使人类生存不再敬畏诸神的愤怒和可能的永罚。近代的反抗宗教被改造为一种挑战:承负任何真相,而非拨开宗教错觉的迷幻,寻求幸福的源泉。③

---

① 参见施特劳斯对这个措词的早期使用,见 *RkS*,页 230;*SCR*,页 194,229。

② 施特劳斯引用了莱辛的 *Gedanken über die Herrnhuter*,见 *PG*,页 18;*PL*,28。

③ 施特劳斯在自己的第一部专著中已经指出了这一转变。施特劳斯对尼采勇敢的无神论与前现代得体的无神论的比照见 *RkS*,页 266,注释 276。

施特劳斯警告，后启蒙运动的承诺摧毁了所有舒服而适当的各种幻想，无可避免地导致一种无畏的虚无主义的浪漫化形式。起初对圣经上帝的反对最终体现为对圣经道德的拒绝。这种新的颠倒的伦理道德学说紧随理性的毁灭而至，它将勇气吹捧为最高美德，要求人们去拥抱最卑劣、最肮脏的现实世界。

施特劳斯的补救方案是通过重述哲学史的方式来复兴哲学，这一方式反对基于历史进步的启蒙叙事。施特劳斯反历史的第一个要求是剔除对自然现象进行哲学反思的物化状况。在施特劳斯看来，对必然进步的信仰，导致现代理性主义遗忘了个体从事智慧与知识的哲学探求时所面临的障碍。施特劳斯的新[71]哲学史反对对历史进步的信仰，以及对绝对价值和绝对真理的历史主义消解。他试图回到柏拉图洞穴寓言所描述的哲学原初立场：

> 唯有哲学史才能提升第二洞穴，即"不自然的"洞穴……进入到第一个，柏拉图所描述的"自然"的洞穴，进而上升到日光下，此乃哲学化的原初涵义。因为我们已落入[第二洞穴]，很少直面传统本身，而是通过有争议的传统来反对传统。①

因此，施特劳斯认为，首先必须从非自然的第二洞穴"爬回到"柏拉图的自然洞穴，后者的意见和信仰构成了思想的原初状态。施特劳斯将原初的犹太教律法（Torah，[译注]又译《托拉》或《摩西五书》）理解为与柏拉图第一洞穴相当的地位，而当代犹太教则堕入第二洞穴的状态。"《托拉》依照人的方式言说"，但律法和信仰的连接却为现代犹太教斩断。尽管犹太教的根本大法——《摩西五书》尚未腐朽败坏，但当代犹太教的其他部

---

① *PG*，页 13-14，注释 2；*PL*，页 112，注释 2。

分则为"启蒙运动所限定"。①

在《哲学与律法》中，作为一个现代流亡犹太人，施特劳斯致力于恢复柏拉图的哲学。他将自己的注意力集中在"一个非正统派，并且对政治犹太复国主义（以无神论为基础的唯一可能的'犹太人问题解决方案'）怀有高度敬意，但又对其长期危急运行之回答表示不满的犹太人"（PL，页19）的特定问题。虽然施特劳斯没有具体表明自己的这一困境，但是在之前的十几年中，这一立场贯穿了他整个思想运动。在施特劳斯看来，中世纪哲学将启示视为一种不证自明的命题，同时将认知这一命题的"基本需求"视为正当的（PL，页55）。迈蒙尼德及其伊斯兰导师所在政治世界的本质特征在于信仰启示。因此，他们修正启示的自我理解以适合这一背景。通过掩盖他们将启示的理性主义阐释：不仅是一种法律，更是一种真正的完美律法，他们隐藏了自己对哲学理性的忠诚。中世纪哲人明确宣称，理想政治秩序的创始人是被赋予神圣权力的先知立法者。在这一理论中，摩西和穆罕默德成为柏拉图哲人—王的化身。

虽然启示的内容可以争辩，但是启示的事实以及顺从启示的义务在论辩之前就已确立。任何犹太或伊斯兰学者，只要他想保持为一个犹太人或穆斯林，就必须正式承认启示的真实性。"由于对启示权威的认可优先于哲学思考，而且由于启示声称对人的整体拥有权力"，因此施特劳斯认为哲学[72]思考"唯有作为启示律法的诫命"（commanded [geboten]）才有可能。②哲学思考的戒律形式是柏拉图献身于哲学生活方式的一种政治革新。柏拉图将选择哲学思考的诸种因素归结为个体的自行决断或者不为人知的神圣呼召的结果。与此相反，这些中世纪的思想家，甚至包括激进的阿威罗伊（Averroës），坚称哲学思考的责任源自于上帝。

---

① PL，页22。
② PG，页46；PL，页59。

这种对哲学思考的神圣呼召,针对所有那些适合从事哲学思考的个体,这一倾向明确且毫不含糊地存在于阿威罗伊对启示律法的阐释中。

这种将哲学建立在神圣启示基础上的中世纪关切,为施特劳斯反对传统信仰及其习俗的现代拒绝提供了一个有力的替代选择。政治与启示之间的关联启发施特劳斯解读中世纪伊斯兰和犹太哲学中最为复杂和难以捉摸的一个方面:预言。迈蒙尼德将先知描绘为哲人与立法者的统一,一个创建旨在人的完善之社会的人。先知并非普通国家的创建者,而是理想国家的创始人,柏拉图的理想国是其古典样板。柏拉图认为自己的正义政体从来没有成为现实,它只是哲学对话推导出的假定模型。与之相反,中世纪伊斯兰和犹太的预言教义将正义国家的创建视为一种既成事实。穆罕默德和摩西都获得了哲人—立法者的地位,伟大的先知基于神圣授权和卓越才智建立了历史上的正义社会。因此,柏拉图的政治学为传布神圣律法的先知—立法者所改造。因为哲人是唯一有资格,而且同样有义务解释律法内容的人,哲学和哲学家便为信仰神圣启示确立规则的政治世界所保护。因此,柏拉图的政治学说成为启示律法的哲学基础,为理想国家及其成为现实的可能性这一古老问题提供了解决方案。

然而,柏拉图推断完美城邦的现实只是不大可能的机运问题,中世纪的柏拉图式政治学则断言完美城邦已为先知立法者所创建。对施特劳斯而言,最重要的问题对下列问题达成共识:"理想国家的创建者不可能是期待已久的未来哲人—王,而是生存在过去某一时段的真实先知。"也就是说,根据中世纪修正了的柏拉图式回答,启示已经发生,或至少被认为已经发生。因为完美律法"借由启示被给予",其留下的唯一政治要求需要通过某种解释原则才能得到理解。完美律法的被给予地位意味着"律法事实上并没有讨论的余地"(*PL*,页 90 – 91)。

施特劳斯断言,哲学家在律法威权之下强加在自己身上的几乎所有限制其实根本不是限制：哲人只不过是在重新诠释限制其思想的那些条款。尽管［73］如此，哲人们保持服从于律法的形象仍是必要的。施特劳斯写道："哲学的自由取决于它的被束缚。基于这一假定，在律法的授权之下，哲学无非是理解或论证律法传布的真理，只不过是对律法的擅用"（*PL*，页92）。因此，哲学家可以在律法传统主义的掩护之下进行创新。

中世纪伊斯兰教和犹太教启蒙的这一特征的明确设定，与其著名法国继承者传布的平等主义理念截然相反。尽管如此，施特劳斯仍强调迈蒙尼德应被视为启蒙运动——尽管是中世纪的——的代表人物。施特劳斯认为，迈蒙尼德之所以属于启蒙运动，是因为他非常关心哲学思考的自由。然而，与现代启蒙运动不同，迈蒙尼德及其穆斯林先贤反对将纯粹哲学知识传播给普通大众。这些中世纪思想家一再"要求哲人有义务保守秘密，避免无权配享的普通庸众理性地获取真理"。

此外，他们抱持的哲学秘传品格被"绝对地确立起来"。施特劳斯看到中世纪启蒙的"秘传本质"与现代启蒙的"显白本质"之间的根本区别（*PL*，页102 - 103）。中世纪隐微哲学建立在"理论生活的理想之上"，而现代启蒙则坚定地献身于"实践理性优先"的信念（*PL*，页103）。隐微解释学在现存秩序的范围内保护和深化了沉思的观念。建立理想国家的未来期盼为过去已建立完美国家的断言所取代。在这一方案当中，哲学家顺从地生活在不完美的社会当中，私人地或"完全依照字里行间的言外之意"传达自己的真实信仰，以传统的名义公然革新。

在《哲学与律法》即将出版之际，索勒姆就该论著致信本雅明（Walter Benjamin）。① 索勒姆尖锐地嘲讽施特劳斯的新著公开

---

① 《本雅明与索勒姆通信集（1933 - 1940）》（*Briefwechsel* 1933 - 1940/*Walter Benjamin，Gershom Scholem*），Gershom Scholem 编，Frankfurt am Main：Suhrkamp，1980，页192 - 197；《本雅明与索勒姆通信集（1932 -［转下页注］

地"带着真诚、广识,同时夹杂着最重要犹太标语的无神论断言(即使完全荒谬)"。索勒姆欣赏施特劳斯有创造力的独到解释,但所有这些激进的重估同样是值得怀疑的,除非它们拥有无可争议的文本依据,或除非这些激进评估是施特劳斯的本人观点。自1933 年以来,索勒姆一直鼓励施特劳斯出版一部中世纪犹太哲学方面的专著,以努力赢得耶路撒冷希伯来大学的教职任命。因此,索勒姆写信给本雅明,他预期出自希伯来大学候选人的这样一部大胆的专著会获得广泛的接受。①但是索勒姆的热情受到抑制,这位特立独行学者的主张摧毁了他对其得到任命的期望。索勒姆写道:"我钦佩这种伦理立场,但遗憾的是——这种显然有意识和故意的挑衅——无疑是这样一个能干头脑的自杀之举。"他解释说,人文学院的一些教师将"投票给一位无神论者,以表决是否支持

[接上页]1940)》,Gary Smith 和 André Lefevere 译,New York:Schocken,1989,第 72 封信,页 155 – 158。施特劳斯已经引起本雅明的注意。见本雅明 1929 年 2 月 14 日致索勒姆的信,在信中,本雅明言明:"我不否认他([译注]指施特劳斯)唤起了我的信任,而且我也发现了他的共鸣(sympathetic)。我将很快在国家图书馆再次拦截他,那时我希望得到他充满火药味(from the theatre of war)的报告。"在接下来的一个月,本雅明并没有在柏林找到施特劳斯。在 1929 年 3 月 15 日的一封信中,本雅明告诉索勒姆,"施特劳斯……消失不见了。但我要发出一张可以捕获他的逮捕令,因为他带着广泛的童话性质的参考书目"。同上,页 347,349。这一次恰逢达沃斯学术会议,而依照当时的情况施特劳斯很可能会出席这一会议。

① 出处同上,见 1929 年 2 月 14 日的通信,像许多同时代的人一样,索勒姆当时也处在压力之下。在同一封信中,索勒姆告知本雅明,他刚刚获知自己的哥哥维尔纳(Werner)——德国共产党的前领导人——已经为"人民法院"(people's court)宣告无罪释放,只需要"立即采取预防性监管,而此后无须受到跟踪"。索勒姆明白这意味着他已被送往集中营。维尔纳·索勒姆(Werner Scholem)在从托尔高集中营(Torgau concentration camp)转移到达考(Dachau)集中营之后,于 1940 年 7 月 17 日在布痕瓦尔德(Buchenwald)被谋杀。

他获得［74］宗教哲学的教职"。①索勒姆没有提及施特劳斯的其他可能阻碍他获得耶路撒冷教职机会的陈述：施特劳斯批判政治犹太复国主义是犹太人问题最终不充分的解决方案。这一教职最后任命给了《哲学与律法》一书论战的对象：施特劳斯从前的研究室主管古特曼。

索勒姆实际上是否主张聘用施特劳斯目前尚不清楚。②但是索勒姆的反应提醒我们，施特劳斯力图保持思想上的独立，甚至在急切地想要获得一个学术职位的时刻亦是如此。从这一传记的视角看，《哲学与律法》更加令人印象深刻。对施特劳斯而言，如果他避免某些行为，即使这些行为可能有助于他的事业，事情将是另外一副样子。然而，这里，我们发现施特劳斯颠覆性的冲动实际上断送了自己的工作机会和个人利益。

宗教与政治的哲学和解

尽管施特劳斯没有发展出一种被确认为"和解"的学说，但在他对中世纪犹太和伊斯兰政治教诲的阅读中，和解的需求是其核心要件。根据这种精英主义的理解，哲学必须调整自身以适应人们的天生能力和才智。因为大多数庸众只能理解真理比喻性的近似说法，先知则凭借其完美的想象力，形象地呈现洞见到的启示真理。

对施特劳斯而言，调和不仅是中世纪解释学原则产生出来的各

---

① 出处同上，见 GS，卷 2，页 xxvi - xxviii。

② 在希伯来大学人文学院的会议记录中，我没有发现任何表明索勒姆为施特劳斯争取这一教职的证词。然而，特洛恩（Ilan Troen）提醒我，这些学术会议的会议记录可能未必是准确的：据传闻，这种教授会议上的一些笔录在会议开始之前就已经写好了。

种形式的历史观念,① 更是生活在不完美政治社会的哲学家们采取的一种策略。施特劳斯对柏拉图式政治哲学的确信导致他放弃了魏玛自由主义批判这一更具开放性的领域。通过将之前的激进倾向重新定向为一种更谨慎的观点,施特劳斯此刻温和了自己的立场,至少在试图以理想政体取代目前有缺陷的政体方面尤为如此。

施特劳斯出版这部关于迈蒙尼德的著作,部分原因在于作为希伯来大学的教职候选人需要巩固犹太哲学方面的佐证材料。②

---

① 福肯斯坦(Amos Funkenstein)——同代人中少数几个声称能够与施特劳斯相匹敌学者之一——在其全部主要论著中详尽阐释了"调和"的重要意义。《犹太史观念》(*Perceptions of Jewish History*, Berkeley and Los Angeles: University of California Press, 1993) 的第4章、5章将"调和"作为论证中古历史意识的中世纪诠释的一个核心要素进行了宝贵的讨论;特别参见页88-98和页140-152。同时参见《从中世纪到17世纪的神学与科学幻想》(*Theology and the Scientific Imagination from the Middle Ages to the Seventeenth Century*), Princeton, N. J. : Princeton University Press, 1986,页213-271。福肯斯坦的《律法与历史》剑锋直指施特劳斯的《哲学与律法》,见《律法与历史》 (*Gesetz und Geschichte: Zur historisierenden Hermeneutik bei Moses Maimonides und Thomas von Aquin*), Viator 1, 1970,页147-148, 162, 注释60。福肯斯坦用"历史"取代"哲学"充分彰显了他的敌意。相应地,福肯斯坦认为调和的重要性源于它拥有史学研究上的丰富性:"从解经的(调和)主题产生出各种各样的历史哲学"清楚地表明,"神的显示(divine manifestations)与神权制度(divine institutions)对于人类思想、道德,甚至政治进步过程的调节作用";《犹太史观念》(*Perceptions of Jewish History*), Berkeley and Los Angeles: University of California Press, 1993,页88。

② 在1933年冬季写给友人的信中,施特劳斯详细叙述了自己争取耶路撒冷教职的努力。见施特劳斯1933年9月24日致巴尔(Fritz [Yitzhak] Baer)的信和1933年12月7日致索勒姆的信。见档案41500,手稿部施特劳斯的通信和耶路撒冷国家图书馆的档案。同时参见施特劳斯1933年12月7日致克吕格的信,在信中,施特劳斯提及自己获得希伯来大学中世纪犹太哲学教席的可能性。在1933年12月7日([译注]应为12月31日)的一封致克莱因的信中,施特劳斯感谢克莱因、克吕格和伽达默尔为其获得耶路撒冷教职所提供的帮助,施特劳斯将这一帮助称之为"巴勒斯坦—(转下页注)

但是在耶路撒冷教职落选后,施特劳斯仍继续自己的研究,因为他不知道哪个学科最终将会聘用自己。1936年夏,当剑桥大学授予他新学年的奖助金之后,施特劳斯的财政担忧暂时得到缓解。他利用这段时间埋首于中世纪犹太和伊斯兰哲学相近而广泛的阅读中,以试图在英国或美国获得一份教职。即使得到政治理论家巴克(Ernest Barker)和伦敦经济学院历史学家托尼(R. H. Tawney)的热情举荐,施特劳斯仍无法在美国或英国立即获得学术任职。[1]尽管想要聘用施特劳斯,但很多大学 [75] 无法确定他所属的学科:他的研究跨越了犹太研究、东方学、哲学、观念史和政治学等多个领域。而且,他之前没有教学经验,其英语带有浓重的口音,加之他的社交举止过于腼腆拘谨。[2]1936年秋天,施特劳斯在芝加哥大学围绕英国史这一研究生课程发表了一场客座演讲,但是他的教学能力未能获得认可。课程的教授里德(Conyers Read)就施特劳斯的教学能力做出了如下评价:

> 他演讲的内容十分精彩,但我的学生们听完演讲后告诉我:他们很难理解他的英文……他是那种小老鼠一样胆怯的人,缺乏充满激情的人格魅力。我认为有更多的教学经验之

(接上页)布伯—行动"(Palestine‑Buber‑Action)。见 GS,卷2,页 xii—xiii。

[1] 经济史学家尤金(Henri Eugène Sée, 1864-1936)为施特劳斯提供了一封推荐信。见 Simon Green,《托尼与施特劳斯的联系:论政治思想史的历史主义与价值观》(The Tawney‑Strauss Connection: On Historicism and Values in the History of Political Ideas),载于 *Journal of Modern History*,卷67,1995年6月,页256。

[2] 见学者援助委员会(Academic Assistance Council)秘书长亚当斯(Walter Adams)1936年7月3日致托尼的信。托尼将这封信转寄给芝加哥大学的内夫(John Nef)教授。内夫的档案现存于芝加哥大学图书馆,第42箱,第10文档。同时参见内夫1936年10月13日致梅里安(Charles E. Merriam)的信。

后，他会成为一名相当不错的教师。在我看来，施特劳斯仅适合美国的研讨班课程或高年级研究生课程，直到他比目前获得作为一名教师和演讲者更大的技能。他应当获得一种研究性的讲师职位，这就使他有机会多写少说。①

不确定的职业前景使这位流亡学者不断将中世纪伊斯兰和犹太哲学传统引入政治哲学的中心。1936年，施特劳斯发表了一篇关于迈蒙尼德和法拉比政治科学的文章。②施特劳斯认为，在伊斯兰传统中，一旦人们意识到宗教，或更确切地说启示律法（托拉或沙里亚），在中世纪思想之内服务于一种政治功能，那么政治学的轴心意义将得以凸显。因为政治学是唯一把这种律法当律法来对待的哲学学科。中世纪哲人们仅在政治科学的名义下探讨他们思想的基础。因为柏拉图式政治学的中世纪版本将启示视为其合法性的来源，认信启示是其"最深刻的前提"，这使得中世纪哲学与古代哲学和现代哲学区别开来。③

施特劳斯希望通过"恢复"中世纪伊斯兰和犹太式的柏拉图哲学来矫正现代的流行偏见。施特劳斯描述了法拉比式新柏拉图主义的专制背景以及他们保证哲学自由的能力：

> 法拉比在柏拉图的政治学中发现了同样远离自然主义的

---

① 见里德（Conyers Read）1936年10月29日致内夫的信。现存于芝加哥大学瑞根斯坦图书馆（Regenstein Library）内夫档案。

② 施特劳斯，《简评迈蒙尼德和阿尔法拉比的政治学》（Quelques remarques sur la science politique de Maimonide et de Farabis, 1936）。该文由Robert Bartlett 翻译成英文，英译文标题为 Some Remarks on the Political Science of Maimonides and Farabi, 载于 *Interpretation*，卷18，第1号，1996年秋季，页3-30；下文简称"SRPS"。Rémi Brague 注意到这篇文章原系德文写成，后被 Paul Kraus 译为法语。

③ "SRPS"，页4。

中庸之道（golden mean），那种自然之道仅仅旨在认可"自然"人的野蛮性和毁灭性的本能，也就是主人和征服者的本能，这种中庸之道也大不同于意图成为奴隶道德之基础的超自然主义。这种中庸之道既不是一种妥协，也不是一种和稀泥，因此也就不建立在两种相反的立场上，反而压制这两者，并用一个更重要、更深刻的问题，通过提出一个更根本的问题，通过真正批判性的哲学工作把这两者连根拔起。①

虽然施特劳斯在《哲学与律法》中已经处理了预言的主题，但现在他对预言论题提供了更全面、更集中的描述：将预言视为柏拉图假定的立法者赋予神圣正当之律法的一种完成。施特劳斯对预言的理解，受到他对哲人和哲人所处社会要求之间张力之关切的影响。因此，在这一背景下，施特劳斯认为在阿尔法拉比和迈蒙尼德的思想中，预言被要求具有勇气的官能。

勇气的官能获得了一种政治功能，因为它关涉到先知/哲人必须承担为了教导大众下降到意见洞穴所招致的危险。迈蒙尼德写到，这种社会功能"必然会触怒不义者"，因此使哲人处于"永恒的危险"之中。②"然而，即使先知限制自己不去教导世人，这种危险仍不可避免，更不用说作为正义者的领路人，先知反对不义的僭主或非哲人的大多数，其境遇会更加险恶"（Guide，卷Ⅱ，页38，376）。

施特劳斯总结迈蒙尼德关于预言存在理由的看法，即建立一个完美的国家，以及因此而发布一种完美的律法——这种律法必须起到完美国家宪法的作用（"SRPS"，页14）。其证据在于摩西

---

① "SRPS"，页6。尼采所厌恶的那些被施特劳斯视为现代世俗化的基督教哲学范式，在这一段落中得到清晰阐释。
② "SRPS"，页14。同时参见迈蒙尼德的《迷途指津》（Guide of the Perplexed），卷Ⅰ，页15和卷Ⅱ，页38。下文引用时简称 Guide。

预言与其他先知预言之间的根本区别（Guide，卷Ⅱ，页35-38）。迈蒙尼德赋予摩西以完美政治共同体创建者的独特地位。①他反复重申摩西预言较之其他先知预言（包括其祖先）的优越性，这绝非在重复一件"庸常之事"，毋宁说是在"表明一种特定倾向"：摩西的预言是关于立法的（"SRPS"，页15）。因此迈蒙尼德隐含地坚持，只有摩西是柏拉图意义上的哲人—立法者和法拉比意义上的"元首"（first Chief）。

根据施特劳斯的观点，迈蒙尼德抑制了自己对这一教义加以清晰描述的冲动。施特劳斯认为"迈蒙尼德既不希望，也不能够，亦无任何必要掀起那遮盖《托拉》起源的面纱，揭开完美国家的基础"（"SRPS"，页15-16）。迈蒙尼德提供的"暗语"表明，他的教诲只能为那些罕有的"细心且适于教导的读者"所理解。在这种哲学—政治的阅读中，律法的目的，而非它的源头使隐微哲学区别于神秘主义（"SRPS"，页16）。因此，施特劳斯强调律法在迈蒙尼德思想中的"派生"特征。无视这一事实，冒险硬吞，人的理智将因无法消化而呕出来。②这种愚笨的和鲁莽的试图沉思律法起源的行为，忽视了人类状况的政治性：人必须生活在包含他者的共同体之中。③因此，人们必须接受，至少在表面上服从于确保社会秩序的那些强制性信仰。④

为了证明律法的理想特征，这些中世纪哲人提出律法具有两

---

① Guide，卷Ⅱ，页39。施特劳斯同时注意到迈蒙尼德的《密西那托拉》（Mishneh Torah）对摩西预言独特性的澄清。见 Foundational Laws of the Torah，H. Yesode ha-Torah，IX，页2。

② 见 Guide，卷Ⅰ，页5，31-34。

③ Guide，卷Ⅰ，页72；"SRPS"，页16。

④ "人的理性所能理解的，不是它的神秘起源——对这种神秘起源的追求要么导致通神论（theosophy），要么导致'伊壁鸠鲁主义'（Epicureanism），而是它的目的，领会了它的目的，就保证能够尊奉《托拉》。" "SRPS"，页16。

种决然不同的含义:"一层是外在的、字面的含义,是讲给大众听的,既表达了哲学的信念,也表达了必要的信念;另一层是隐秘的含义,只具有纯粹的哲学性质。"①而且,迈蒙尼德本人在自己对[77]律法的哲学解读中"仿效"了这一双重写作技艺。施特劳斯认为,"因为如果他已经明确区分了真正的信仰和必要的信仰",那么,迈蒙尼德"将会危及到大众——亦即大多数人——对必要信仰的接受,而大多数人所仰赖的律法的权威恰恰基于这些必要的信仰"。因此,迈蒙尼德感到自己有义务通过诉诸修辞的手段来掩盖这一区分,而只有某些哲人能够辨识自己论证的信仰不是真的,而是必要的。这就是为什么迈蒙尼德的哲学巨著《迷途指津》能够巧妙地将"哲学与律法共有信条的严格论证方式的讨论"与"律法所特有的非哲学信念的修辞方式的探讨"结合在一起。在施特劳斯看来,阅读迈蒙尼德的最紧迫的困难在于迈蒙尼德对隐微文本做了隐微解释。施特劳斯强调迈蒙尼德的哲学作品倾向于两种完全不同的解释:"一种是'彻底的'(radical)解释,以其思想的一致性为荣;一种是'温和的'(moderate)解释,以其信仰的热忱为尊。"②也就是说,字面的含义,针对非哲学读者进行哲学教育,这种教育非常接近于传统的犹太信仰,而隐秘的含义则"针对真正的哲人们",具有"纯粹哲学"的特质,应被视为迈蒙尼德的真正立场。

这位出生于犹太社区的哲学家通过为《托拉》提供柏拉图哲学的基础,即通过使犹太教的这部完美宪法不放弃哲学召唤的方式,妥善处理了对耶路撒冷(启示宗教)和雅典(哲学)相互抵

---

① 施特劳斯,《阿布拉瓦内的哲学倾向与政治教诲》(On Abravanel's Philosophical Tendency and Political Teaching,以下简称"OAPT"),载于 *Isaac Abravanel*,J. B. Trend 和 H. Loewe 编,Cambridge:Cambridge University Press,1937,页 93–129。重印于 GS,卷 2,页 195–228;"OAPT",页 100。

② "OAPT",页 100。

触的忠诚。事实上，哲学家通过久经考验的沉思性教诲，有力地加固了政教制度的支柱。①

在这一点上，我们已经触及施特劳斯对迈蒙尼德预言的理解，因为迈蒙尼德的预言教义一方面关涉到哲学和犹太人之间的关系，另一方面关涉到对流亡状态的可能性反应。施特劳斯特别关注迈蒙尼德关于犹太人和流亡自然状态的观点。施特劳斯认为，柏拉图对完美城邦的追求，以及为解决这一问题所提出的假定性的神圣立法方案，"并没有为犹太人所遗忘"。这种不妥协的记忆与犹太民族——作为律法接受者——自我认知的独特地位紧密相关。犹太国家的创建基于完美的律法，并且要求服从这一律法，在这个意义上，犹太国家是一个完美的国家。②在犹太人拒绝服从律法之后，先知们仍然勇敢地赋予以色列国以完美的标准。坚守永恒不变的摩西律法是祖祖辈辈传下来的先知遗产，因为犹太人注定生活在不完美的社会之中。

在欧洲流亡期间，施特劳斯从迈蒙尼德对《耶利米书》的评注中获知众先知对政治不义的反应。迈蒙尼德认为，"热爱完美与正义之人"必须离开"全部居民都是坏人的"城邦，去寻求[78]一个好人定居的城邦。③但是，如果这个高贵的个人无法找到，或不能建立起这样一个城邦，那么他"宁可在沙漠或山洞中

---

① 参见施特劳斯在《霍布斯的政治哲学》中对苏格拉底问答法（the Socratic elenchus）的描述："人们所说的话，特别是雅典人所说的话，尤其是他们代表智者派（Sophists）所说的话，都是自相矛盾的。这些矛盾使我们必须去考察，那些相互冲突的论断中哪些是真实的。无论考察的结果如何，这些相互冲突的判断中，必然有一个要予以放弃，而与之对立的判断，则必须予以坚持。这样一来，后者遂成为真实地自相矛盾的；但是，通过使得每个判断对己和对人的一致性成为可能，这个判断就证明了自己的真实性。" *PPH*，页143。

② *Guide*，卷Ⅱ，页46。

③ "SRPS"，页19。

流浪，也不愿与坏人打交道"。①对施特劳斯而言，由于并不存在完美的社会，一个高贵的灵魂必须小心地与这个社会中的人打交道。如果先知放弃一种超然的私人生活，他仍能免受同化、财富和权力的诱惑。

根据迈蒙尼德的观点，这种行为方式对每一个犹太人而言是一种义务。施特劳斯认同迈蒙尼德依靠其哲学家的心灵，尤其是犹太哲学家的心灵对"完美和正义"的献身。如果这样一个个体无法生活在一个符合理想城邦要求的城邦，又无法明确有力地阐发这一要求，那么，他就必须尽其可能地离开这个城邦。如果他不能离开那个城邦，或者不能在其他地方找到一个正义的城邦，那么，他必须设法在不义城邦之间定期迁移，以免与坏人打交道。最后的选择是通过隐微—显白的写作和言辞方式来适应流亡。②

施特劳斯并非唯一一个认识到内部迁移（inner migration）策

---

① "SRPS"，页 19 - 20。迈蒙尼德认为这一立场建立在犹太传统的教诲之上，信靠的是《耶利米书》（Jeremiah）第 9 章 1 节的一行诗；见 *H. deot*，卷 Ⅵ，页 1。同时参见 *Acht Kapitel*，卷 Ⅳ，Maurice Wolff 编，Leiden：Brill，1903，页 10 - 11；法拉比，《政治制度》（*k. al - siyasat*），页 50。施特劳斯注意到法拉克热（Falaquera）参考的是同一段话。

② 我们也可以将对流亡之中古回应的解读，放到那些相近的德国流亡知识分子对流亡问题的回应上，尤其是放到避难学者"内部迁移"的阅读中。见例如 Anthony Heilbut，《无根的文化》（*Kultur ohne Heimat：deutsche Emigranten in den USA nach 1933*），Reinbek bei Hamburg：Rowohlt，1991。同时参见最近的研究综述，David Ketter 和 Gerhard Lauer 编，《流亡、科学与教化》（*Exile, Science, and Bildung：The Contested Legacies of German Emigré Intellectuals*），New York：Palgrave Macmillan，2005。比较 Mitchell G Ash 和 Alfons Söllner 编，《被迫移民与科学的改变》（*Forced Migration and Scientific Change：Emigré German - Speaking Scientists and Scholars after 1933*），Cambridge：Cambridge University Press，1996。另见《知识迁移与文化转型》（*Intellectual Migration and Cultural Transformation：Refugees from National Socialism in the English - Speaking World*），Edward Timms 和 Jon Hughes 编，Vienna and New York：Springer - Verlag，2003。然而，值得注意的是那些与（转下页注）

略的犹太思想家。例如，索勒姆探究了犹太神秘主义这一犹太思想中最具张力的隐秘领域。① 同时，我们发现在法西斯和苏维埃共产主义的统治下，那些希望表达或感到对专制状况不满的人，对密码写作及其阅读方法进行了更广泛的复兴。这些作家、艺术家与潜在的可接受读者一道，通过隐藏他们对现存政体批判的方式避免受到当局的怀疑（或者至少不被检控）。这种内部迁移策略贯穿于德裔流亡者以及虽然留在德国，但却表示脱离纳

（接上页）宣称避难相悖谬的人物，如施米特、海德格尔以及荣格尔（Ernst Jünger），在经历早期的拥护纳粹政权之后，他们最终主张诉诸"内部迁移"（internal migration）的策略。参见例如施米特二战后在《从被虏中得救：出自 1945 – 1947 的经验》（*Ex Captivitate Salus*：*Erfahrungen der zeit* 1945 – 1947）中强调的自己关于《利维坦》（*Leviathan*, 1938）的专著和荣格尔在小说《在大理石悬崖上》（*On the Marble Cliffs*, 1939）对纳粹的隐微批判（veiled criticisms）。我们应同情地对待纳粹德国或者任何极权主义背景下的这些人物：通常宽免他们的罪责；这些人物无论作为一个精英阶层，还是在日常生活中，都通过使用一些牵强附会的理由，采取各种方式适应新的政权。

① 索勒姆和施特劳斯后来就犹太神秘主义与犹太哲学的孰优孰劣展开论辩。见例如索勒姆在自己的《犹太教神秘主义主流》（*Major Trends in Jewish Mysticism*）中对中世纪犹太哲学展开的有力批判，在文中，索勒姆描绘了迈蒙尼德的框架之下中古犹太哲人，毁灭或至少腐蚀了犹太人的生活。对于索勒姆而言，哲人能够完成其得体的任务，只是在"他成功地将犹太教的具体现实转变成一堆抽象概念之后。个别现象并非哲人哲学思考的对象。与之相反，神秘主义避免通过寓意化来摧毁宗教叙述的活体（living texture）"。与哲学的寓意模式（allegorical mode）相反，索勒姆强调喀巴拉（kabbalah）的严格"象征"模式（symbolical mode）；《犹太教神秘主义主流》（*Major Trends in Jewish Mysticism*），New York：Schocken, 1946，页 26。施特劳斯在《如何着手研究中古哲学?》（How to Begin the Study of Medieval Philosophy）中回应这一文本。《如何着手研究中古哲学?》发表在《古典政治理性主义的重生：施特劳斯思想入门》（*The Rebirth of Classical Political Rationalism*：*An Introduction to the Thought of Leo Strauss*），Thomas L. Pangle 编，Chicago：University of Chicago Press, 1989。

粹主义和德国社会纳粹化的那些个体的作品之中。虽然这两部分人遭逢的道德压力不可同日而语，但是不论身在何处，他们都采用特别适于无家可归和疏离的痛苦状态的认知和修辞的方式进行创作。承认这一相似性使得合谋的道德问题变得更加复杂难辨，并没有简单而绝对的分隔线将犯罪者、旁观者、持不同政见者和受害者区分开来。在极权主义背景下，最响亮的持不同政见者的声音不会发言太久。施特劳斯在自己 1941 年的论文《迫害与写作艺术》中把注意力集中在许多这类问题的表述上。

迈蒙尼德在弥赛亚主义的哲学诠释中针对流亡问题提供了另外一种解决方案，然而，施特劳斯认为迈蒙尼德重视的这一选项不及摩西预言。对迈蒙尼德而言，弥赛亚的形象既是国王，也是哲人，他将强制性地执行律法，却没有能力超越自然之法。而且，迈蒙尼德的弥赛亚没有能力消除"庸众"（the vulgar masses）与"哲学家"（the philosophers）之间至关重要的差别。① 施特劳斯准确地看到，弥赛亚的形象在迈蒙尼德那里既是自然的，同时也为纯粹的政治法则所决定。正如我们在本章前面所看到的，施特劳斯带着同样的理解阅读霍布斯［79］的要求：热爱和平的国家的全部主题即肯定"耶稣即基督"。

关注完美律法的目的，而非它的源头强化了这一动机：保证潜在的不稳定因素处于控制之下。正是基于上述原因，施特劳斯认为阿布拉瓦内关于君王和祭司的弥赛亚主义不如迈蒙尼德的那些政治教诲。作为阿布拉瓦内诞辰五百周年纪念的一部分，施特劳斯在 1937 年发表了一篇演讲——《阿布拉瓦内的哲学倾向与政治教诲》。在演讲中，施特劳斯强调迈蒙尼德和阿布拉瓦内的不同

---

① "SRPS"，页 21。

哲学倾向。①施特劳斯的题目充满戏谑性，因为他总结阿布拉瓦内的哲学倾向是相当"违背哲理的"理性主义之维，同时他的政治教诲归根结底是"反政治的"教诲。施特劳斯把阿布拉瓦内与迈蒙尼德隐微写作必要性教诲的分歧，归因于前者对中世纪基督教经院哲学的热衷与信赖。阿布拉瓦内代表了另一种类型的犹太思想家，他试图着手解决流亡在精神上和政治上的混乱不堪。施特劳斯认为，阿布拉瓦内理想化的、共和式的政治观是彻底吸收基督教经院哲学的结果，同时，他对预言的理解没有考虑到智力之间的差异。与此相反，迈蒙尼德的预言向施特劳斯阐明多层次真理的必要性。迈蒙尼德的先知一定要有一种完美的想象力，因为"想象力使得隐喻性地、显白地表达真理得以可能，而真正的、隐微的含义必须对庸众隐藏起来。因为除了以一种神秘的方式外，人们既不能，也不应讨论这些原则，这不仅是'律法制定者'，也是哲人所说的。迈蒙尼德仅仅提到了其中一个隐微的哲人：柏拉图"。②

因此，施特劳斯从柏拉图式政治哲学的现实化——中古伊斯兰教和犹太教那里寻求解决流亡苦难的良方。施特劳斯以一种既非故意模棱两可，亦非有意给予言外之意的表达方式来提供这种

---

① 除了 Abraham Heschel 发表的 *Don Jizchak Abravanel*（Berlin，1937）之外，柏林犹太人博物馆举行了专门的纪念展览（Gedenkausstellung）。所有这些关注，加上 Valeriu Marcu 的《西班牙逐出的犹太教徒》（*The Expulsion of the Jews from Spain*，1934）提供的施米特在1938年《霍布斯国家学说中的利维坦》一书中与阿布拉瓦内交战的一些背景，以及再次以极为有利的土地收尾，深刻地暗示了对现代海权的挑战。《陆地与海洋：世界史的观察》（Land und Meer, eine Weltgeschichtliche Betreachtung），Leipzig: Philipp Reclam, 1942。见 Raphale Gross，《施米特与犹太人》（*Carl Schmitt und die Juden—Eine deutsche Rechtslehre*），Frankfurt am Main: Suhrkamp, 2000，页 276–277。

② "SRPS"，页21。施特劳斯将 *Guide*，卷 I（页17）作为引文出处，但是又增加了一个引文来源，*PL*（页133，注释71），因为在后者那里，阿维森纳作出了类似的评论。

隐微传统的描述。在描述它们时，他免不了再现这些掩饰的实践。施特劳斯在自己的《迫害与写作艺术》（1941）一文中巧妙地介绍了这一创新。该文的发表标志着他独特写作风格的解释学的发端。尽管施特劳斯修改了论文框架，并且愈益偏离学术传统，但是他明显的多层次写作风格实质上开始于他定居在美国之后。

在 1936 年秋季和 1937 年冬天几次访问美国之后，施特劳斯在哥伦比亚大学获得巴隆（Salo Baron）教授的研究和编辑助理的临时职位。第二年秋天，施特劳斯终于在新成立的社会研究新学院获得了一个教学职位，同时在美国东北部获得了几个学术兼职（adjunct appointments）以补充这一教职。表面上看，[80] 施特劳斯主动融入这所号称"流亡大学"的美国学院似乎理所应当（only fitting）。然而，即使在这个受迫害的欧洲学者的避难所里，施特劳斯当时的政治思想也与其新同事们的主流倾向背道而驰。[1] 施特劳斯继续自己中古伊斯兰教和犹太教的柏拉图式政治哲学的研究，同时为了适应新环境采取了隐微解释学的更为现代的形式。新学院（与欧洲法西斯主义和苏联共产主义相对照）成为美国承诺保护思想自由和言论自由的标志。尽管如此，施特劳斯进一步发掘多层次写作的细节，从而对那些甘心生活在一个不完美的社会，却又完全不愿放弃完美政体的崇高理想的人们作出哲学上的回答。

---

[1] 见 Peter M. Rutkoff 和 William B. Scott,《新学院：社会研究新学院的历史沿革》（New School: A History of the New School for Social Research），New York: Free Press, 1986。

第四章　迫害与写作艺术

——纽约时期（1938-1948）

[81] 施特劳斯作为众多寻求避难的欧洲学者之一于1937年抵达美国。在此之前，正如前面章节所述，施特劳斯在法国和英国度过了他五年的欧洲流亡时光。作为一个目睹欧洲大陆崩溃、裂变为极端的法西斯主义和共产主义的保守主义者，施特劳斯热衷于英国保守主义思想传统，以及他认为后者拥有的温和的政治敏感性。由于在英国无法获得大学教职，施特劳斯横渡大西洋来到纽约，在哥伦比亚大学历史系犹太史学家巴隆（Salo Baron）的指导下从事研究员的临时工作。次年，施特劳斯加盟社会研究新学院（the New School for Social Research）的政治科学与社会研究研究所（Graduate Faculty of Political Science and Social Research），在那里，他一直工作到1948年。

作为一名大学教授，施特劳斯在十年的战争和灾难期间努力调整自己以适应新的环境和职业要求。他知道一个人要坚守自己的哲学发展道路，就需要适应政治的缺陷。在这一期间，施特劳斯发现了一个新元素，即一种褊狭社会的知识分子美德，他认真思虑这一美德并试图将其引入美国学术文化当中。根据施特劳斯的观点，虽然极权主义或专制统治的政治处境本质上是不受欢迎的，但却具有一种积极作用：它们催生了一种审慎感和谨慎倾向，而这些却为现代哲学所修改、否弃，并最终被完全遗忘。因此，施特劳斯试图重新唤起极权主义政制的危险境遇下他或她的哲学家意识，并在自由民主制的社会里教诲这种审慎的必要性。

[82] 随着纳粹恐怖的蔓延和加剧，施特劳斯遭受了个人的不

幸。虽然妻子和继子在20世纪30年代末随他一起来到纽约，但施特劳斯的其他直系亲属均未能在这场战争中得以幸存。①根据德国官方的统计数据显示，德国纳粹政权统治期间，犹太人的数量从1933年的大约52.5万人下降至1939年秋天的18.5万人，到1944年9月锐减至1.4574万人。②施特劳斯的父亲，雨果·施特劳斯（Hugo Strauss）于1942年春辞世，恰好赶在基希海因犹太人遭受驱逐出境之前。但是，他的继母和留在德国的其他家人则被放逐到德国东部的死亡集中营，不久便惨遭杀害。③

施特劳斯唯一的妹妹，贝蒂娜·施特劳斯（Bettina Strauss），在尤利乌斯·鲁斯卡（Julius Ruska）和保罗·克劳斯（Paul Kraus）指导下完成博士论文。贝蒂娜和克劳斯于1936年在开罗结为伉俪。克劳斯是一位从事中古伊斯兰哲学、科学、医学以及圣经和考古学研究的捷克裔犹太学者。施特劳斯与克劳斯于20世纪20年代末、30年代初在柏林相识。④ 贝蒂娜与克劳斯为了学术

---

① 施特劳斯在美国求职期间（1936-1938），他与妻子米丽娅姆（Miriam）曾长期两地分居。我未能获准查阅施特劳斯的这部分通信。这些信件现存于施特劳斯档案第4箱第18-26文档和第5箱第1-4文档。

② "德国犹太人权益委员会"（Reichsvertretung der Juden in Deutschland）发布了从1939年10月到1944年9月的数据，Helmut Genschel在其论文 Verdraengung der Juden aus der Wirtschaft im Dritten Reich（哥廷根大学1966年博士学位论文，页274-291）中对这些数据进行了转载。德国的难民估计有50万人，其中犹太人大约有27-30万人。见Herbert A. Strauss，《纳粹时期美国的犹太移民》（Jewish Immigrants of the Nazi Period in the USA; Essays on the History of, Persecution, and Emigration of German Jew），New York：K. G.. Saur，1987，卷6，页151-152。

③ 见1932-1941年间施特劳斯与德国基希海因家人之间的通信，现存于施特劳斯档案第5箱。这里，笔者也未能获准翻阅这些通信。

④ 克劳斯1929年获得柏林大学闪族学（semitics）博士学位。之后，他作为柏林自然科学史研究所（后作为柏林大学的一部分并入自然科学与医学史研究所）的助教留在柏林。见Joel L. Kramer关于克劳斯的（转下页注）

研究和可能的教职前往巴勒斯坦、黎巴嫩和埃及。贝蒂娜于1942年1月因分娩珍妮（Jenny Ann Kraus）死于开罗。两年后，克劳斯自杀。①施特劳斯收养了四岁大的外甥女——珍妮，像对待自己的女儿一样在美国将其抚养成人。②

当获悉自己家人的悲惨命运时，施特劳斯正处在糟糕的身体状况和金融压力的重荷之下。财政、职业和政治上的忧虑开始产生负面影响。尽管他的笔迹从未特别清晰，但在20世纪40年代中期的私人通信中，施特劳斯仍为自己糟糕的笔迹充满歉意。根据施特劳斯的说法，他的笔迹不仅反映了自己健康状况不佳，而且与高度紧张的工作环境密切相关。例如，在1946年1月10日的一封致洛维特的信中，施特劳斯写道："正如您从我的手稿中所看到的，我的情况一点都不好。人越来越老，却一无所成。这个国家的生活对于我这样的人真是难之有难。我必须为哪怕最简单

（接上页）富有启发性的传记文章，《一位东方学家之死：克劳斯从布拉格到开罗》（The Death of an Orientalist: Paul Krauss from Prague to Cairo），载于 The Jewish Discovery of Islam: Studies in Honor of Bernard Lewis, Martin Kramer 编，Tel Aviv: Moshe Dayan Center for the Middle Eastern and African Studies, Tel Aviv University, 1999, 页181 – 223。

① 见 Rémi Brague，《克劳斯：人与工作》（Paul Kraus: Person und Werk），载于他所主持的克劳斯作品编辑卷——《早期伊斯兰教中的炼金术、异端与伪经：论文集》（Alchemie, Ketzerei, Apokryphen im fruehen Islam. Gesammelte Aufsaetze），Rémi Brague 编，Hildesheim: G. Olms, 1994。施特劳斯觉得克劳斯的死不是自杀。在接下来的几十年中，他一直坚信克劳斯是被谋杀的。见施特劳斯档案第5箱第15 – 17文档中关于克劳斯之死的通信。Joel Kramer 在其专著《一位东方学家之死》（特别参见页202 – 205）中对克劳斯的惨死事件进行了探究和评判。

② 施特劳斯档案第5箱第12 – 21文档中包含安排珍妮来美国与施特劳斯一起生活的通信。见施特劳斯1958年6月1日致索勒姆的信，在信中，施特劳斯声称自己已经获得谋杀克劳斯并掩盖罪证的证据。

的研究条件而斗争,但每一场斗争都以失败而告终。"① 而且,像同时期的许多其他流亡学者一样,施特劳斯对美国学术出版的因循守旧越来越感到沮丧。他抱怨道:"在这里,不符合它的模式,图书就无法出版。"②

欧洲一系列事件的重荷、对美国学术界要求的适应,以及与每况愈下的健康状况的斗争——正是在这样的境遇下,施特劳斯阐发了自己后期成熟教义的主要内容。一种被称作施特劳斯主义的真正的思想运动(Denkbewegung)或智识运动,随着追随者僵化地传布他的思想而开始浮现。③ 到 20 世纪 40 年代末,施特劳斯和其他几个欧洲流亡学者(包括犹太人和非犹太人)重塑了美国人文和社会科学的思想景观。

[83] 乍一看来,新学院似乎完全适合施特劳斯。这一机构向欧洲流亡学者敞开了胸怀,它将自己的使命明确定位为反抗欧洲大陆对独立思考的迫害与压制。然而,施特劳斯对新学院关于无节制地表达思想的观念并不以为然。而且,施特劳斯认为自己重新发现的"显白教诲",是威胁思想表达的那些极端处境催生的一种有益成果。正如我们将要阐明的,施特劳斯对"显白教诲"的理解和运用是与众不同的。

法西斯主义和苏联共产主义的偏执立场所带来的真实威胁,

---

① 见施特劳斯 1946 年 1 月 10 日致洛维特的信。这封信以德文发表在 *Independent Journal of Philosophy*(卷 4,1983,页 105)上,同时附有以"关于现代性的通信"(Correspondence Concerning Modernity)为标题的英文翻译。此处引用的英译文略有改动。

② 出处同上。

③ 对 Denkbewegung 一词令人捉摸不定的使用,体现在迈尔(Heinrich Meier)最近撰写的一部别具一格的思想传记的标题上,《施特劳斯的思想运动:哲学史与哲人的意图》(*Die Denkbewegung von Leo Strauss: Die Geschichte der Philosophie und die Intention des Philosophen*),Weimar: J. B. Metzler,1996。

促使一些作家采用各种隐蔽的措辞来表达异议。那些生活在专制政权下的作者,通过运用编码写作的形式发表他们颠覆性的见解,逃过检控官的审查。为了获得这些隐秘的信息,一些敏感的读者加入到极权主义社会的这些持不同政见作者的加密运动之中。

一旦逃离这些境遇,那些 20 世纪 30 年代末、40 年代初来到美国和英国的流亡学者便为各种情报机构所征召,以监视媒体宣传,或为一些军情部门所聘用来破译敌方密码。① 1942 年,美国参加了第二次世界大战,甚至连一些被官方定性为"敌国侨民"的人,都在美国反情报总队(CIC)、陆军军事情报处、海军情报机构、艾伦·杜勒斯新实体、战略情报局(OSS)以及美国政府其他收集情报资源的机密部门工作。在战略情报局(OSS)研究分析处和国务院([译按]美国联邦政府负责外交事务的机构,相当于世界各国的外交部)的资助下,ISS[社会研究所]的左翼学者,如纽曼(Franz Neumann)、马尔库塞(Herbert Marcuse)和基希海默尔(Otto Kirchheimer)等成立了一个研究小组。②从这个意义上讲,施特劳斯的专题研究可以看作二战爆发之前和二战期间蓬勃兴起的密码实践活动的一种哲学反应。实际上,当各种情报机构致力于网罗世界大量的智力劳动力时,施特劳斯开始热心于编码著作框架的研究,这似乎并不只是一种巧合。

在纽约期间,施特劳斯加深了对哲学审慎传统的理解。而且,他围绕隐微和显白之间的差别发展了这些修辞手法。鉴于纽约知识背景的开放性和世界性,施特劳斯的这一阐发似乎有违常规

---

① 见 Guy Stern,《受雇于美国情报机构:战争中反对希特勒的德国犹太流亡者》(In the Service of American Intelligence: German – Jewish Exiles in the War against Hitler),载于 *LBIYB*,卷 38,1992,页 461 – 477。

② Barry M. Katz,《批判的武器》(The Criticism of Arms: The Frankfurt School Goes at War),载于 *Journal of Modern History*,卷 59,1987,页 439 – 475。同时参见 Robin W. Winks, *Cloak and Gown*, 1939 – 1961: *Scholars in the Secret War*, New York: Morrows, 1987,页 85。

(counterintuitive)。①因为,施特劳斯是在一个声称信仰自由和言论自由为绝对不可剥夺权利的研究机构(新学院)和国家(美国)实体内生活和工作之后,才开始运用各种不同的理智掩饰技艺的。施特劳斯强调通过节制和谨慎的德性来消解和隐蔽哲学的肆意无畏,特别是在进步主义的大学和自由民主制的范围内,这表明当代势力对思想自由交流的威胁远远超出他的文字表述。[84]这也标志着,施特劳斯认同了不完美政治状况的永恒性和犹太人的流亡状态,即galut[放逐]的持久性。

一种讥讽的观点认为,施特劳斯具有一种迫害妄想症。然而,从传记的视角出发,我们在做出这样的心理诊断之前,必须首先考虑形塑施特劳斯流亡性格的特殊经历。毕竟,他是一个出生在乡村政治反犹主义中心的德国犹太人。作为一个充满活力而又失控的魏玛文化的年轻参与者,施特劳斯在国外很快获悉了一个残暴政权的诞生,后者激进化了对犹太人和其他可视为敌人之人的种族歧视。鉴于德国自由主义的失败,我们不应为施特劳斯对某一社会将会完全实现包容和安全的前景持怀疑态度而感到惊讶。就此而论,那种主张他的怀疑只不过是妄想狂之错觉的观点就难以令人信服。但是,施特劳斯的情况的确引人注目,因为他并不是一个自由主义的民族同化论者,一个后来对平等、宽容和进步的社会理想产生幻灭感的人。贯穿本书的观点是,施特劳斯并不符合莫斯

---

① 这一背景催生了所谓的"纽约知识分子"。Terry A. Cooney 在《党派评论》(*Partisan Review*)上发表的文章中将世界性的观念概括如下:"世界主义价值观反对特殊主义的民族、种族、宗教或哲学,相反,他们崇尚丰富性、复杂性和差异性。这种观念的核心是一种开放和奋斗的精神:向着多样性和变化开放;为更充分地理解世界和更高级、更具包容性的表达方式而奋斗。"见《纽约知识分子的崛起》(*The Rise of the New York Intellectuals: Partisan Review and Its Circle*),Madison: University of Wisconsin Press, 1986,页5。但是,纽约知识分子从自觉的激进主义到冷战自由主义的转变表明了许多有趣的重叠之处;出处同上,页251-272。

(George Mosse)笔下有教养的中产阶级(Bildunmgsbürgertum,或可译为文化资产者)犹太人形象(见《脱离犹太教的德国犹太人》)。①有别于莫斯的有教养的中产阶级典范,施特劳斯成为阿什海姆(Stephen Aschheim)勾勒的"远离自由主义和教化的德国犹太人"这一反例的样板,体现了魏玛犹太知识分子激进的重新定位。②但更加引人注目的情形是,施特劳斯拒绝那种热衷于权利运动的自由主义。③尽管文化资产者已成为帝制统治下犹太人的文化理想,但正如索勒姆为犹太复国主义、本雅明为马克思主义所吸引一样,施特劳斯的早期思想反映了他对文化资产者的拒斥。作为一个年轻人,施特劳斯对欧洲犹太人问题的复杂动态性,以及对其中蕴含的深刻神学—政治问题的敏锐识察,促使他直面和拒

---

① George Mosse,《脱离犹太教的德国犹太人》(*German Jews Beyond Judaism*), Bloomington: Indiana University Press; Cincinnati, Ohio: Hebrew Union College Press, 1985。

② Steven Aschheim,《教化和自由主义之外的德国犹太人》(German Jews Beyond *Bildung* and Liberalism),载于 *Culture and Catastrophe: German and Jewish Confrontations of National Socialism and Other Crises*, New York: New York University Press, 1997,页 31-44。

③ 对激进中欧犹太知识分子"特殊偏好"的处理,见 Michael Löwy,《救赎与乌托邦:中欧的犹太自由思想:一种特殊偏好的研究》(*Redemption and Utopia: Jewish Libertarian Thought in Central Europe: A Study in Elective Affinity*), Hope Heaney 译, Stanford, Calif.: Stanford University Press, 1992 和他的论著《卢卡奇:从浪漫主义到布尔什维克主义》(*George Lukács: From Romanticism to Bolshevism*), Patrick Camiller 译, London: New Left Books, 1979。同时参见 Anson Rabinbach 的《在启蒙和启示之间:本雅明、布洛赫和现代德国犹太弥赛亚主义》(Between Enlightment and Apocalypse: Benjamin, Bloch and Modern German Jewish Messianism),载于 *New German Critique*,卷 35, 1985,页 78-124;以及 Anson Rabinbach 对《本雅明与索勒姆的通信,1932-1940》(*The Correspondence of Walter Benjamin and Gershom Scholem, 1932-1940*, Gershom Scholem 编, New York: Schocken Books, 1989)所做的引言。

斥斯宾诺莎式的自由主义同化解决方案。17世纪激进启蒙运动所构建起来的当今世界，在平等主义、相对主义、重商主义、历史主义、大众政治和自由主义的支持下，彻底颠覆和鄙弃了等级、秩序、真理以及神圣等古老价值。施特劳斯对现代性这种拉平一切力量的不满持续推动着他的思想，从魏玛崩溃一直贯穿他的整个美国学术生涯。

施特劳斯将犹太人的遭受迫害投射到哲人的身上，这提醒我们，他已经感到自己将受到妄想症的指控，因此他反驳道："不能因为我认为人们在追随我，就得出他们没有追随我的结论。"施特劳斯可能还会半开玩笑地补充说："这也不意味着他们不应该追随我。而且，更重要的是，这不意味着我应该认为他们没有追随或不应该追随我。"尽管这样的心理倾向可以视为是一种妄想症，但它实质上却是现代犹太人，更普遍地讲，是现代人疏离和异化处境的一种结果。施特劳斯美国［85］时期的思想表现了他从一种神经质状态向理智创作日常化（creative intellectual agenda）的转变。[①]

施特劳斯关于流亡的观念最早出现在魏玛时期的作品中，这与他后来对流亡特征颇具争议的思考之间具有重要的差别。一大批陷入流亡困境的犹太人成为了哲学家。我们可以回想一下，对流亡的关注，尤其是它的犹太变体——galut［放逐］的关注，渗透在施特劳斯德国和欧洲的作品之中。例如，在1923年对政治犹太复国主义的批判中，施特劳斯宣称galut构成了犹太人的核心悖论：Galut"通过最小的正常性为犹太民族提供了最大的生存可能性"。[②]到了20世纪30年代，他将这种永恒的疏离状态从犹太人完全移植到哲学家身上。在城邦、民族或国家要求其臣民无条件

[①] 参较 Yuri Slezkine,《犹太人的世纪》(*The Jewish Century*), Princeton University Press, 2004。

[②] "ZN", 载于 *GS*, 卷2, 页318; 见第二章。

忠诚的特定背景下，哲学家必须捍卫他们对追求知性完美这一普遍真理的献身。哲学家对哲学的忠诚与她或他对其所植根的非完美政治秩序的忠诚之间相互抵牾的内在张力，使得哲学和哲学家令人怀疑，甚至格格不入。然而，正是永恒局外人的这种反常状态，最大限度地提供了哲学和哲人存在的可能形式。因为哲学家业已认识到不完善社会洞穴背负的这些相互冲突的忠诚之间的永恒对立，但是他并没有将其和盘托出，而是希望通过哲学化的上升来追求个人的完善。

施特劳斯的纽约时期具有相应的转变。他得体地调整自己的范式方法以适应美国的学术环境。施特劳斯试图将一群中古伊斯兰和犹太思想家置于哲学和政治传统的中心，这些思想家以往很少受到美国学界相关领域的关注。阿尔法拉比、阿威罗伊、迈蒙尼德、哈列维和斯宾诺莎成为施特劳斯重新恢复中世纪政治哲学智慧的关键人物。施特劳斯认为，这些哲学家——游离于基督教欧洲当局的掌控之外——能够将我们的注意力重新引向随着现代力量兴起而消失的那些教诲。虽然创建现代西方世界的本意是通过减少人对自然的依赖来增进人类的福祉，但是，实现这一目标所需的技术手段最终反过来对抗人自身。在20世纪30年代，施特劳斯确信，现代性的物化舒适阻碍了人们认清自己的真实境遇。因此，施特劳斯呼吁从人为的"第二洞穴"思想下降到自然的柏拉图第一洞穴。由于现代哲学已看不到柏拉图洞穴的自然状况。施特劳斯希望挖掘中世纪和古代哲学的地基，并以此作为哲学化上升的起点。施特劳斯试图建立这一国际救援行动的全新立足点，从而帮助那些遭受驱逐和身处险境的学者从德国及其占领区移居国外。

[86] 当1937年施特劳斯抵达美国时，欧洲避难学者已处于生死攸关的时刻。20世纪三四十年代，国际救援组织设法营救那些流亡国外的学者，施特劳斯1932年离开德国后的旅居经历例证了国际救援组织的意义和局限性。对于逃离纳粹魔掌的那些难民

学者而言，其避难的主要选项正是施特劳斯寻求避难的地方：法国、英国、巴勒斯坦和美国。①

诸如国际联盟（the League of Nations）等官方机构几乎没有为那些身处险境的欧洲学者提供任何直接帮助。1933年10月，国际联盟任命麦克唐纳（James McDonald）为难民事务高级特派员，但这昙花一现般的任职并没有从它的上级部门那里获得更多的支持或认可。② 高级特派员的办公室设在洛桑（Lausanne，［译注］瑞士城市名），而非国际联盟总部的日内瓦，因此无论从地理位置上还是从政治上看，这一职位都形同虚设。高级特派员无权向联盟理事会提交任何调查结果或投诉，但值得注意的是，他却被授权代表难民同各国政府进行交涉，协助私人救济组织开展联合救援工作。尽管如此，麦克唐纳任职未满两年就宣告辞职了。③

在犹太难民的具体案例方面，为了帮助东欧的犹太难民，早在数十年前就成立了联合分配委员会（JDC），HICEM［犹太移民拓殖援助会］和巴勒斯坦犹太事务局等机构。④ 例如，在巴勒斯

---

① 见 Doron Niederland，《纳粹统治第一年移民出境的德国犹太专家学者》（The Emigration of Jewish Academics and Professionals from Germany in the First Years of Nazi Rule），载于 *LBIYB*，卷33，1988，页285–300。同时参见他的 Defuse hagirah shel Yehude Germanyah, 1918–1938，希伯来大学1988年博士学位论文。

② 关于难民事务高级特派员一职的创立，见 Michael R. Marrus,《多余的人：20世纪欧洲难民》（*The Unwanted: European Refugees in the Twentieth Century*），New York: Oxford University Press, 1985, 页158–166。

③ 见 Herbert A. Strauss 编，《美国纳粹时期的犹太难民》（*Jewish Immigrants of the Nazi Period in the USA*），卷4，《来自德国的犹太难民（1933–1942）》（*Jewish Emigration from Germany, 1933–1942*），Munich: K. G. Saur, 1992, 页289–315。

④ HICEM 是抽取创建于1927年的三个组织的起首字母组成的缩略词：HIAS（Hebrew Sheltering and Immigrant Aid Society，"希伯来庇护和移民援助协会"）、JCA（Jewish Colonization Association，"犹太垦殖协会"）、（转下页注）

坦，大约有一百多名德国学者在希伯来大学和其他机构找到临时性工作。为了促进那些身处险境的欧洲学者移居国外，这些犹太救援组织为新成立的美国团体所补充：纽约基金会（the New York Foundation）、卡内基基金会（the Carnegie Foundation）、奥伯兰德信托（the Oberlander Trust）和洛克菲勒基金会（the Rockefeller Foundation）。实践证明，最后成立的实体——洛克菲勒基金会对救援工作做出了最大贡献。该基金会为施特劳斯等流亡学者提供了至关重要的援助。我们应当记得，正是在洛克菲勒奖助金的资助下，施特劳斯于 1932 年离开德国。次年，由于德国新情况的出现，施特劳斯像许多其他德国学者一样，申请并获批了科研补助金的延长。洛克菲勒基金会为流离失所的学者提供了 140 万美元的资金援助，这一数字超过了所有救助机构提供奖助金总和的一半。①

1933 年，一些更为重要的救援组织宣告成立，它们包括：美国的"援助德国流亡学者紧急委员会"、英国的"学者援助委员

（接上页）"犹太移民联合委员会"（the United Committee for Jewish Emigration [Emigdirect]）。最后的团体于 1934 年退出了这一组织。1933 – 1936 年，HICEM 帮助了一万四千多名难民移居国外。在收到一笔大额的经费以及合并了其他团体，如"德国犹太人救济组织"（Hilfsverein der Juden in Deutschland）和"德国犹太人英国文化委员会"（the British Council for German Jewry）之后，HICEM 再次帮助大约一万八千名难民定居他国。见 Marrus，《多余的人：20 世纪欧洲难民》（*The Unwanted: European Refugees in the Twentieth Century*），前揭，页 67 – 68；同时参见《环球犹太百科全书》（*The Universal Jewish Encyclopedia*, Isaac Landman 编，New York：Universal Jewish Encyclopedia, 1941, 卷 5, 页 356 – 357）的"HICEM"词条。

① Claus – Dieter Krohn, 《流亡知识分子：难民学者与社会研究新学院》（*Intellectuals in Exile: Refugee Scholars and the New School for Social Research*），Rita Kimber 和 Robert Kimber 译，附有 Arthur J. Vidich 所做序言，Amherst：University of Massachusetts Press, 1993, 页 29。

会"（AAC）①、法国的"德国流亡者世界联合会"和瑞士的"在外国的德意志科学家紧急委员会"（以下简称"紧急委员会"）。②前两个组织协助施特劳斯和其他一些学者［87］在英国和美国寻找学术任职机会。总部设在苏黎世（［译按］瑞士联邦的最大城市）的"紧急委员会"则将二千多名德国学者安置到土耳其、南美和苏联等地的高校。③

施特劳斯的一些著名师友及其同时代人的游历见证了那个时期的动荡不安。卡西尔（Ernst Cassirer），施特劳斯在汉堡大学的博士学位论文指导教师，最初作为著名的沃尔伯格学院（Warburg Institute）全体员工及其财产的一部分，于1933年从德国移居英国。④ 1923年，索勒姆（Gershom Scholem）为了犹太复国主义的信念移居巴勒斯坦，而施特劳斯所在研究院的另一位同事——拜

---

① 以伦敦为基础的AAC直接或间接协助安置了173名德裔犹太学者到英国大学工作。另外，AAC还提供经费，资助施特劳斯和其他一些流亡学者访问美国的一些高校。

② 见Joachim Radkau，《身处美国的德国难民》（*Die Duetsche Emigration in den USA*），Düsseldorf：Bertelsmann Universitätsverlag, 1971。

③ 最为成功的难民安置地点是安卡拉和伊斯坦布尔，见Horst Widman，《流亡与教育援助》（*Exil und Bildungshilfe：Die deutsch - sprachige akademische Emigration in der Tuerkei nach 1933*），Bern：Herbert Lang；Frankfurt：Peter Lang, 1977。关于中美和南美的移民情形，见Herbert A. Strauss，《纳粹时期的犹太难民》（*Jewish Immigrants of the Nazi Period*），卷6，页210 - 227；至于"在外国的德意志科学家紧急委员会"，见页354。

④ 对于卡西尔在沃尔伯格学院经历的详尽描述，见Toni Bondy Cassirer，《我与卡西尔的生活》（*Aus meinem Leben mit Ernst Cassirer*），Hildesheim：Gerstenberg, 1981。同时参见Martin Jesinghausen - Lauster，《符号形式研究》（*Die Suche nach der symbolischen Form：der Kreis um die kulturwissenschaftliche Bibliothek Warburg*），Baden - Baden：V. Körner, 1985。关于德国沃尔伯格学院的制度变迁，见Carl Hollis Landauer，《幸存的古代遗物：沃尔伯格学院的德国岁月》（*The Survival of Antiquity：The German Years of The Warburg Institute*），耶鲁大学1984年博士学位论文。

尔（Yitzhak [Fritz] Baer）也于1930年移居巴勒斯坦。施特劳斯受雇研究院期间的院长古特曼（Julius Guttmann），曾于20世纪30年代初考虑移居美国，但最终在1934年接受了耶路撒冷希伯来大学的教职任命。

洛维特（Karl Löwith）在马堡大学和弗莱堡大学师从海德格尔（Martin Heidegger）时与施特劳斯相交，二者在20世纪三四十年代的往来书信尤其具有揭露事实真相的意义。由于洛维特是一个犹太人，他因德国大学的雅利安化（Aryanization）而前往意大利。从那里，他偕妻子一起赶往日本仙台大学。在德国和日本达成协议后，洛维特被迫再次开始逃亡。在蒂利希（Paul Tillich）和尼布尔（Reinhold Niebuhr）的帮助下，洛维特在康涅狄格州哈特福特神学院（Hartford Theological Seminary）获得了教职，仅仅六个月后，日本偷袭了珍珠港。①洛维特后来到社会研究新学院（1949年），1953年重返德国，在海德堡大学执掌哲学教席。②

对于法国投降德国后仍待在法国的那些受到威胁的学者们，

---

① 见洛维特身后出版的战时自传性反思——《1933年前后我的德国生活》（*Mein Leben in Deutschland vor und nach 1933*），Stuttgart：J. B. Metzler and Carl Ernst Pöschel，1986。这份"叙述"由Elizabeth King迻译为英文，英译本标题为My Life in Germany Before and After 1933，Champaign：University of Illinois Press，1994。

② 洛维特在《1933年前后我的德国生活》的补篇——《生平经历》（Curriculum Vitae，1959）中，回忆了自己海德堡大学从前和现在的教师，包括胡塞尔、雅斯贝尔斯、海德格尔。"但是，毫无疑问，谁要是提到他们的名字，而且也认识他们的著作，那么他一想到自己所写的东西，心里大概多少都会想起贺拉斯（Horaz）的一首诗中的这几行文字：'劣于祖辈的父辈生下了／更无用的我们，而我们很快又要养出／更为糟糕的后代。'然而对于这持续着的衰退，我们或许可以在康德的提示里得到安慰：世界的末日仿佛已经近在眼前，但这个'现在'或最近的时代，其实跟历史本身一样古老。"《1933年前后我的德国生活》（*Mein Leben in Deutschland vor und nach 1933*），前揭，页168。

形势变得尤为迫切。①美国国务院在 1940 年 8 月 5 日—12 月 18 日期间仅批准了五分之一的签证申请（238 件）。然而，即使最终获得美国签证，人们也不得不面对艰难、危险的，被称作"难民挑战"的逃亡路线：途径法国南部、横穿西班牙和葡萄牙，然后到达纽约。布洛赫（Marc Bloch）的悲惨境遇便是其中的一个著名例子，他试图前往社会研究新学院，但却陷入冷战和美国移民政策朝令夕改的迷局之中。②

本雅明（Walter Benjamin）——20 世纪 20 年代末在共同朋友索勒姆引介下与施特劳斯相识——在法国战败后遭受了同样的悲惨命运。③当本雅明下定决心准备离开法国时，出口却被封上了。本雅明和布洛赫都受到美国政策的阻挠，这一政策试图剔除所有

---

① Anne Klein 的文章对福莱（Varian Fry）英勇营救行动的艰难和危急情势做出了清晰的背景描述。见 Anne Klein,《良知、冲突与政治：营救政治难民从法国南部到美国（1940 - 1942）》（Conscience, Conflict and Politics. The Rescue of Political Refugees from Southern France to the United States, 1940 -1942），载于 LBIYB，卷 43，1998，页 287 - 311。

② 布洛赫是一位法裔犹太人，在索邦大学（Sorbonne，泛指巴黎大学）讲授历史学，1929 年共同创办并联合主编了权威历史杂志《社会经济历史年鉴》（Annales d'histoire économique et sociale）。约翰逊（Alvin Johnson）已为布洛赫及其家人弄到前往纽约的官方过境公文和签证。然而，美国 1941 年 6 月开始实施新的移民政策，这让布洛赫大为沮丧，因而他决定留在法国加入抵抗组织。1941 年初夏，在美国诺曼底登陆前几周，盖世太保逮捕并杀害了布洛赫。见 Carol Fink,《布洛赫：生平经历》（Marc Bloch: A Life in History），New York: Cambridge University Press, 1989; Ulrich Raulff,《布洛赫：20 世纪的历史学家》（Ein Historiker im 20. Jahrhundert: Marc Bloch），Frankfurt am Main: S. Fischer, 1995。

③ 见《本雅明与索勒姆的通信集（1932 - 1940）》（The Correspondence of Walter Benjamin and Gershom Scholem, 1932 - 1940），索勒姆编，Gary Smith 和 André Lefevere 从德文卷《本雅明与索勒姆的通信集（1932 - 1940）》（Walter Benjamin / Gershom Scholem Briefwechsel, 1932 - 1940, New York: Schocken Books, 1989, 页 24，156，160，179，181）译出。

与社会主义者和共产党组织有关联的难民。① 本雅明未能获批英国签证。他试图逃脱又受到心脏病的牵绊：每走几分钟就不得不停下来短暂地休息一下。在这段异常焦灼的旅程当中，迫在眉睫的窒息和死亡感溢满他的身心。本雅明是逃至法国南部的两千名难民中的一位。9月，本雅明获得了美国签证。为了乘船驶往纽约，本雅明必须首先［88］跨越比利牛斯山，非法进入西班牙，然后乘火车抵达里斯本。本雅明及两个同伴到达西班牙的边境小镇波港（Port Bou），在那里，他们被告知，西班牙当局最近禁止无国籍难民出入港口，换言之，他们提供的公文已变得毫无意义。他们将于第二天早上在西班牙警方的护送下返回法国边界，在那里，等待他们的是监禁和驱逐到集中营的厄运。也就是在那天早上，即在1940年9月27日清晨，本雅明注射致命剂量的吗啡结束了自己的生命。② 而他的同伴们则幸运地继续他们的旅程（［译按］在本雅明自杀造成的影响下，边境官员同意他的同伴们前往葡萄牙）。

流亡大学：社会研究新学院

新学院的创办，是哥伦比亚大学决定解雇两名教师所引发争论的直接结果，这两位教师反对美国参加第一次世界大战。③

---

① 见 Anne Klein，《良知、冲突与政治：营救政治难民从法国南部到美国（1940 - 1942）》（Conscience, Conflict and Politics. The Rescue of Political Refugees from Southern France to the United States, 1940 - 1942），前揭。

② 见本雅明当时的同行者之一福尔兰德（Frau Furland）致阿多诺（Adorno）的信，引自 Frederic V. Grunfeld，《不受欢迎的先知：弗洛伊德、卡夫卡、爱因斯坦的背景及其世界》（Prophets Without Honour: A Background to Freud, Kafka, Einstein, and Their World），New York: Holt, Rinehart and Winston, 1979, 页 247 - 249。

③ 见 Claus - Dieter Krohn，《流亡知识分子：难民学者与社（转下页注）

1918 年，一些思想左倾的美国学者联合《新共和》(New Republic)、《日冕》(Dial) 和《国家》(Nation) 等杂志一起创办了新学院，作为高等教育界传统模式的一种替代选项。这一革新之举意在推动学术独立和师生间的通力合作 (collaborative efforts)。新学院的早期定位明显受到德国业余大学 (Volkshochschulen) 的影响，因此在 1918 年建立后致力于成为一所成人教育的学校。

1922 年，约翰逊 (Alvin Johnson) 接任新学院的院长，为了回应 1933 年 4 月 6 日纳粹的法令：从德国大学体系清除犹太人、社会主义者和其他"不受欢迎"的学者，约翰逊试图复兴和重新定位新学院创建之初的革新教育的使命。约翰逊觉察到欧洲形势的严重性，因此他通过重建新学院、为积极招募流亡社会科学家扫清道路的方式立即做出回应。尽管其他一些美国高校选拔任用了一大批流亡学者，但是社会研究新学院新的分支机构——"流亡大学" (The University in Exile) 的卓越之处在于，它的所有教职员工全部来自欧洲放逐的学者。① 约翰逊试图将德国学术特质——无论从形式上，还是内容上——都引入到这个新机构当中。

（接上页）会研究新学院》(Intellectuals in Exile: Refugee Scholars and the New School for Social Research) 前揭，页 59-61。

① 典型的例子包括普林斯顿高等研究院 (Institute for Advanced Study)、北卡罗来纳州的黑山学院 (Black Mountain College)、芝加哥的罗斯福大学 (Roosevelt University)，当然还包括社会研究所 (Institute of Social Research)：原址在法兰克福，后将研究中心迁至瑞士、法国和美国（隶属于哥伦比亚大学）。一些较小的犹太研究机构，如巴尔的摩的希伯来大学 (Hebrew College in Baltimore)、克利夫兰的希伯来学院 (Hebrew College in Cleveland)、辛辛那提的希伯来联盟学院 (Hebrew Union College in Cincinnati)、纽约的犹太宗教研究所 (the Jewish Institute of Religion in New York)、芝加哥的犹太研究学院 (College of Jewish Studies in Chicago)、纽约的犹太神学院 (Jewish Theological Seminary in New York)、格拉茨学院 (Graetz College) 和德罗普西学院 (Dropsie College) 等等，它们在犹太研究相关的不同学科领域吸收了若干难民学者。

早在十年前与塞利格曼（Edwin R. A. Seligman, 1861－1939）一起合编《社会科学百科全书》（Encyclopedia of Social Science）——这一学术工程涵盖了德国主要的社会科学家——时，约翰逊就开始对德国学术传统激赏不已。①新学院竭尽所能、集中大量资源为这所新创建的流亡大学及其1935年的继任者——哲学与政治科学研究所（Graduate Faculty of Philosophy and Political Science，[译按] 流亡大学1935年更名为哲学与政治科学研究所）——招募那些被驱逐的社会科学家。从1933年到1939年，该机构共安置了157名免职或被迫辞职的德国社会科学家到30个岗位上。②

一个相关的研究机构，即位于纽约晨边高地（Morningside Heights）的社会研究所（ISR），在哥伦比亚大学的资助下 [89] 具有一些与新学院相似的明显特征。③然而，这两所移民机构和学

---

① 见 Peter M. Rutkoff 和 William B. Scott,《新学院：社会研究新学院校史》（New School: A History of the New School for Social Research），New York: Free Press, 1986, 页 65-67, 80-82, 87-90。

② 出处同上。

③ 社会研究所（Institut für Sozialforschung）最初由韦尔（Felix Weil）于 1919 年秋所构想，并于 1923 年作为美茵河畔法兰克福大学的一个附属机构而创立。首任所长格吕堡（Carl Grünberg）1931年退休后，霍克海默（Max Horkheimer）接任该研究所的所长。见小册子《国际化的社会研究所：一份关于它的历史、宗旨及其活动的报告》（International Institute of Social Research. A Report on its History, Aims and Activities），New York: Institute for Social Research, 1938。同时参见 Martin Jay,《辩证的想象：法兰克福学派与社会研究所的历史（1923－1950）》（The Dialectical Imagination: A History of the Frankfurt School and the Institute of Social Research, 1923－1950），Boston: Little, Brown, 1973。Rolf Wiggershaus,《法兰克福学派：历史、理论演进及其政治影响》（Die Frankfurter Schule: Geschichte, theoretische Entwicklung, politische Bedeutung），Munich: C. Hanser, 1986。Ulrike Migdal,《法兰克福社会研究所的早期历史》（Die Frühgeschichte des Frankfurter Instituts für Sozialforschung），Frankfurt: Campus Verlag, 1981。

院之间的关系，因其办学定位和代表人物的差异而颇具张力。①总的来说，社会研究所（ISR）由政治上致力于社会主义各项议程的思想家构成，其人员变更与之前的法兰克福、日内瓦和巴黎之间具有连续性。而流亡大学则由兼容并蓄的群体组成，它接纳的德国社会科学领域遭受驱逐的高校教师，超过了欧洲或美国其他任一机构。随着欧洲学者们遭受威胁的愈加严峻，流亡大学名义上的继承者——哲学与政治科学研究所的招募工作也愈加受到威胁。因此，哲学与政治科学研究所最终只得从意大利、奥地利、波兰、比利时和法国应募难民学者。

财务状况的不同标示了这两个机构的另一个差别。与社会研究所的财政独立和相对舒适的薪酬水平不同，流亡大学及其后继者哲学与政治科学研究所，在世界性的经济危机期间主要依赖于公众的支持。②

流亡大学开创之初的很大一部分资金来自哈勒（Hiram Halle，[译按] 德国城市名）一位犹太富商的匿名捐献。1935 年，流亡大学更名为新学院哲学与政治科学研究所。③改换名称是因为担心

---

① 对于这些问题的不同历史争论，见 Claus‑Dieter Krohn，《流亡知识分子：难民学者与社会研究新学院》（*Intellectuals in Exile*：*Refugee Scholars and the New School for Social Research*），前揭，页 189‑197；Martin Jay，《辩证的想象：法兰克福学派与社会研究所的历史（1923‑1950）》（*The Dialectical Imagination*：*A History of the Frankfurt School and the Institute of Social Research*，1923‑1950），前揭，页 253‑264；Lewis A. Coser，《美国的流亡学者：他们的影响及其经历》（*Refugee Scholars in America*：*Their Impact and Their Experiences*），New Haven：Yale University Press，1984，84ff。

② 见 Claus‑Dieter Krohn，《流亡知识分子：难民学者与社会研究新学院》（*Intellectuals in Exile*：*Refugee Scholars and the New School for Social Research*），前揭。

③ Peter M. Rutkoff 和 William B. Scott，《新学院：社会研究新学院校史》（*New School*：*A History of the New School for Social Research*），前揭，页 91‑103。

原名会引发排外、反共产主义,甚至反犹主义的不良反应。而研究所这一提法,可以掩盖旗下教师的移民性质,避免加剧美国排外的倾向。①

在德奥合并(Anschluss,[译按] 1938 年 3 月 12 日纳粹德国与奥地利合并,组成大德意志的事件)之前,加入哲学与政治科学研究所的社会科学家主要来自德国的社会民主界。哲学与政治科学研究所从柏林大学政治学院(University of Berlin's Hochschule für Politik)、法兰克福大学社会研究所(ISR)和基尔世界经济研究所(Kiel Institute of World Economics)招募的德国教师数量并不均衡。20 世纪 30 年代末,随着欧洲形势的持续恶化,新学院招聘了意识形态上更趋多元化的第二轮移民:施特劳斯就是其中一个典型例子。1940 年 5 月,随着德国入侵法国,研究所的国际化人员构成再一次发生重大转变。

在法国投降德国军队后的几个月内,洛克菲勒基金会和新学院成功介入,营救了 50 名法国学者到美国,其中有 34 人被安置到新学院(《流亡知识分子:难民学者与社会研究新学院》,前揭,页 79)。这一大批学者失败地融入大部分是德国人的哲学与政治科学研究所,这在 1942 年法国自由高等研究院(École libre des hautes études)成立时达到顶峰:高等研究院提供法文课程,它作为一所流亡法国大学得到了戴高乐(de Gaulle)的认可。哲学家、科学史家科耶热(Alexander Koyré)是这批法国难民戴高乐派的中心。20 世纪 30 年代初,科耶热与施特劳斯在法国相识(参见《流亡知识分子:难民学者与社会研究新学院》,前揭,第三章)。根据新学院一位历史学家的说法,"这一戴高乐主义的核心"[90]拒绝"新学院的整个思想方向"。他们公然反对约翰逊

---

① Peter M. Rutkoff 和 William B. Scott,《新学院:社会研究新学院校史》(*New School: A History of the New School for Social Research*),前揭,页 91-103。

的融合尝试,"继续培养其民族主义的赫尔墨斯神智学(hermetism,[译按]一种神秘主义哲学、神学),频繁口头攻击哲学与政治科学研究所,直到1945年返回法国"(《流亡知识分子:难民学者与社会研究新学院》,前揭,页85-86)。到了1946年,自由高等研究院的剩余部分成员完全脱离了新学院,在纽约成立了自主性的法国文化研究所。

当施特劳斯1938年来到新学院时,周围大多是逃离捷克斯洛伐克、奥地利和意大利的学者们。他是新学院任命的第二轮流亡学者中的一个。个人财力的窘迫以及一些协助救援工作的美国大学的拒绝录用,使这位颇具潜力的流亡学者拥有的理想状况少之又少。"援助德国流亡学者紧急委员会"试图通过为难民学者筹措少得可怜的一年或两年的部分薪资的方式,来鼓励美国大学任命它们选中的那些流亡学者(《流亡知识分子:难民学者与社会研究新学院》,前揭,页61-69)。

与一些同事一样,施特劳斯通过在美国东北部一些高校做兼职讲师的方式,来贴补自己在新学院哲学与政治科学研究所开始工作时的收入。施特劳斯在一年内取得了美国国籍,因此,他得以安排自己的妻子和继子——佩特里(Thomas Petri)横渡大西洋与他在纽约一起生活。在新学院哲学与政治科学研究所任职期间(1938-1948年),施特劳斯从讲师职级擢升为副教授,并最终获得全职教授职称。

我们可以通过考察施特劳斯参与的合作项目、学术成果及其教学活动,来评价他在新学院的存在。施特劳斯在新学院接受的首要职责之一是担任《社会研究》杂志的副主编。该杂志的主编斯佩尔(Hans Speier,1905-1993),20世纪20年代末在柏林与施特劳斯相识。①《社会研究》在许多方面成为《社会科学与社会

---

① 斯佩尔1929年与施特劳斯相识。斯佩尔的犹太妻子丽莎(Lisa)与施特劳斯的夫人米丽娅姆(Miriam)在埃尔富特(Erfurt,[译按][转下页注]

政策文库》(Archiv für Sozialwissenschaft und Soziapolitik,[译按]1903年,韦伯与桑巴特等人共同发起创办的杂志)的美国化身,因为斯佩尔曾在柏林大学政治学院资深同事——莱德勒(Emil Lederer)指导下担任《社会科学与社会政策文库》的助理编辑。《社会研究》杂志试图以哲学与政治科学研究所的综合研讨会为依托,使研究所的教师以连贯一致的群体形象出现在美国学界面前。① 综合研讨会旨在实现研究(Forschung)和阐述(Darstellung)的跨学科融合,而这也正是ISR和柏林大学政治学院践行的辩证理想(dialectical ideal)。② 在新学院与《社会研究》的第一部战时文集——《我们时代的战争》这部集体学术成果中,约翰逊表达了哲学与政治科学研究所的合作愿景:"一个人不能单独做什么事情",约翰逊骄傲地宣称,"但是一群人通过真诚合作能够做到这一点。"③

施特劳斯为《社会研究》杂志贡献了许多文章和评论,但总

[接上页]德国中部城市)时是同班同学和童年时代的朋友。1933年,斯佩尔和作为医生的妻子在失去柏林的工作后移居国外。斯佩尔是流亡大学招聘的第一批成员之一。见斯佩尔在《苦难的真相和政治与文化别论(1935 - 1987)》(The Truth in Hell and Other Essays on Politics and Culture, 1935 - 1987, New York: Oxford University Press, 1989, 页9)中所作的介绍。

① Peter M. Rutkoff 和 William B. Scott,《新学院:社会研究新学院校史》(New School: A History of the New School for Social Research),前揭,页104 - 105。1933 - 1937年间,综合研讨会由12名参与者组成。1938年以后,参与者的数量维持在18 - 24人之间。

② 关于ISR探究及阐述的观念,见Martin Jay,《社会研究所:在法兰克福和纽约之间》(The Institute of Social Research between Frankfurt and New York),载于他的《立场:在思想史与文化批判之间》(Force Fields: Between Intellectual History and Cultural Critique),New York:Routledge, 1993,页14 - 15。

③ Alvin Johnson,《我们时代的战争》(War in Our Time),Hans Speier 和 Alfred Kaehler 编,New York:Norton, 1939,序言,页9。

的来说，他的投稿作品与该期刊之间具有复杂的关系。虽然一些论点致力于维护言论自由，但施特劳斯的投稿作品却一贯地表达了对这种自由原则的矛盾态度。① 在目前的讨论中，我们应当注意施特劳斯试图影响自由民主制的一个战场：教育。

［91］施特劳斯纽约这一时期作品的写作对象并非知名哲学教授，相反，这些作品旨在激发他的学生们和其他潜在哲人的强烈兴趣。像柏拉图一样，施特劳斯亲切地将这些预期受众称为"年轻的小狗儿们"（the young puppies）。② 因此，施特劳斯试图通过纽约时期发表的作品来实现触及优秀青年灵魂这一"显白"的目标。对哲学主题的通俗处理恰恰是至关重要的，因为这一水准决定着赢得抑或失去年轻的一代。事实上，我们将会看到，施特劳斯谴责魏玛倡导的理性主义对年轻一代需求和关切的视而不见，因而为虚无主义和最终的纳粹主义铺平了道路。

施特劳斯针对怀尔德（John Wild）的专著《柏拉图的人论》（*Plato's Theory of Man*）撰写了一篇扩展评论，目的是教导他的学生们要审慎地接受一种为大众传媒所广泛接受的权威学说。③ 在

---

① 参较托马斯·曼（Thomas Mann）、比尔德（Charles Beard）等人在《社会研究》创刊号上发表的专题文章，公开谴责时下欧洲对异议和自由思想的迫害。

② 对于20世纪30年代中欧同性社交的犹太知识分子圈子的背景性论述，我受益于阅读瓦瑟斯特罗姆（Steven Wasserstrom）深刻但尚未发表的论文——《情妇与小狗：两次世界大战期间耶路撒冷的隐微主义文献学》（Concubines and Puppies: Philologies of Esotericism in Jerusalem Between the World Wars）。关于柏拉图学说中"年轻的小狗"的论述，见 Arlene W. Saxonhouse,《完美城邦的喜剧：理想国中的动物形象》（Comedy in Callipolis: Animal Imagery in the Republic），载于 *American Political Science Review*，卷72，第3期，1978年9月，页888-901。

③ Leo Strauss,《论柏拉图政治哲学的一种新解释》（On a New Interpretation of Plato's Political Philosophy），载于《社会研究》，卷13，第3期，1946年9月，页326-367。该文评论了怀尔德（John Wild）的论著——（转下页注）

一封致洛维特的信中，施特劳斯解释这一评论的意图是以这部专著为典型事例，表明"《纽约时代》、《论坛报》等报纸吹捧的是怎样一堆秽物（Mist von Idioten）"。①

施特劳斯在《社会研究》上发表的评论也毫无保留地表达了他与美国政治观念的格格不入。然而，美国确实代表了另外一个世界的最优选项。因此，在以不同方式批判另一部关于柏拉图的专著中，施特劳斯设法找到值得肯定的元素。施特劳斯列举一个实例，在这个实例当中，作者克罗斯曼（R. H. S. Crossman）将柏拉图置入与一位英国国会议员的对话当中："与你对谈时，我本应认为您的观念是合理的，当然它们并不合理，但这些观念与我拜访的大多数其他国家的观念相比更为合理一些。"②虽然施特劳斯认为英国和丘吉尔（Winston Churchill）治下的领导阶层优越于美国，但他很有可能会向一位美国参议员悄声转述上面那些话。③尽管美国距他心目中的最佳贵族政体模式相差甚远，但是欧洲的苦难已经缓和了他的预期。施特劳斯甘愿顺从地生活在在他看来本质上并不完美的社会中。

在此同时，新学院的许多流亡教师试图理解魏玛共和国的崩溃、国家社会主义的含义及其本质。事实上，20世纪30年代初纽

（接上页）《柏拉图的人学：走向现实的文化哲学》（Plato's Theory of Man: An Introduction to the Realistic Philosophy of Culture），Cambridge, Mass.: Harvard University Press, 1946。虽然受到施特劳斯的严苛批判，怀尔德的专著自首版以来仍再版了四次。

① 施特劳斯致洛维特的信是在1946年1月10日，并以"关于现代性的通信"（Correspondence Concerning Modernity）为题发表，载于 Independent Journal of Philosophy, 卷4，1983，页108。

② Leo Strauss,《论克罗斯曼的〈现代的柏拉图〉》（Review of R. H. S. Crossman, Plato Today），载于 Social Research, 卷8，1941年5月，页251，注释2。

③ 见，例如施特劳斯1946年8月20日致洛维特的信，载于"CCM"，页111。

约这家新成立学院的许多成员,都将他们的学院及其主办的刊物看作延续魏玛共和国民主政治与多元化理想的手段。流亡大学将魏玛方案移植到了美国的领土上。但在美国,自由主义的精神已渗入共和国的肌体之中,而这是施特劳斯所一直深恶痛绝的。正如本书第三章所主张的,施特劳斯发掘前现代不自由的境遇下兴盛起来的思想表达方式,这反映了他一贯反对鼓吹自由主义政制理念,而这一理念为德意志第三帝国的建立所摧毁。

施特劳斯向柏拉图、亚里士多德和色诺芬等古代权威求教,以理解现代极权主义及其[92]专制统治的生成机制。施特劳斯在《社会研究》发表的第一篇文章传达了他对欧洲法西斯主义的政治阴霾和历史主义思想危机的特有反应。

对多层次作品的多层次写作

当施特劳斯对知识分子以及他们共谋下催生的现代专制统治不抱任何幻想时,他把注意力转向了前现代思想家值得效法的政治取向。在《斯巴达精神,或色诺芬的品味》(The Spirit of Sparta; or, A Taste of Xenophon)① 一文中,施特劳斯试图通过重新评估色诺芬对共和政体政治精神的复杂批判来恢复古代人的哲学品味。②这样一种理解的关键在于认识到,与施特劳斯一样同为流亡者的色诺芬和全部的古代思想家,在最重要的宗教和政治问题上

---

① Leo Strauss,《斯巴达精神,或色诺芬的品味》(The Spirit of Sparta; or, A Taste of Xenophon),载于 *Social Research*,卷6,第4期,1939年11月,页502-536。

② "SSTX",前揭,页530。由于施特劳斯认同色诺芬对斯巴达公共政治精神的批判。因此,他对1923年政治犹太复国主义意图效法斯巴达政治的后果持保留意见就变得令人信服。

通过故意误导普通读者的方式来隐藏自己的真实观点以保护自己。只不过关注个人的安危,并非施特劳斯前人与观众期待大玩猫捉老鼠游戏的唯一动机。在对一群跨国界、超政治的精英分子公开发表思想的不同方式的分析中,施特劳斯新的修辞学倾向得到简要而又富有决定意义的展示。一位审慎的哲学作者可以写出两种完全不同类型的作品。在一种作品中,他可能"依照适度原则(rule of moderation)教诲真理",而在另一种作品中,他则可能"按羞敛原则"(rule of bashfulness)传达自己的教诲。①施特劳斯将柏拉图的《礼法》(Laws)和色诺芬的《斯巴达政制》(Constitution of the Lacedemonians,[译按]又译《拉西第梦的政制》)一类的作品,描述为"最羞怯之人的最羞敛的言论"。在1939年的这篇关于色诺芬(生于公元前431年,卒于公元前350年之前)的文章中,施特劳斯表明,"羞敛写作"(bashful writing)使哲学立场与公共的或看得见的善相适应,但与真正的善之间却水火难容。②

在施特劳斯笔下,色诺芬对斯巴达的伪善与肤浅进行了微妙且反讽性的批判("SSTX",页530)。斯巴达的专制精神使一切

---

① 在《斯巴达精神,或色诺芬的品味》一文中,施特劳斯将sophrosynê([译按]古希腊文,意指自制、审慎)一词生硬地解释为bashfulness[羞怯]。或许因为从社会公德的视角看,为节制或审慎(sophrosynê的典型定义)所冲和的哲学沉思被认为是bashful[羞怯的]。

② 见Gerald Proietti,《色诺芬的斯巴达:一篇引论》(Xenophon's Sparta: An Introduction),Leiden: E. J. Brill,1987。Proietti注意到,施特劳斯是如何在1939年的文章中推出色诺芬"以嘲讽的方式默默提到斯巴达妇女在性和饮酒方面众所周知的放荡,在心灵方面缺少任何教育以及斯巴达男孩与男人的心灵同样缺少真正的教育"。Prpietti称赞施特劳斯的经典解释学敏锐地捕捉到了色诺芬的讽刺主题:"在表面上赞扬斯巴达美德的地方,施特劳斯论证了色诺芬对那些美德肤浅本性的隐秘批判:代替对正义、智慧和真正适度的教育,斯巴达公民在惧怕和专制中接受的是服从、羞耻、伪善以及纯粹禁欲的训练。"见页xv – xvii。

事物都服从于社会公德的要求。然而,鉴于色诺芬是一个雅典人,他对雅典敌人采取羞敛的讥讽方式似乎多此一举。在施特劳斯看来,色诺芬已成习惯的哲学品味决定了其作品的嘲讽形式。作为一个哲学家,色诺芬不能简单地赞美雅典,因为这太容易了,哲人们知道真正难做的是那些高贵的事情。施特劳斯解释道:"色诺芬以隐晦的方式撰写他对斯巴达的批评,浅薄且不加批判的读者不禁想当然地以为这是对斯巴达的颂词,如此一来,他便无疑阻止了那些识断力不高的雅典钦慕者证实他们的偏见"("SSTX",页503)。尽管哲人应当调和自己的思想以适应所居的政治社会,但是他的高贵品味阻止他迎合流行的偏见。因此,这种精英意识将迁就融合与讥笑的、自私自利的投机主义区分开来。

[93] 根据施特劳斯的说法,色诺芬之类的作者以"一种极具才华的方式"隐藏了某些至关重要的观点。因此,解释色诺芬文本的任务就要求一个人"运用其全部想象力和理解力,以便在色诺芬的指导下在朝向智慧方面获得一些进步"("SSTX",页503)。由于读者依赖于施特劳斯的色诺芬评注,这是否可以推断出,为了哲学化的上升,我们可以把施特劳斯作为我们的向导?这是那种最终无法得到解决的问题,但也恰恰是要点之所在。施特劳斯采取的立场是,那些能理解的人自然会理解它。考虑到迈蒙尼德对章节标题和章节开头(roshe perakim)的重视,施特劳斯的文章标题和题词成为索解他对色诺芬评注的关键之处。①《斯巴达精神,或色诺芬的品味》提供了一种选择:公共精神抑或与之对抗的珍贵哲学品味。尽管施特劳斯摆出一幅历史学家的样子,但是,随着论证的铺展以及文章开头引用昆体良(Quintillian)的

---

① 参看施特劳斯在《〈迷途指津〉的文学特性》(The Literary Character of the *Guide for the Perplexed*,载于他的 *Persecution and the Art of Writing*, Glencoe, Ill.: Free Press, 1952,页77–78)中对章节开头(chapter heads)的讨论。

话作为题词，施特劳斯哲学家的真实立场便昭然若揭："我没有忘记色诺芬，但他只能在哲学家那里找到自己的位置。"①这句拉丁语引文并未翻译过来，也没有提供其相关出处——这在当时并不鲜见。但由于施特劳斯并没有回到昆体良的这句话，因此只有那些懂得拉丁文，并且能够定位该引文出处的读者才会理解，施特劳斯是在模仿色诺芬的样子：表面上是一位历史学家，实则是一位哲学家。②色诺芬利用"评注者或史家的特有免疫力，在其'历史'作品中阐发关于一些重大问题的真实想法，而非在这些作品中提出自己的教义学说"。同样的，施特劳斯也运用这种方式来解读法拉比和迈蒙尼德。③

然而，施特劳斯毕竟扮演了历史学家的角色。依凭历史学家的身份，他描述了自己对哲学上多层次写作（multilevel writing）的重新发现和随后的布局调整。我们可以提供自己的一些有根据的推测，并且补充施特劳斯后来关于这一主题的一些思考。然而，就当前的目的而言，从施特劳斯自己的分析着手是最为稳妥的。施特劳斯告诉我们，这种写作方式可追溯至古代和中世纪，但其衰落却只是发生在现代自由主义境遇下的事情。这些境遇使我们对哲学的极端危险性及其威胁视而不见。正如多重哲学写作与［对它的］迫害行动同时消逝了一样，20世纪三四十年代，它们

---

① 拉丁语原文为 Xenophon non excidit mihi, sed inter philosophs reddendus est ［色诺芬不会离开我，哲人们必须回到他那里去。（译按）正文中的译文依据本书的英文迻译］；Quintilian，《演说术原理》（*Institiones Oratoria*，又译《雄辩术原理》），卷 X, i, 74 - 75 行。

② 昆体良在本节论述的是历史学家，但却例外地称颂色诺芬为阿提卡演说家（Attic Orator），或者换言之，是一位希腊的哲学家；Quintilian，《演说术原理》（*Institiones Oratoria*），卷 X, i, 82 - 83 行。

③ Strauss，《法拉比的柏拉图》（Farabi's Plato），载于 *Louis Ginzberg Jubilee Volume*, Saul Liberman, Shalom Siegel, Solomon Zeitlin 和 Alexander Marx 编，New York: American Academy for Jewish Research, 1945，页 375。

又同时并肩齐现。①当代极权主义政制的崛起以及它们不自由的迫害处境预示着"一种被遗忘的写作艺术"的重新出现。②

由于不虔敬，即不敬奉城邦的传统诸神，苏格拉底受到怀疑，并被处以极刑，牢记这一点，施特劳斯认为色诺芬和柏拉图从苏格拉底的悲剧命运中吸取教训，因而隐藏了他们哲学上的怀疑主义或不信仰。然而，虽然哲人们需要隐匿自己的不信，但是，他们仍渴望与那些"能够而且愿意接受"他们不虔敬观点的特选人群交流自己的想法（"SSTX"，页534）。由于［94］这些志趣相投的潜在人群大多属于未来的几代人，因此，哲人觉得有必要为这些后世子孙冒险写作、阐发自己的观点。在施特劳斯看来，面对哲学教诲的隐秘性与刊行观点公开性之间的张力，多层次写作作为一种解决方案应运而生。这种向少数人敞开，同时对大多数人隐匿真理的写作技艺，建立在对人类本性纯然洞察的基础之上："如果某人讲了一个生动的故事，那么大多数人欣赏的是故事……只有一小撮读者会从这种引人入胜的叙述中恢复［神智］，反思故事，察觉它默默传达出的教诲"（"SSTX"，页534）。

在施特劳斯看来，畏惧迫害并不是哲学家必须隐匿其异端思想的唯一原因。相反地，

> 向大多数人隐瞒真理关乎责任问题。他们（古代哲人们）把揭示出的真理改头换面得跟它被揭示出之前一样难以理解，这就防止了……真理以公式化的方式遭到贱卖：就算有良师点拨从中襄助，那些靠自身努力仍无法重新发现真理

---

① "SSTX"，前揭，页535。
② 施特劳斯在后来的一篇批判《迫害与写作艺术》的回应文章中使用这个短语，这篇反驳文章后收入 Leo Strauss，《什么是政治哲学？》（*What Is Political Philosophy?*），Chicago：Universiy of Chicago Press，1988，页221-232。

的人,甚至不该看懂系统化表述的真理。正是以这种方式,古典作家们成为促进独立思考的最能干的导师。("SSTX",页535)

与此同时,施特劳斯探究了多层次写作的古代文本,他与萨洛蒙(Albert Salomon)、迈耶(Karl Mayer)一起开设课程,讲授社会理论中的一些特殊问题,因为这些问题关涉现代专制统治和极权主义的研究。施特劳斯对"半吊子的马克思主义"(half-Marxist)以及他的许多同事针对纳粹主义兴起所提出的精神分析学解释不屑一顾。①而更适合施特劳斯口味的是他的同事对密码信息、言辞及其文本的兴趣。事实上,施特劳斯对传统多层次写作的探究是他对极权主义现象做出回应的最重要方式。

下面两个小结侧重于施特劳斯1941年回应纳粹主义的几个其他路径。在那一年,施特劳斯在新学院发表了两篇演讲。一个集中于德国历史主义的危机,另一个则试图厘清虚无主义的出现。综合来看,这两个演讲传达了施特劳斯对最终为纳粹主义铺平道路的学术环境的独特理解。在后一演讲中,通过将分析嵌入到魏玛自由主义的历史背景中,尤其是考虑到对思想和运动起支配作用的那一代人的重要意义,施特劳斯扮演了一个历史学家的角色。然而,施特劳斯那一年作出的最广为人知的论述,是发表在《社会研究》上的《迫害与写作艺术》一文。这篇文章可以看作是上两篇演讲的一种扩展。概括而言,人们可以看到施特劳斯对自由主义,尤其是对魏玛自由主义挥之不去的反感,如何成为他回应欧洲极权主义的基础。

---

① 施特劳斯在 *SCR* 的英译本序言中使用了这一术语,见 *SCR*,前揭,页26。

[95] 知识社会学、德意志虚无主义与国家社会主义

在《社会研究》杂志上发表《迫害与写作艺术》的同一年，施特劳斯在新学院做了两场反映他对当前危机认识的不同演讲。这两个演讲均发表在多学科联合研讨会（joint faculty Seminars）上。《哲学与知识社会学》和《德意志虚无主义》关注于20世纪前30年德国思想的危机，对理性毁灭的成因、政治虚无主义和专制统治的崛起做出了尝试性（inadequate）的回答。这些演讲准确地标示出施特劳斯与流亡同行之间复杂的思想关联，事实上，这些演讲向听众传达了他所抨击的思想核心。

施特劳斯一直关注历史相对主义问题，例如，与后者相关联的政治和哲学研究可追溯至他魏玛时期的作品。① 在《哲学与知识社会学》中，施特劳斯对韦伯、杜威、胡塞尔、曼海姆、海德格尔、列宁以及对他们在社会学方法论方面影响的批判为其赢得了学院声誉，但并未获得承认，因为他批判的所指实际上正是其新学院同行们所信奉的方法论原则。施特劳斯反对上述社会科学理论家们所共享的见解、认识及其哲学。施特劳斯在魏玛期间已建立起这一系列批判。然而，在新学院，他将批判转向如何研究哲学，尤其是如何开始研究哲学这一替代性方案。在整个20世纪40年代，施特劳斯通过未来的哲学社会学的替代视野来反驳曼海姆

---

① 见施特劳斯魏玛时期的论文（载于 GS，卷2，页 333 – 338，341 – 350，365 – 376），《历史社会学》（Soziogologische Geschichtschreibung?, 1924）、《论析欧洲学术》（Zur Auseinandersetzung mit der europäischen Wissenschaft, 1924），尤其在 Der Konspektivismus（1929）一文中，施特劳斯对曼海姆的知识社会学作出了直接回应。

的知识社会学，实现《哲学与知识社会学》的目标。①创建哲学社会学这一方案的论战冲动——首次出现在 1952 年的《迫害与写作艺术》的导论中——源自于施特劳斯对曼海姆的自由漂移知识分子模型的魏玛批判，后者通过廓清相互论战的意识形态，社会或社会经济团体的合法权益来达到总体性的全局观念。这种为当代社会科学所珍视的民主"知识"，相对化了社会各阶层提供的最紧迫的政治主张。然而，对施特劳斯而言，"人应当如何生活？"、"何谓最佳政制？"之类的古代根本政治问题，则不能为人们当相互容忍歧见（agrees to disagree）的宽容多元主义简单地打发了事。如果律法和（或）立法者的起源和性质受到质疑，那么以什么为基础来判定一个政体的好或坏呢？这些关切赋予施米特的自由主义政治批判和施特劳斯的现代性批判以更普遍的生命力。

新学院哲学与政治科学研究所的综合研讨会成为施特劳斯很多著名演讲和论文的发源地，在之后的 30 年，这些演讲和文章以更为精致的形式得到再现。[96] 对于耶路撒冷与雅典，自然正当问题以及柏拉图式政治学古典传统的研究，在综合研讨会上都曾获得清晰的阐述。综合研讨会同时为施特劳斯反思"德国问题"提供了背景，因为该问题成为这一研究小组 1941 年的研讨会［主题］。②社会研究所③对纳粹主义的政治、心理及其经济基础进行了

---

① 见施特劳斯，《迫害与写作艺术》（*Persecution and the Art of Writing*）一书的导论。

② Rutkoff 和 Scott，《新学院：社会研究新学院校史》（*New School: A History of the New School for Social Research*），前揭，页 137 – 143。

③ 对这些研究的综观分析，见 Martin Jay，《社会研究所的纳粹分析》(The Institute's Analysis of Nazism)，载于《辩证的想象：法兰克福学派与社会研究所的历史（1923 – 1950）》（*The Dialectical Imagination: A History of the Frankfurt School and the Institute of Social Research, 1923 – 1950*），Berkeley and Los Angeles：University of California Press，1973，页 143 – 172。见，例如，Franz Neumann，《巨兽：国家社会主义的结构与实践》（*Behemoth: The*（转下页注）

开创性的研究。政治科学研究所的综合研讨会则很少提供单一学科的讨论会，而是从跨学科的视角探讨欧洲法西斯主义的性质及其成因。①德国问题研究小组聚拢了一批不同学科背景的学者，如经济学家海涅曼（Eduard Heinemann）、政治学家胡拉（Erich Hula）、社会学家迈耶（Karl Mayer）、萨洛蒙（Albert Salomon）、哲学家里茨勒（Kurt Riezler）、哲学家、心理学家卡伦（Horace Kallen）、哲学家考夫曼（Felix Kaufmann），小组在1941-1942学年定期召开论坛。与会成员递交论文所阐述的问题正是施特劳斯之前二十余年著述的核心：欧洲自由主义危机。

（接上页）*Structure and Practice of National Socialism*），New York：Oxford University Press，1942；Arkadij Gurland，Otto Kirchheimer 和 Franz Neumann，《纳粹德国小企业的命运》（The Fate of Small Business in Nazi Germany），Washington，D. C.：U. S. Government Printing Office，1943。Theodor Adorno 和 Max Horkheimer，《启蒙辩证法：哲学断片》（Dialektik der Aufklarung：philosophische Frägmente），Amsterdam：Querido，1944；Otto Kirchheimer，《国家社会主义的法治秩序》（The Legal Order of National Socialism），载于 *Studies in Philosophy and Social Science*，卷9，1941，页456-475。

① 1934年，《社会研究》创刊号上发表克罗齐（Benedetto Croce）弟子波格塞（Giuseppe Antonio Borgese）的专题文章——《法西斯主义的思想起源》（The Intellectual Origins of Fascism）；以及出自综合研讨会研究课题的蒂利希（Paul Tillich）文章《极权主义国家与教会的主张》（The Totalitarian State and Claims of the Church）。见 Social Research，卷1，1934，页405ff. 和475ff.。关于这一研究的其他一些作品，包括 Max Ascoli 和 Arthur Feiler，《法西斯主义究竟为了谁?》（*Fascism for Whom?*），New York：Norton，1938；Eduard Heinemann，《共产主义、法西斯主义还是民主主义?》（*Communism, Fascism, or Democracy?*），New York：Norton，1938；Adolph Lowe 的小册子，《自由的代价》（*Price of Liberty*），London：L. and Virginia Woolf at the Hogarth Press，1937。这个小册子原是写给蒂利希的私人信件，后为 Elsa Sinclair 迻译为英文，译者曾翻译施特劳斯的专著《霍布斯的政治哲学》（*The Political Philosophy of Thomas Hobbes*）。

施特劳斯提交给综合研讨会的论文聚焦于德意志虚无主义。①研究小组宣读了劳希林（Hermann Rauschning）的《虚无主义革命：警告西方》(The Revolution of Nihilism: The Warning to the West)，为尽快与英国和美国读者见面，该书被迅速迻译为英文。②劳希林是一位德国民族主义者，于1933年在担泽（Danzig）加入纳粹党，几年之后对国家社会主义幻想破灭，从1938年到1945年纳粹战败为止撰写了几部谴责德意志第三帝国的著作。③施特劳斯对这部专著的批判并非我们的兴趣所在。施特劳斯利用这一时机反省了自己的一代，即经历了第一次世界大战，对自由主义和欧洲文明产生幻灭感的那代人。在施特劳斯看来，他们那代人为希特勒掌权扫清思想道路的一批思想家所倾倒。在《德意志虚无主义》讲座的开始部分，施特劳斯将目光瞄向一群特殊的知识分子：这群年轻、高尚的德国人以一种非虚无主义动机促成了虚无主义。施特劳斯支持重建这一群体强有力的道德，以对抗骄傲自满和消费主义堕落、空疏的文化。他剥离出尼采对共产主义愿景的理解，并

---

① Leo Strauss，《德意志虚无主义》（German Nihilism）。这篇演讲发表于1941年2月26日；我没有找到证实该文本得到实际刊发的任何记载。这篇演讲稿最近在 Interpretation（卷26，第3期，1999年春季号，页353－378）上刊发了精心编辑的评注版。其原稿（草稿）现存于施特劳斯档案第8箱第15文档。

② Hermann Rauschning，《虚无主义革命》（Die Revolution des Nihilismus; Kulisse und Wirklichkeit im dritten Reich），Zurich: Europa Verlag，1938。其英译删节版以"虚无主义革命：警告西方"（The Revolution of Nihilism: Warning to the West）为题出版，E. W. Dickes 译，London: Alliance Book Corporation; Longmans, Green, 1939，英文版截止到1939年8月重印了三次。见德文版（Zurich: Europa Verlag，1964）编辑 Golo Mann 的开场白。

③ 见1938年德文版《虚无主义革命》（Die Revolution des Nihilismus）的开始部分，这部分的标题为 Nationale Kritik（页5－13），在那里，Rauschning 描述了自己如何从最佳的民主主义动机被引向国家社会主义，不承想却误入歧途。

将其视为这群敏感的反动分子真正害怕的东西。"一个太平世界的前景",施特劳斯解释道,"是一个没有统治者和被统治者,仅仅致力于生产和消费的全球社会,并且仅仅生产和消费精神和物质的商品,这对于一些为数不多、相当明智和正派的德国人(虽然很年轻)而言,这幅图景实在可怕。"①这一共产主义的梦想是"那些年轻德国人"萦绕心头的梦魇。施特劳斯并没有明确表述自己是否属于这一选定的年轻群体和被误导的反动虚无主义者。然而,他对反叛背后动机的辩护性分析,以及对启蒙理性主义和浪漫主义、资本主义和共产主义之外第三条道路的探求,传达出他对魏玛自由主义的蔑视态度。

[97] 我们应当记得,正是这些激进力量和革命性欲望的智识氛围塑造了魏玛时期施特劳斯的思想。例如,在对施米特《政治的概念》(1932)一书的评注中,施特劳斯指出,从魏玛政治深处绽出的迄今为止未命名的范式,构成了一种"超越自由主义的视界"。②施米特,尤其是海德格尔以及附随的与之保持一定距离的卡西尔、新康德主义,甚至胡塞尔现象学的智识影响,促成了施特劳斯的魏玛批判。形成这一思想肖像的另一方面是施特劳斯所参与的魏玛犹太亚文化。与其他更宽泛的魏玛激进力量一样,犹太文化也被注入了一种决裂与复兴的精神。③

---

① Leo Strauss,《德意志虚无主义》(German Nihilism),前揭,页360。
② 见 Leo Strauss,《〈政治的概念〉评注》,第3节。
③ 在施特劳斯时代的精英分子们看来,德国犹太人的复兴取决于放弃对自由主义的渴望,而渴望自由主义是德国犹太"文化资产者"(Bildungsbürgertum)的标志。施特劳斯参与德国犹太复国主义青年运动——犹太联谊会(Jewish fraternities)和其他一些大学组织,如罗森茨威格的法兰克福"教育之家"(Lehrhaus),这反映了更大的魏玛指控背景下特殊的犹太表现形式。

关于德国虚无主义的讲演彰显了施特劳斯对他所明确宣称的那批保守主义革新者的熟稔，这些保守主义革新者们包括：斯宾格勒（Oswald Spengler）、海德格尔、施米特、布鲁克（Möller van den Bruck）和恽格尔（Ernst Jünger）。我们可以找到仅有的一个实例，在这个实例中，施特劳斯公开引用了恽格尔《劳动者》（Der Arbeiter）中的一段文字，这段文字颂扬了第一次世界大战期间服役于前线士兵的体验式理解（experience-based understanding）。①在进行《德意志虚无主义》演讲的同一年，施特劳斯在对洛维特《从黑格尔到尼采》一书的评论中也提到了恽格尔。②但在后来对魏玛智识影响的回忆中，施特劳斯却略去了恽格尔和布鲁克。③施特劳斯既不提倡保守主义革新者高度审美化的政治愿景，也不鼓吹军国主义的精神素质：勇气。尽管如此，施特劳斯对根植于"德国虚无主义"的道德意向的同情式处理，表明了他的保守主义从魏玛一直延续到其美国时期。

纽约的这一演讲发生在第三帝国诞生大约十年后，施特劳斯将德国文化、社会、政治和哲学的崩溃归咎于保守主义革新派教授、作者"有意无意为希特勒铺平了道路"，以及他们最易辨识

---

① 见，例如，施特劳斯，《德意志虚无主义》（German Nihilism），前揭，页369。施特劳斯援引这段文字，后者颂扬了士兵的尊严因战争经历的精炼而变得高贵。"没有谁的心灵会比在索姆河（Somme）或弗兰德斯（Flanders）随处倒下的士兵的心灵更深邃、更觉悟——谁要是对此一无所知，他的心灵是何面目呢？这便是我们需要的标准。"Ernst Jünger，《劳动者：统治与形态》（Der Arbeiter: Herrschaft und Gestalt），Hamburg: Hanseatische Verlaganstait，1932，页201；Ernst Jünger，《著作集》（Werke），1963，卷6，页221。

② 见 Social Research，卷8，第4期，1941年11月，页513。

③ 此处，我参考了施特劳斯的《〈斯宾诺莎的宗教批判〉英译本序言》（写于1962年，发表于1964年）以及施特劳斯与克莱因（Jacob Klein）在圣约翰学院的座谈——《剖白》（A Giving of Accounts）。

的对手——魏玛自由派。①在施特劳斯看来,魏玛自由派应受谴责主要出于以下两方面原因。首先,他们未能培养理智自律,使青年群体为渗透的"情感自制"所宰制。由此导致的情感幼稚助长了决断主义和沙文主义倾向。②其次,他们从来没有尝试去参与或理解年轻一代发现的如此可憎的西方堕落。通过无视年轻人不满的合法性,年长的、更温和的声音仅仅言说过去的年轻一代:

> 他们给人的印象是背着古旧陈腐传统的沉重包袱,年轻的虚无主义者则不受任何传统的束缚,拥有完全的活动自由——在精神战争以及现实战争之中,行动自由便意味着胜利。就像智识上的有产阶级面对着智识无产阶级(怀疑论者),年轻虚无主义者的论敌们拥有一切便利,也有一切不利。③

[98] 施特劳斯运用军事隐喻的手法和挪用马克思主义范畴,以便重温高度风险的思想冲突。另外,关注年轻心灵的未来不仅是理论的,更是政治的。在施特劳斯看来,"孩童们的反抗"跳过了理智的成熟阶段,直接从"青少年时期跨入到老迈年高"。当然,对贵族青年腐化堕落的关注是柏拉图的对话,尤其是《申辩篇》(apology)和《卡尔米德篇》(Charmides)最明显的主题。这一直接针对苏格拉底不敬神的指控,发生在许多叛国行为、臭名昭著的"长老会"(一群寡头政治执政者,于公元前411年夺取了雅典政权)统治以及公元前403年的"三十僭主"之后。这些群体中的许多人,如克里提亚(Critias)和声名显赫的贵族阿尔喀比亚德(Alcibiades,公元前451-前450—公元前404-前

---

① 施特劳斯,《德意志虚无主义》(German Nihilism),前揭,页362。
② 对施米特"决断论"的论述是在第二和第三部分。
③ 施特劳斯,《德意志虚无主义》,前揭,页362-363。

403）都是苏格拉底的学生。①由于国家社会主义的阴霾，施特劳斯把责任归咎于埋首国家社会主义的知识分子典范，如海德格尔和施米特。然而，施特劳斯同时认为，盲目、软弱的自由主义教育者也应承担责任，因为他们无力从事吸引年轻人热情和激情的紧迫问题。他们未能对同时代的魏玛政权及其合法性基础保持浓厚的兴趣。结果，最有前途的年轻人为了获得精神寄托被迫投入虚无主义的怀抱。

鉴于施特劳斯赋予教学艺术以重要的地位，他对一种清晰表达的新的教学方向未作任何提及，就显得格外引人注目，这种新的教学法产生于20世纪头四分之一，以某位魅力超凡的引领者及其内部圈子为典范。一些著名的圈子以格奥尔格（Stefan George）和海德格尔为中心，犹太人的例子包括诺贝尔（Alfred Nobel）、布伯（Martin Buber）和罗森茨威格（Franz Rosenzweig）——他们都拒绝自由主义的教育模式，支持超凡魅力引领者的教育原则。所有这些群体都投身于革命精神的重建和（或）复兴。施特劳斯的精英保守主义是在这些小圈子所表征的模型下发展起来的，而且，他试图在美国重建这一模式。由于施特劳斯发展了众多忠诚弟子环绕的内部圈子——这个圈子强调内部人—圈外人在接近学术出版物及其教义方面的差异，在此基础上，他们形成了自己特有的理论学说——因此，他最终采取的是英国乔治王朝时代教学模式的哲学形式。

教学法的政治意义是施特劳斯战争期间发表的众多显白文章

---

① 关于公元前420到前430年雅典社会和观念中"贵族青年"的讨论，见L. B. Carter，《闲适的雅典人》（*The Quiet Athenian*），Oxford：Clarendon Press，1986，页52ff。Carter在他关于柏拉图、修昔底德、色诺芬、阿里斯托芬的专著中论述了贵族青年的主题，列出了公元前420年间这些年轻人身上可能具有的特征：富有的年轻人、斯巴达式同情和体育场的同性恋氛围。

的核心，这些显白文章作为多层次的作品意图面向广大的读者。如果说高贵的德国青年由于无法获得超凡魅力引领者的指导而误入虚无主义深渊，那么，施特劳斯试图撰写一系列的论文，通过运用多层次写作策略、勾勒哲学史要点的方式来吸引年轻的美国学子。这些公开发表的论文遵循了清晰表达的学术规范，但却默默地运用了一些多层次的评述策略。在尝试运用了这些写作策略之后，施特劳斯在其影响深远的《迫害与写作艺术》一文中，阐发了一种全新的清晰要点。

[99] 研究规划

尽管在来到新学院之前施特劳斯就已对隐微—显白写作做出了描述说明，但现在，他围绕这一主题提出了一项研究规划，在余下学术生涯的思想论战中，这项规划巩固了他的学术地位。在关于这一主题的欧洲写作中，施特劳斯将隐微—显白繁盛之传统划分为三个不同的阶段：公元前4-5世纪的希腊、10-13世纪的中古伊斯兰教、17至18世纪晚期的欧洲。1939年，施特劳斯撰写了《显白的教诲》（Exoteric Teaching）一文，对第三阶段出现的隐微写作现象进行了持续且相当率直的叙述。① 这篇身后发表的文章追溯了公开出版著作的欧洲血统，为了兼顾敏感政治和道德教诲，这些文本采取密码写作形式，仅仅面向那些精挑细选的潜在读者。根据施特劳斯的说法，这种写作方式消失于18世纪末。这一被遗忘传统的最后一位代表人物是德国启蒙者莱辛（Gotthold

---

① 对该文的所有引用参阅施特劳斯身后发表的《显白的教诲》一文，Kenneth Hart Green 对原稿进行了认真的编校，载于 *Interpretation*，卷14，第1期，1986年1月，页51-59。此处引用的最终版本见施特劳斯档案第9箱第18文档；前期副本见施特劳斯档案第12箱第2文档。

Ephraim Lessing）。在施特劳斯眼中，莱辛"以一种独特的方式集哲人和学者这两种如此迥异的品质于一身"。但从 18 世纪 70 年代以来，在一些重要却常被忽略的作品中，①莱辛论述了显白和隐微写作之间的区别：

> 如此清晰且充分的讨论，只有如下的人才能做到：他仍然认为显白论不只是过去的一个奇怪事实，毋宁是所有时代的一种可理解的必需，因此也是他自身写作的一个指导原则。简言之，作为作家，莱辛最后一个揭示——同时也隐藏——那些迫使智慧之人隐藏真理的理由：他以字里行间的写作方式讨论字里行间的写作技艺。②

笔者认为，只是在完成这篇文章两年后，施特劳斯便重新拾起了在莱辛那里中断的工作。《迫害与写作艺术》以及后来被收录在同名著作里的那些论文，彰显了施特劳斯"以字里行间写作方式讨论字里行间写作艺术"的努力。本节就是要考察施特劳斯为何以及如何在美国开始这项工作的。

《迫害和写作艺术》一文的开场白提请关注许多现代国家的当前处境，这些国家"实际上一直享有公开讨论的充分自由"，不过现在，这些自由受到独裁政权的压制，取而代之的是一种强制：人们的言论必须与政府持有的官方意见相一致。③ 这篇文章

---

① 施特劳斯引用了三篇文章，它们分别是《莱布尼兹论永罚》（Leibniz von den ewigen Strafen，1773）。《维索瓦蒂对三位一体说的异议》（Des Andreas Wissowatius Einwürfe wide die Dreieingkeit，1773），最重要的是《恩斯特与法尔克》（Ernst und Falk，1777 与 1780）。

② Strauss,《显白的教诲》（Exoteric Teaching），前揭，页 52。

③ 本书对《迫害与写作艺术》一文的引用，均出自收入《迫害与写作艺术》一书的重印本，University of Chicago Press, 1952, 页 22。（转下页注）

的开头部分关注思想与言论自由的当前危险，这似乎与《社会研究》读者的期望相符。开头的几句为考察强制或迫害对"思想及行动"的影响提供了情境。①与思想和行动之间的联系一样，它们之间的差别［100］引出了政治共谋的主旨，以及成功地控告他们所需的证明责任。

在这篇文章的第一个脚注中，［思想与行动的关系］这条主线贯穿了所有的三个引文文献。通过援引连接写作与行动的合法性原则——Scribere est agere［写作即行动］，布莱克斯通（William Blackstone）在《英国法释义》（Commentaries on the Laws of England）一书中对其做了分析——施特劳斯开始了这条注释。②布莱克斯通在《英国法释义》第四卷第六章论述了"叛逆罪"（alta proditio）的一般性问题，然后将注意力集中于具体问题：是什么构成了叛逆的言语行为，以及检控方证明作者意图的沉重负担。在这个脚注中，作为一种比较，紧跟布莱克斯通的，是对马基雅

（接上页）《迫害与写作艺术》一文首次发表在《社会研究》，1941 年 11 月，页 488–504。

① 思想（或主张）与行动的［关系］是施特劳斯理解某些前现代作家的主要着眼点。在《迫害与写作艺术》收录的那些文章中，见，例如，《〈迷途指津〉的文学特性》（The Literary Character of the Guide for the Perplexed），页 77，注释 112，和页 86–87。见 Michael S. Kochin，《施特劳斯〈迫害与写作艺术〉中的道德、自然和隐微术》（Morality, Nature, and Esotericism in Leo Strauss's "Persecution and the Art of Writing"），载于 Review of Politics，卷 64，第 2 期，2002 年春季号，页 261–283。同时参见 Steven B. Smith，《施特劳斯的柏拉图式自由主义》（Leo Strauss's Platonic Liberalism），载于 Political Theory，卷 28，第 6 期，2000 年 12 月，页 787–809。

② 接着"写作即行动"这句话，施特劳斯谈到了布莱克斯通的《英国法释义》（Commentaries on the Laws of England），第 15 版，London: The Stand, 1809，第 4 卷第 6 章。这一原则作为一个问题被明确提出是在第 81 页，更一般性的讨论则出现在页 74–92。

维利阴谋论述的引用。①作为一名法律专家,布莱克斯通尤为强调与控告口头言论、写作或出版作品的叛逆意图相关联的繁重的举证责任。作为一位行动的哲人,马基雅维利则着眼于阴谋反对一个僭主或一个共和政体失败或成功的决定性因素。马基雅维利警告说,阴谋需要最极端的审慎和无畏的结合。首要的问题是将密谋的想法吐露给那些值得信赖的人,以争取他们成为共谋者,但这也增加了背叛的风险。在这个问题上,可与马基雅维利相比较的是笛卡尔,后者为自己没有发表关于宇宙物理性质的论文作出了说明。在《谈谈方法》(*Discourse on Method*)的第六章,笛卡尔坦陈,迫害的可能性使他对发表异端作品的后果感到害怕,即使这一作品,像伽利略和布鲁诺发表的那些作品一样将会推动科学的发展,从而促进其他的普遍福祉。在前一章中,笛卡尔提供了这一未发表作品的大致内容:他声称自己已经完成了一部异端的作品,但这一作品对他而言的唯一罪证是他自己的描述和自责。这里,笛卡尔是否真的写了这样一部作品并不重要。相反,在探讨"写作即行动"的背景下,笛卡尔的表白意在攻击检控与迫害的丑行。②

施特劳斯对隐微—显白写作的公开披露,必须结合过去文本

---

① 施特劳斯还提到马基雅维利的《李维史论》(*Discourses*),卷3,第6章,I Classici del Giglio,页424-426。该章的标题中带有"阴谋"的字眼儿。

② Georges Van Den Abbeele 挑衅性地抨击了施特劳斯的观点。他将笛卡尔反对审查制度的立场与他所认为的施特劳斯对人类基本自由的漠然态度加以比较。尽管施特劳斯的"显白写作"具有复杂的动态变迁过程,但Abbeele 仍批判这一观点的道德缺失:"在这其中缺失了什么……是对审查制度丑行的强烈感受,就是说,这里缺失的是那些饱受冤屈的主观个体道德义愤的强烈感受"Georges Van Den Abbeele,《写作的迫害:重温施特劳斯与审查制度》(The Persecution of Writing: Revisiting Strauss and Censorship),载于 *Diacritics*,卷27,第2期,1997年夏季号,页15。

的考察来加以解读。但如果施特劳斯的旨趣不限于对过去阴谋的兴趣,而是实际上鼓励选择性地参与当前的谋反,那么,他若想获得成功,就必须同样地践行审慎与无畏的结合。

施特劳斯开篇援引维多利亚时代道德史家勒基(W. E. H. Lecky,1838 - 1903)的隽语,来表明自己的意图:"恶经常被证明能起到解放心灵的作用,这是历史上最令人羞耻,同时也最没有疑问的事实之一。"①在施特劳斯的文章中,解放的恶——正如文章标题所表明的——即指迫害。与之相反的自由宽容的"美德",在施特劳斯看来,则反讽地导致智识上的屈从,或至少可以说,思想上的停滞不前。施特劳斯在德国和欧洲职业生涯中表现出来的对自由主义的憎恶以独特的方式重现于这篇文章之中。施特劳斯解释道,所谓的"思想自由"[101]往往被等同于"一种选择的能力,即能够在少数身为公共演说家或作家的人的两个或多个不同观点之间进行选择"。"如果妨碍了这种选择",施特劳斯继续写道,"许多人所能保有的唯一一种思想独立性就不复存在了,而这也是唯一具有政治重要性的思想自由。"②

施特劳斯感兴趣的迫害背景下的那些交流形式,以某种特定方式在他新学院同事和《社会研究》投稿者的学术关切中得到了共鸣。1941 年 4 月,施特劳斯新学院的同事在施派尔(Hans Speier)和克里斯(Ernst Kris)的领导下制定了关于极权主义通讯的研究计划。第二次世界大战期间,这个研究小组致力于研究

---

① 关于勒基,见 Benjamin Evans Lippincott,《维多利亚时代民主政治的批判者们》(*Victorian Critics of Democracy*:*Carlyle*,*Ruskin*,*Arnold*,*Stephen*,*Maine*,*Lecky*),London:Oxford University Press;Minneapolis:University of Minnesota Press,1938;最近的关于勒基的小传见 Donald McCartney,《勒基(1838 - 1903)》(*W. E. H. Lecky*(1838 - 1903):*historisches Denken und politisches Urteilen eines anglo - irischen Gelehrten*,Göttingen:Vandenhoeck & Ruprecht,1997。

② Strauss,《迫害与写作艺术》,前揭,页 23。

德国的宣传活动。作为美国联邦通讯委员会对外广播情报处的首席德国事务分析员，施派尔暂时离开新学院，以便在华盛顿继续开展这一研究课题。①

在施特劳斯看来，政府可以审查那些公开反对它试图让人们信以为真的东西，但扼杀真正的思想独立却困难得多，因为并非所有人都会轻易相信政府倡导的观点。②当"普通人"仅仅因为不断重复便轻易地相信某事为真时，真正独立的思想家则不屈从于这种常见的思维方式。不自由政治境遇的优点在于，它能够推动一个特殊群体去探究这种迫害的政治背景下人们可以获得、受到保护，且超越时空限制的、真正独立的思维方式。施特劳斯大胆地宣称，在那些思想专制的国家，"对于所有那些能够进行真正独立思考的人，根本无法迫使他接受政府倡导的观点。因此，迫害无法阻止独立思考"（《迫害与写作艺术》，前揭，页23）。相比之下，自由主义往往能够麻痹知识分子的神经，导致其思想的骄傲自满。

施特劳斯进一步宣称，迫害甚至无法阻止"异端真理的表达"，"因为只要一个有独立思想的人虑事周全，他就可以不受伤害地公开表达自己的观点。倘若他能够采取字里行间的写作方式，他甚至能够以出版物的形式发表观点，而不会给自己带来任何危险"（《迫害与写作艺术》，前揭，页24）。这篇纲领性论文表达了对写作与行动施加迫害的后果。正如我们将看到的，迫害对著述活动的影响仅涉及限制其言说方式。而迫害的优点则在于，迫使"那些持异端观点的作家发展出一种独特的写作技巧……即一种字

---

① 见 Ernst Kris 和 Hans Speier，《德国的广播宣传》（*German Radio Propaganda: Report on Home Broadcasts During the War*），London: Oxford University Press，1944。

② 施特劳斯这里使用了"马的逻辑"（horse-drawn logic）这一短语，见《迫害与写作艺术》，前揭，页23。

里行间写作的技艺"。

施特劳斯对政治处境的动态变化,以及这一处境所引发的解释学倾向的理解,表现了他关于这方面真正的社会学兴趣。施特劳斯强调对压制与审查背景下出现的各种异议表达具有解释学的敏感性。西欧国家相对较少迫害的现代处境,相应地导致了对多层次写作这一古老形式之有效性和必要性的集体遗忘。因此,核心的悖论是 20 世纪 30 年代崛起的专制与迫害,促发了真正独立的[102]思维方式的复兴。这一施特劳斯提到的"显白教诲"或"苏格拉底式写作"的复兴,容许人们表达他或她的颠覆性观点,只要这些观点对一般检控官而言并不显见,而是比喻性地隐匿于"字里行间"。①

由此产生的问题是:由于施特劳斯是在自由主义的背景下——在纽约社会研究新学院这一官方机构的资助下——刊文著书,那么对他而言,通过编码写法来论述密码写作的主题,其合法性依据何在?尤其是,正如他所声称的,隐微—显白作为一种文学类型兴盛于不自由的政治背景下?一些其他方面的因素或许会促使我们相信《迫害与写作艺术》并不是一部隐微或显白作品。施特劳斯明确拒绝对所有作品都采取字里行间阅读法,"因为这要比不采取字里行间阅读法更不精确"。他警告说,解释者要以"精确思虑作者的明确陈述"为出发点,下一步要将这些明确陈述置于作品的框架语境之中。②"我们必须完全理解一个陈述出现的语境以及整部作品的文学特性和构思",施特劳斯解释道,"然后才能合理地宣称,对这个陈述的解释是充分甚或正确的"(《迫害与写作艺术》,前揭,页 30)。

---

① 关于这一很少使用的悖论一词的例子,见"SSTX",前揭,页 525ff。

② 施特劳斯在《迫害与写作艺术》一书包含的这篇同名文章中,通篇使用了这一说法。

在这篇文章中,施特劳斯以历史学家的口吻展开论述,他将多层次写作一般性地归结为一种文学现象。但是,正如我们所看到的,在对色诺芬、法拉比和迈蒙尼德的注疏中,施特劳斯在其他场合明确告诫:不要将作者陈述的观点与他真实的见解混为一谈。①事实上,施特劳斯一贯地声称历史学家无论在角色,还是在资质方面都不及哲人。正如他在《显白的教诲》一文中所指出的,虽然学者们进入思想史的路径可能正确地"判断在这些文献资源中,是否以及何时开始区分隐微教诲和显白教诲,但哲人才最终决定了这一区分本身是否重要"。②尽管施特劳斯本人与其笔下的色诺芬和迈蒙尼德一样,出于文学的、教学法的和政治的各种缘由运用历史学家的口吻表述,但他们最终忠诚的是哲学。他们试图对最重要的,以及何谓正当与得体的永恒问题做出自己负责任的回答,而不是对曾经是什么这样的更世俗的史学研究问题感兴趣。

由于《迫害与写作艺术》是一篇精心构思的论文,作者明确关注多层次写作的策略及其手法,因此,为了洞悉作者的意图,有必要对基本的形式问题和目标受众作以说明。这篇论文的形式惹人注目,因为它分为三个部分——施特劳斯表明,相同数量的章节过去一般被用来掩蔽一部更大部头的多层次写作作品的自然顺序及其划分。③而且,虽然施特劳斯通常伪装成历史学家的样子著述,但其作品核心段落的中心部分往往巧妙地求助于哲学家的见解,因为历史学家的观点无法为其做出自己的判断提供支持。

[103] 施特劳斯在这一时段的几项研究中明确提到了哲人的重要缺席。通过论证遗漏哲人是哈列维故意为之,目的是要

---

① Strauss,《迫害与写作艺术》,前揭,页30, 36。
② Strauss,《显白的教诲》(Exoteric Teaching),前揭,页23。
③ 见 Strauss,《〈迷途指津〉的文学特性》(The Literary Character of the Guide for the Perplexed),页38 – 94。

"迫使读者不断想到缺席的哲人",施特劳斯指出,哲人的缺席贯穿于哈列维的巨著《卡札尔人书》(*Kuzari*)的始终。因为哈列维克制自己在关键的问题上不去娇宠他的读者,而是让有求知欲的读者认真研读文本,"通过独立的沉思,弄清缺席的哲人究竟会说些什么"。"这一令人不安和激动人心的思考",在施特劳斯看来,"将阻止读者不至于睡着,其批判性的注意力不会有片刻的松懈。"① 与提出简明论断的更一般模式相吻合,施特劳斯话锋一转,立即(尽可能地)从这一"令人不安和激动人心"后撤,护送读者抵达虽非真实,但却"更为稳妥的立足点"。

施特劳斯宣称,哈列维曾在某一时刻"皈依了哲学",因而进入了一段短暂的"精神地狱"时期,但是之后他又"重新回归犹太教会"。这里,施特劳斯对过去思想家传记性沉思的话语再一次与他自己的经历发生吻合:"在那一段精神地狱的时刻之后,他又重新返回到犹太教会。不过,因为有了这段经历,他就禁不住要按只有曾是哲人的人才会有的那种方式来解释犹太教。"这一假定哈列维为犹太教辩护的观点,将哈列维展现为一个具有悔悟之心的 apikores [异教徒]:一个认识到哲学使他和他的宗教共同体暴露于哲学怀疑论极有力度的攻击之下,故在思想上改弦更张的人。施特劳斯断言,哈列维"感受到了哲学的巨大危险,他针对哲学为犹太教进行辩护的方式证实了这一经验"。② 尽管探究施特劳斯对哈列维《卡札尔人书》阐释的真确性超出了当前讨论的范围,但是施特劳斯关于哈列维的评论可以很好地适用于他自身。

---

① Strauss,《〈卡札尔人书〉中的理性之法》(The Law of Reason in the *Kuzari*),载于 *Persecution and the Art of Writing*,页108。
② Strauss,《〈卡札尔人书〉中的理性之法》(The Law of Reason in the *Kuzari*),前揭,页109。

消隐于哈列维对话早期阶段的哲人,并没有被真正打败。①因此,哈列维表面上为犹太教辩护,暗地里却试图调和他对哲学的忠诚和他对祖先信仰以及共同体必要的政治正确[之间的冲突]。

最佳政体与现存政体

一般来说,施特劳斯避免介入政治生活的公开争论,而是潜心于在某所大学过一种学者和教师的"私人"生活。但是,即使这种私人身份或多或少远离有组织的政党政治,但施特劳斯的思想在决定意义上仍是政治的。在最基本的层面,施特劳斯认识到自己生活其中的社会秩序制约着他的存在及其哲学活动。因此,出于自保的原因,哲人必须在其所处的政治秩序中争得必要的合法地位。施特劳斯在哲学上原初的和最终的兴趣是政治的,政治是贯穿其学术生涯始终的思想背后的驱动力。

[104]综观在《社会研究》上发表的那些文章,施特劳斯试图化解17世纪激进启蒙思想家所铺就的大众启蒙的现代观念。他如此做主要通过对比前现代古典哲学的贵族观念与培根、笛卡尔和霍布斯所推进的科学观念。②通过指明后者对作为沉思生活的

---

① 参较施特劳斯对柏拉图《王制》(*Republic*)的义疏,它在某种程度上敞开了一种可能性:苏格拉底未能成功地证明色拉叙马霍斯(Thrasymachus)是错的。毫无疑问,色拉叙马霍斯的形象是马基雅维利和尼采强权即公理(might makes right)的古代先驱。见 Leo Strauss,《城邦与人》(*City and Man*), Chicago: Rand McNally, 1964。

② 施特劳斯的这一主张所征引的文献出处包括:Francis Bacon,《新工具》(*Novum Oragnum*),卷Ⅰ,页122;Descartes,《谈谈方法》(*Discours de la méthode*),第Ⅰ部分;Hobbes,《利维坦》(*Leviathan*),卷Ⅰ,第13,15章以及《法的原理》(*Elements of Law*),第Ⅰ部分,第10章,第(转下页注)

哲学观念的拒绝，施特劳斯揭示了后者政治参与的方案构想。相应地，现代哲学寻求一种"对于整个社会的……革命性影响"。①大众启蒙的观念仰赖于平等主义的信念，即所有人都能够且都应当获得哲学上的启蒙。

而且，根据施特劳斯的论述，知识的大众普及与科学和哲学的政治功能密切相关。换言之，重塑社会以假定哲学与政治的自然和谐为前提。因此，创建一个志在面向未来的、哲学与政权相契合的社会，就要采取平等主义大众社会的形式——这一直是施特劳斯所憎恶的前景。施特劳斯深信，正如他所描绘的柏拉图、迈蒙尼德和尼采等精英主义哲学传统［所主张的那样］，唯有少数人是潜在的哲学家，在少数具有哲学能力的高贵灵魂与无法获得哲学理解的多数人之间拥有一道难以逾越的断裂鸿沟。

在1946年1月的一封致洛维特的信中，施特劳斯表露了自己真正的政治倾向。"我确实认为"，他坦诚相告，"柏拉图和亚里士多德所拟定的完美的政治制度是完美的政治制度。"②下面这段真诚的表白值得全盘引用。在这段话中，施特劳斯向洛维特吐露了自己对以政治或理智形式表达的人类统一的乌托邦愿景的怀疑态度：

> 如果说，真正的统一果真只有通过认识真理或者通过探索真理才可能实现，那么只有基于普及了的终极哲学学说

（接上页）8节；Kant，《论永久和平》（*Zum ewigen Frieden*），附录部分2；Hegel，《精神现象学》（*Phänomologie des Geistes*），序言，George Lasson 编，第2版，Leipzig: F. Meiner, 1921，页10 和《法哲学》（*Rechtsphilosophie*），导论，Edvard Gans 编，第三版，页13。

① Leo Strauss，《论柏拉图政治哲学的一种新解释》（On a New Interpretation of Plato's Political Philosophy），前揭，页360。

② 见施特劳斯1946年1月10日致洛维特的信，载于"CCM"，前揭，页107。

（这自然是没有的），或者只有当所有的人都是哲学家（而非哲学博士之类）的时候（同样不会有这种情况），才会有一切人的真正统一。可见，只可能有众多的 geschlossene Gesellschaften［封闭社会］，即国家。既然如此，人们便可以出于政治上的考虑指出，小的城邦原则上优于大国或者领土分封的国家。这在今天①难以恢复重建，对此我当然明白。但是著名的原子弹向世人表明，今天的解决办法，即完全现代的解决办法是 contra naturam［背逆自然的］，且不说有数百万人口的城市、gadgets［新发明］、funeral homes［殡仪馆］和"意识形态"了。贺拉斯（Horace）说，"你尽可以用干草叉将自然赶走，可是它还要回来的"②，这句话并非胡言乱语，谁承认这种说法，谁由此也就承认了柏拉图—亚里士多德政治学原则上的正当性。关于细节还可争论，虽然我本人从根本上可能同意柏拉图和亚里士多德所宣称的一切（此言我只与君道也）。③

---

① 施特劳斯在此处增添了如下注释："可我们今天恰恰生活在极端不利的环境里：从亚历山大大帝到 13 - 15 世纪的意大利城邦的情形则显然要好得多。"

② Horace，《书信集》（*Epistulae*），1，x，第 24 行。施特劳斯在原信中引用的是拉丁语：Naturam furca expelles, tamen usque recurret［你尽可以用干草叉将自然赶走，可是它还要回来的］。见施特劳斯后来在《自然正当与历史》的结论部分对这一引用的展开论述："现代那种认为人类能够'改变世界'或'阻挡自然'的看法并非没有合理性。人们甚至满可以远远超出于此，声称人们可以用一把干草杈来驱逐自然。只有当人们忘记了哲学诗人所补充说的，tamen usque recurret［然而，自然将随时返回］时，他们才不再具有合理性了。"《自然正当与历史》（*Natural Right and History*），Chicago：Univeristy of Chicago Press，1968，页 201 - 202。参较尼采在《善恶的彼岸》（*Beyond Good and Evil*，264 节）中对这段引文的运用。

③ 见施特劳斯 1946 年 1 月 10 日致洛维特的信，载于"CCM"，前揭，页 107 - 108。

［105］这一密集的大段表白触及了施特劳斯政治观的核心。在之后的1946年8月20日的一封致洛维特的信中，施特劳斯则详细阐述了柏拉图—亚里士多德式完美政治制度的基本轮廓：

> 我认为，柏拉图和亚里士多德所解释的 polis［城邦］，即那种条理清晰、限于城邦、道德上严肃、以农业经济为基础、由 gentry［贤人们］统治的社会，从道德—政治上看，是最理性和最讨人喜欢的东西。可这还并不意味着我愿意在这样一个城邦中生活（人们不可以其私人愿望评价一切），您可不要忘了，柏拉图和亚里士多德并非优先选择治理完美的城邦，而是以民主的雅典作为居住地：对哲人而言，道德—政治上的考虑必然是第二位的。①

现代哲学包含的大众启蒙原则试图抹平少数人和多数人之间的差别，从而打破人类所有其他方面的区分，例如阶级、宗教、民族、性别等等。鉴于大众启蒙的不可能性，在施特劳斯看来，这种平等统一的愿景同样不可能实现。因此，无论从地缘政治还是从智识术语上看，一与多的紧张都是永恒的和与生俱来的。尽管决定一个人是否生为伯利克里（Pericles）治下的雅典人抑或克伦威尔（Cromwell）革命中的英国人充满了历史的偶然性，但是哲学家应当适应自己生活其中的特殊政制，同时对哲学的隐秘统治始终保持隐秘的忠诚。

---

① 见施特劳斯1946年8月20日致洛维特的信，载于"CCM"，前揭，页113。施特劳斯众所周知的政治柏拉图主义伴有他对亚里士多德在《政治学》中对完美政治制度讨论的参照引用。施特劳斯关于"人与人之间的自然差异"的信念是贯穿其成熟时期作品的最为重要的真理之一。见，例如，施特劳斯在《苏格拉底与阿里斯托芬》（*Socrates and Aristophanes*，New York：Basic Books，1966；再版于Chicago：University of Chicago Press，1996，页49）一书中所作的注疏。

不过，施特劳斯为他最佳政制的见解提供了一个正当的替代选项："反对柏拉图—亚里士多德的唯一一个理由是启示的 factum brutum［重大事实］或'人格化'的上帝。"哲学无法驳倒对神圣启示和（或）人格化创造者——上帝的信仰。自他最早的作品开始，施特劳斯一贯坚持，只要一个人的立场是哲学的，他就应当坚持对宗教的哲学批判（例如，证明神迹的不可能性）。虽然施特劳斯在《哲学与律法》一书的开头前几页曾公开采取了"原则与无神论"（principled atheism）的立场，不过，他对那些误入歧途的哲学主张，即意图客观地解决信仰和理性之冲突的主张保持着警惕。

尽管施特劳斯坚决主张人类以及他们在社会中处于不同位置的等级观念，但是，像柏拉图和迈蒙尼德一样，他仍然倡导普及教育。正如尼采所指出的，作为理性部分的高等人"喜好蔑视"一般大众。[1]实际上，在《善恶的彼岸》一书中，尼采明确阐述了与人类自然等级相关联的隐微—显白言辞的哲学艺术。[2] 作为一

---

[1] Nietzsche，《快乐的科学》（*The Gay Science*），第 14 节。

[2] Nietzsche，《善恶的彼岸：未来哲学序曲》（*Beyond Good and Evil: Prelude to a Philosophy of the Future*），R. J. Hollingdale 译并作引言和评论，New York：Penguin Books，1987［1972］，第三部分，《宗教的本质》（The Religious Nature），格言30，页43。格言30全文如下：

> 我们最深刻的洞察必定——而且应该！——这听起来有点愚蠢，在某些情况下听起来像是犯罪，如果这洞察未经允许就进入了并非为这洞察而成长和被预先规定的人的耳朵里。显白的教诲和隐微的教诲，像从前的哲人们所区分的，在印度人那里，如同在希腊人、波斯人和穆斯林那里，简言之，在凡是人们相信一种等级秩序，而不相信平等和平等权利之处——不仅仅靠如下的方式彼此对照，即未受隐微教诲的人站在外面，并从外面而不从里面看、评价、衡量、判断，更基本的东西是，他从下向上看事物——隐微教诲者却从上向下看事物！由此出发来看，灵魂上有一些高度，甚至悲剧不再悲剧性地发挥作用。而且，（转下页注）

种手段，普及教育能够引领普通民众返回特定宗教/民族（神学—政治）传统的精神港湾，引导大众逼近最近似的真理和他们的智识所能获得的幸福。[106] 另外，对普及教育的这样一种强调有助于教诲对古代西方哲学传统之智慧的尊重。

作为一个哲学家，施特劳斯认为自己有责任成为中产阶级舒适意识的批判者，同时他也强调保守主义观念对社会秩序的应然指导。在克制个人的政治野心方面，施特劳斯遵循的路向契合于他对柏拉图《王制》的阅读。在后者那里，哲人被迫降回到社会洞穴从事政治活动，然而，只有生活在"完美的社会制度下"，对哲人的这种逼迫才是正当的。在一个不完美的社会中，施特劳斯援引柏拉图的表述，"哲人根本不想参与任何性质的政治活动，

（接上页）　如果世界上的一切痛苦合在一起看，谁会敢于断言：关注与此的目光是否必然将恰恰诱向和强迫导向同情，并如此地诱向和导向加倍的痛苦？……那种对较高种类的人来说为食物或提神饮品的东西，对完全相同的和较低下的种类的人来说几乎必定是毒药。常人的德行也许在一位哲学家那里或许意味着罪恶和弱点。下述的情况也有可能，即一个崇高类型之人，假定他蜕化并毁灭，唯借此他获得了一些特性，为此缘故人们必须把在他所堕落于其中的低等的世界中的他现在又当作一个神圣者加以崇敬。现在有一些书，它们对心灵和健康具有适切的价值，这要视低等的心灵、较卑劣的生命力还是高等的心灵、较强有力的生命力如何使用它们而定：在前一种情况中，这是危险的、扰乱性的和瓦解性的书籍，而在后一种情况中，它们则是先驱的呼唤，这种呼唤把最勇敢者召唤到他们的勇敢中。全世界流行的书总是发臭味的书，小人们的嗅觉就粘在这样的书上。民众吃与喝之处，甚至民众在敬神之处，通常就发生恶臭。如果人们想呼吸纯洁的空气，人们就不应该进教堂。

[译按] 此处译文参考了《善恶之彼岸：未来的一个哲学序曲》（程志民译，华夏出版社，2000，第32–33页）的译文，部分有改动。

而宁愿过一种独处的私人生活"。①

在施特劳斯看来,在任何现存的社会制度中,哲学认识到自己存在的危险性只是朝向探求前现代智慧、指导和真理源泉的第一步。个体哲学启蒙的这一目标是现代人可获得的 teshuvah［重获拯救］的唯一一种类型。在 20 世纪 30 年代欧洲流亡期间,施特劳斯认为恢复前现代的政治秩序是不可能的,尽管如此,施特劳斯仍坚定热切地期望某一哲学上的天才个体能够恢复前现代哲学的原初意图和真正教诲。②

弄清施特劳斯的经历与其文本之间的内在关联绝非庸俗的后见之明。作为一个德裔犹太难民,他极其关注流亡中犹太人存在的可能性。在离开祖国后的流亡岁月,施特劳斯开始对各种方案的明智与审慎产生疑问,这些方案呼吁克服政治的不完美性或者为了任一弥赛亚的热望而终结流亡。施特劳斯将流亡看作是所有政治社会的自然状况,它重铸了离散（diasporic）犹太人朝不保夕的生活,使其活在迫害的永恒恐惧之中,而这也是哲人存在的标准样态。即使在自由民主制国家为他提供避难所,让其安居其中之后,施特劳斯仍囿于保守主义政治哲学的新视野逐渐灌输他不安或不在家的感受。可见,这种对危险的觉察和对哲学的流亡美德之间显著且令人信服的不一致,处于施特劳斯理智人格的中心。

应当指出,施特劳斯在欧洲流亡期间拒绝了一切旨在实现乌托邦的政治方案。通过普遍化流亡的状况,同时将受迫害犹太人的处境投射到哲学家身上,施特劳斯提供了精英群体适应寄居国的环境,同时保持对至善观念的尊崇和忠诚的方法路径。施特劳

---

① Strauss,《论柏拉图政治哲学的一种新解释》（On a New Interpretation of Plato's Political Philosophy）,前揭,页 361。
② 见,例如,施特劳斯对洛维特《从黑格尔到尼采》一书的评论,载于 Social Research,卷 3,1941,页 514。

斯重返迈蒙尼德不完美政治处境下沉思生活的救赎观：隐秘地把握重大的问题和事实真相，在内部流亡状态下为哲人提供救赎的可能性。根据这一典范，隐秘社团的参加者与局外人之间的界限必须被严格遵守。[107] 获准进入"哲人的隐秘统治"的那些精选之士反过来期望将这一传统传达给他们精心挑选的智识后辈。①当然，将某一传统秘传给精选后学的动态变迁并非为犹太教或施特劳斯学派所独有，但在施特劳斯看来，迈蒙尼德是这一传统最重要的一个样板。迈蒙尼德的强烈影响尤其体现在施特劳斯着手处理犹太人与哲学家相互冲突的需求中，或者用古代哲学术语改述这一问题，即一与多之间的冲突问题。

不同的哲学路径

为了避免对施特劳斯试图恢复的隐微哲学传统产生误解，我必须立即提请注意：施特劳斯对隐微思想的神秘传统并不感兴趣。因为，施特劳斯对那些他视为权威人物的特有的颠覆性阅读是为了塑就他自己的解释学实践，因此，迈蒙尼德的隐微术只不过是施特劳斯自主品牌的哲学隐微论的一个样本。根据施特劳斯的观点，迈蒙尼德并不是一个神秘主义者，他只是利用神秘的隐微传统来实现哲学的目的。② 通过从哲学视角来解读传统文本，迈蒙

---

① Strauss,《论柏拉图政治哲学的一种新解释》(On a New Interpretation of Plato's Political Philosophy)，前揭，页357。

② 施特劳斯从克劳斯那里得到提示，从而将思想聚焦于哲学隐微论的非神秘主义世系。见克劳斯在《阿拉伯世界的普罗提诺》(Plotin chez les Arabes，载于 Bulletin de l'Institut d'Egypte，卷23，1940–1941，页269ff) 一文中对法拉比的分析。见施特劳斯,《〈卡札尔人书〉的理性之法》(The Law of Reason in the Kuzari)，前揭，页111，注释46。参较 Shadia Drury,《施特劳斯与美国右派》(Leo Strauss and the American Right)，New York：（转下页注）

尼德试图表明哲学的世界观是犹太教不可或缺的组成部分。迈蒙尼德运用解经学的策略，通过赋予传统犹太文本以哲学的含义，来反驳哲学完全相悖于犹太教的怀疑主张。[1]根据施特劳斯说法，迈蒙尼德重新解释了《圣经》、《米德拉什》（the Midrash）和《塔木德》（the Talmud）的核心范畴，以便显明犹太教中哲学关切之血统的合法性。然而，将哲学元素注入犹太教权威资源当中，这将大大改变这些范畴的含义。因此，这一转化的性质过去和现在都受到许多正统犹太教捍卫者的坚决反对。

（接上页）St. Martin's, 1997, 页 57 - 58。德鲁里声称，律法传统和神秘主义构成了"犹太教历史的两个主流"。在如此做时，德鲁里拒绝将哲学视为犹太教历史的一个主流。当断言律法传统与神秘主义潮流在规范性和唯信仰论元素之间的紧张时，德鲁里依凭的论据是 David Bakan 的《弗洛伊德与犹太教神秘主义传统》（Sigmund Freud and the Jewish Mystical Tradition, Toronto, Ontario: D. Van Nostrand, 1958）和 Gershom Scholem 关于犹太教神秘主义的颇具影响力的著作。德鲁里援引迈蒙尼德的话表明，后者无意于通过对开端和双轮战车（chariot）的解释，来冒犯犹太教律法专家之不可揭露真相的禁忌。德鲁里声称："施特劳斯指出迈蒙尼德是第一位神秘主义者。但是作为一个神秘主义者和无神论者，他怎么会认为自己是人类之王和真正的立法者？因此这一观念似乎是令人厌恶的自我中心主义，而且是施特劳斯学派典型的沾沾自喜"，见《施特劳斯与美国右派》（Leo Strauss and the American Right），前揭，页 55 - 56。关于迈蒙尼德对神秘主义范畴之哲学挪用的清晰表述，见 Sarah Klein - Braslavy,《所罗门王与迈蒙尼德的形而上学隐微术》（King Solomon and Metaphysical Esotericism According to Maimonides），载于 Maimonidean Studies, New York, Yeshiva University Press, 1990, 卷 1, 页 57 - 86。

[1] 例如, James A. Diamond, "Trial" as Esoteric Preface in Maimonides's Guide of the Perplexed: A Case Study in the Interplay of Text and Prooftext, 载于 Journal of Jewish Thought and Philosophy, 卷 7, 第 1 期, 1997, 页 1 - 30。关于对迈蒙尼德律法作品中解经策略的论述, 见 Moshe Greenberg, The Use of Scripture in Classical Medieval Judaism, Prooftexts in Maimonides's Code, 载于 The Return to Scripture in Judaism and Christianity, P. Ochs 编, New York: Paulist Press, 1993, 页 197 - 232。

施特劳斯最初将某些前现代作者（如亚里士多德）"熟练"运用的这种写作方法称为"显白的教诲"。①显白教诲的基本原则是，哲学讨论只能为特定的听众所理解——亚里士多德的《政治学》就是一些课堂笔记的汇编——这一听众应当对特定讨论所植根的哲学话语拥有必要的了解。在1939年的文章中，施特劳斯将全部注意力放在"重新发现的显白教诲"这一问题上。②这里，施特劳斯重申了自己在《哲学与律法》一书中所做出的暗示，即莱辛是唤醒施特劳斯关注隐微和显白写作的关键。当然，《哲学与律法》隐秘而核心的指向是尼采，而后者一直潜藏在背景之中。③

莱辛对审慎写作策略的运用为他的某种不安所激发，这一不安源自启蒙运动对宗教和宗教政治权威的彻底怀疑主义。莱辛同雅可比一道开始怀疑［108］世俗的专制统治是否比天主教的独裁统治具有更大的危险性。因此，莱辛开始关注启蒙运动是否将孩子连同洗澡水一起倒掉。启蒙运动对启示宗教的公开非难太过极端。"显白的教诲"成为现代隐微—显白教诲现象的一种直接表达。

1939年，施特劳斯开始运用间接的方式来描述隐微—显白言论这一传统。也是在同一年，施特劳斯对迈蒙尼德的《密西拿托拉》（*Mishneh Torah*）的希伯来—英文版进行了评论。④在评论中，施特劳斯复杂化了自己先前对迈蒙尼德的论法，在之前的表述中，施特劳斯认为迈蒙尼德的哲学著述是作者有意双重阅读（bivalent

---

① 施特劳斯谈到迈蒙尼德的"显白教诲"是在《从迈蒙尼德的观点看预定论的定位》（Der Ort der Vorse - hungslehre nach der Ansicht Maimunis, 1937，载于 *GS*, 卷2，页180，186 - 187）一文中。

② Strauss,《显白的教诲》(Exoteric Teaching)，前揭，页51 - 59。

③ *PL*，前揭，页68。

④ 施特劳斯对 Moses Hyamson 编辑和翻译的《密西拿托拉》（*The Mishneh Torah*, 1937）的评论发表在《宗教评论》（*the Review of Religion*，1939年5月）。

readings）的产物。在这篇评论文章的结尾，施特劳斯强调迈蒙尼德 halakhic［律法］作品的神秘性质。在施特劳斯对《密西拿托拉》的解读中，他多数时候将后者视为毋庸置疑的非哲学的显白作品。这一看法基于迈蒙尼德的明确声明：《密西拿托拉》面向"所有人"发言，而非像他撰写的《迷途指津》那样只对具有哲学倾向的个体表白。由于《密西拿托拉》针对的是普通受众，因此，它的发表应考虑"比《迷途指津》具有更少的系统性和更多的显白性"。①然而，施特劳斯推翻了将迈蒙尼德理解为一个哲人和一个律法专家（halakhist）的这一细微差异。他提供了如下戏谑性的评论："现在，一部显白的作品——如果它是某位非显白之人或隐微论者的心灵之作——那么，就其本质而言，它将比一部秘传的作品更难破解。因为，在这部显白作品中，作者能以一种相当随意的方式来阐发他的观点。"施特劳斯暗示了如下悖论：当迈蒙尼德——一位哲人和最高等级的作者——声称要写一部诸如《知识书》（Sefer Hamada）或作为整体的《密西拿托拉》这样的显白作品时，最终的产物将是一部"比最隐微的作品更为难解的作品"。②施特劳斯以一句简略的评论中止了自己的解说："我们只消说，《知识书》是一部秘而不宣的作品。"③这一推测性的澄清实际上更加令人困惑。为了解决这个难题，读者只得让他或她自己去想办法（left to his or her own devices）。

对迈蒙尼德策略——即为了克制自己做进一步的论辩和确证，以第一人称复数的形式加入一段令人迷惑的澄清——的这一运用

---

① 出处同上，前揭，页453。施特劳斯引用《迷途指津》，卷II，页35；卷I，引言，参较 Yesode Latorah，卷iv，页13。

② 《知识书》是《密西拿托拉》的第一部，亦是最重要的一部哲学著作。

③ 见施特劳斯对 Moses Hyamson 编辑和翻译的《密西拿托拉》（The Mishneh Torah）的评论，页453-454；略有改动。

在施特劳斯那里并非首次，但对施特劳斯派而言，这是最早能追溯到的新修辞学的显著标志。施特劳斯不仅描述了一种被遗忘的阅读和写作艺术，而且，在自己出版的专著中，他也开始尝试践行这些技艺。施特劳斯已经开始考虑将显白写作视为自己着手评注、诠释和学术贡献的一种方法手段。从这一点出发，施特劳斯愈加频繁地故意运用一些写作策略来影响读者的预期。关键问题是要指出，这种戏谑风格（playful habits）的运用通常与核心观点和信念的合法地位相关。以这种方式写作和表达的目的是为了掩盖作者的声音，以致只是有选择地留下少量可理解的讯息。这一独特的见解是否专属于施特劳斯本人，或是［109］施特劳斯所解读的作者，抑或是施特劳斯在潜读者的一些偏见，这尚可争论。或许最明确认同的信念和观点只不过是糅合了某种政治必要性和有用性的信念。

在发表《密西拿托拉》的评论几年后，施特劳斯刊发了《〈迷途指津〉的文学特性》一文，对迈蒙尼德的哲学巨著进行了解读。当还在构思这项研究时，施特劳斯于1938年致信克莱因，告知后者这一研究是他对迈蒙尼德激进阐释的一次炸弹起爆。索勒姆对《哲学与律法》的回应使施特劳斯注意到，在犹太人身处危机之时，将迈蒙尼德解读为一个明确隐藏自己不信神的思想家的严重性。施特劳斯写道，"如果我在几年之后让这枚炸弹起爆（倘若我还能活到那时的话），便会产生一场巨大战争"。施特劳斯告诉克莱因，格拉采（Nahum Glatzer）曾对他说，"对犹太教而言，迈蒙尼德的书比《圣经》更为重要。因此，如果从犹太教那里夺去迈蒙尼德，人们便抽空了它的基础"。施特劳斯此处顺便将这一情形与阿奎那（Thomas Aquinas）之于天主教的重要地位加以类比。那么，是什么导致了这一假想的对勘（pitched battle）？"迈蒙尼德从信仰上看绝非犹太教徒——具有重大的现实意义：哲学与犹太教原则上的不可调和性（在《创世纪》的第二节表述得很'清楚')被展示在ad oculos［众人眼前］。"①

然而，与《哲学与律法》相比，施特劳斯1941年所写的这篇文章更少挑衅谴责的文风，而且，施特劳斯本人的主张也让人莫衷难辨。这篇文章在迈蒙尼德研究界引起了震动，而一个更大的轰动则是另一位犹太思想家试图对犹太教另一位核心人物之崇高地位的否定：弗洛伊德的《摩西与一神教》（*Moses and Monotheism*）。像施特劳斯一样，弗洛伊德承认自己对摩西所作的历史修正——即摩西是一个最终被以色列人谋杀的埃及人——的重要性。②

然而，弗洛伊德的作品缺少一种线性叙事，而施特劳斯的文章则似乎将迈蒙尼德的隐喻作品奉为自己的典范。乍一看来，施特劳斯的文章似乎遵循了学术惯例（例如脚注中征引了大量重要的一手、二手文献），但是很难弄清作者对产生的一系列问题的看法。确定无疑的是，迈蒙尼德作为忠诚的哲人无法或不愿接受犹太教的上帝，然而这一点在文中似乎并未得到直接的阐明。

施特劳斯的文章展现出了一种困境：迈蒙尼德发现拉比禁止公开泄露《律法书》的奥秘。③按照施特劳斯的说法，迈蒙尼德力图"在受到许可的隐秘的口述教诲与遭到禁止的书面教诲之间走一条中间道路"。因此，迈蒙尼德以文学虚构的手法将《迷途指津》装扮成写给一位聪明的爱徒约瑟夫（Joseph）的私人信函。"通过把书写给一个人"，施特劳斯解释道，"迈蒙尼德确保自己

---

① *GS*，卷3，前揭，页549–550。

② 关于弗洛伊德在危机时刻撰写《摩西与一神教》一书的动机，见Peter Schafer,《纯粹知性的胜利》（*Der Triumph der reinen Geistigkeit: Sigmund Freuds Der Mann Moses und die monotheistische Religion*），Berlin: Philo, 2003; Yosef Hayim Yerushalmi,《弗洛伊德的摩西》（*Freud's Moses: Judaism Terminable and Interminable*），New Haven: Yale University Press, 1991。

③ 见施特劳斯在《〈迷途指津〉的文学特性》（The Literary Character of the *Guide for the Perplexed*，页46f.）一文的第三部分对这一问题所作的论述。

没有违反不得向两个或两个以上的人解释神车论（ma'aseh merkabah）的禁令。"而且，迈蒙尼德确信地提到，约瑟夫具备研究这些口传隐秘学问所需的全部素质。[110] 此外，这种书面交流的正当理由还在于他的学生即将离他而去。由于迈蒙尼德将要失去与他重要弟子的个人联系，因而他写作《迷途指津》，以保证约瑟夫在其他地方彷徨无助时，能够得到他的指导。根据施特劳斯的观点，保护一个年轻、聪慧的犹太人——身处在充满诱惑和不确定因素的犹太人流亡的背景下——忠诚于他的传统的迫切需要，是迈蒙尼德正当地泄露《律法书》隐秘教诲的主要缘由。在施特劳斯看来，"约瑟夫离开迈蒙尼德的原因在于，他是一个身处大流散时期的犹太人。促使迈蒙尼德违背明确禁令的不可能是私人需要，而只能是具有全民族意义的紧迫的必要性。唯有挽救律法的必要性才促使他打破了律法"（《〈迷途指津〉的文学特性》，前揭，页49）。

冒着口传《律法书》奥秘可能被处死的风险，迈蒙尼德撰写了《迷途指津》。因此，在施特劳斯看来，迈蒙尼德审慎地采取行动，这在他明显违反拉比禁令时尤其如此。施特劳斯笔下的迈蒙尼德"坚持在难以做到的服从和明目张胆的违逆之间走一条中间道路"。在某种程度上，迈蒙尼德忠实地提供了"圣经奥秘的书面解释"，同时让这种解释本质上"满足口头解释所须满足的全部条件"。为了有效地运用这一策略，迈蒙尼德必须成为"一个不言而言、言而不言这门艺术的大师"。①

施特劳斯的《〈迷途指津〉的文学特性》一文的根本判断是，"《迷途指津》旨在解释一种隐微教义，但这种解释本身又具有隐微性质。换句话说，《迷途指津》是要对隐微教义作出一种隐微

---

① 施特劳斯，《〈迷途指津〉的文学特性》（The Literary Character of the Guide for the Perplexed），前揭，页52。在"中间道路"一词的旁边，施特劳斯添加了一个脚注，将引文出处指向《迷途指津》，卷Ⅲ，导言。

解释。由此看来，这是一部有着七重封印的著作，我们怎样才能打开它的封印呢"（《〈迷途指津〉的文学特性》，前揭，页55）？这最后一个疑问并没有以纯粹学术的方式得到回答。施特劳斯发现要解答这个疑问，就必须对迈蒙尼德作为一个审慎解释者的道德义务加以说明。因此，这篇文章接下来的第四部分——"道德困境"（A Moral Dilemma）试图开启《迷途指津》的这七重封印。

在这里，施特劳斯一上来就诉诸约束历史学家的道德标准：

> 迈蒙尼德以强烈的口吻恳求大家不要解释《迷途指津》的隐秘教诲，任何一个懂得体面，因而尊重像迈蒙尼德这样一位君子的历史学家都不会随意漠视这一恳求。完全可以说，倘若解释者在试图解释《迷途指津》的隐秘教诲时，甚至在第一次觉察到它的存在和意义时没有感到良心的苦责，他就尚未切近问题，而要真正理解一部书，切近问题乃是一个不可或缺的条件。因此，充分解释《迷途指津》主要是一个道德问题。

施特劳斯清楚地了解迈蒙尼德所处的历史情境与当前情境之间的根本区别。12世纪的主导观念［111］根植于"对《律法书》的神启性质或永恒不变的律法存在的信念，而现今的公共舆论则主要受历史意识的支配"。正如迈蒙尼德通过诉诸挽救律法的紧迫需要，来为自己公开泄露《律法书》奥秘这一违背塔木德禁令的行为提供正当性辩护一样，施特劳斯也间接地诉诸"历史研究的要求"，来合法化自己对迈蒙尼德禁令的违背（《〈迷途指津〉的文学特性》，前揭，页55-56）。如前一章所述，施特劳斯在20世纪30年代曾呼吁运用历史学的方法，来祛除根本阻碍理解中古犹太和伊斯兰哲学的人为基础。[1]在这期间，他在其解释学作品中

---

[1] 见，例如，*PG*，页13-14，注释2；*PL*，页112，注释2。

常常忽略只是作为手段的历史学的作用。为了适应历史意识的支配地位，施特劳斯重新定义历史，使其满足哲学的目的，并以此达成他反历史主义的目标。与迈蒙尼德重新界定《律法书》的核心范畴以适应其哲学的目的一样，施特劳斯重新界定历史意识的诸核心范畴来实现他哲学的目标。施特劳斯将哲学史的"进步主义"观念和"历史主义"观念看作是相对主义的对手，它们只有在历史意识框架内首次开始运作时才有可能得到成功的抵抗。①因此，"思想史家的任务"，正如施特劳斯在1944年的一篇讲演中所重新定义的那样，"是恰如过去思想家理解自身那样精确地去理解他们，或者依据他们的自我阐释令其思想再现生机"。②

这句话的后半部分让我们极为震惊。在这里，施特劳斯将思想史家塑造为一个具有独立创造能力的人物而予以强调。因为像过去思想家理解自己那样精确地理解他们（尤其是当他们运用缄默和迂回暗示的方式进行写作时）是非常困难的，施特劳斯似乎要为尼采意义上的作为工具使用的历史学让路：人们应当利用历

---

① 在1944年的讲演，即《如何着手研究中古哲学》（下文将会讨论此文）中，施特劳斯将历史主义者描述为进步主义者"充满敌意的兄弟"。进步主义的错误假定之一是相信现在思想优于过去。施特劳斯将进步主义者的观念与历史主义者的观念加以对照："与进步主义者相信现在高于过去相反，历史主义者则相信所有时期都同等程度地'亲近上帝'。""历史主义者不是想通过例如评价每个时代的贡献来判断过去，而是寻求理解事物的实情一直是怎样，亦即'它本来是什么样（wie es eigentlich ist）'，尤其是过去的思想一直是怎样，同时寻求将这二者联系起来。历史主义者意图恰如过往的思想理解自身那样去理解它。但是他注定不能够称心如意。因为他知道，或毋宁说他假设，大体言之或通常情况下，所有时代的思想都同样真实，因为每种哲学本质上都是其时代精神的表达"《如何着手研究中古哲学》，载于 Interpretation，卷23，第3期，1996，页324。

② 《如何着手研究中古哲学》（How to Study Medieval Philosophy），前揭，页322。

史学的某些有利因素，而不应屈从于相对主义和虚无主义，后者被施特劳斯看作是现代德国历史主义的核心。我将在下文讨论施特劳斯回应索勒姆对中古犹太哲学批判时，进一步探究上述认识。之后，我将展示施特劳斯的目的只是为了实现一个历史学家的哲学"转向"。

施特劳斯在《迫害与写作艺术》之后的几部作品中零散地提及自己的哲学转向。我们在施特劳斯的通信中发现了他对这一转向含义的具体提及：因为自己已经远离了神意、死后复活以及诸如此类的传统观念，因此才会有基本忠诚上的这样一种改弦更张。例如，施特劳斯经常与索勒姆玩猫捉老鼠的游戏：他们中的每一个在察觉到对方的软肋时便开玩笑地狠狠一戳，然后立即撤退。当索勒姆将自己的大作《论喀巴拉及其象征意义》(*On the Kabbalah and its Symbolism*) 的副本寄给施特劳斯后，施特劳斯告知索勒姆，他发现这本书是他迄今为止最令人印象深刻的一部杰作。这部专著首次唤起施特劳斯去理解"这个深邃而丰富的世界，即您（[译按]指索勒姆）的思想家家园所产生的无限魅力：既神秘地、摧毁性地将 [112] 普遍与特殊、人与犹太教牢牢地联系在一起，超越一切道德说教与惩罚，又没有将之分解离析，变成唯美主义之类的东西"。① 在赞扬索勒姆由于"在如此高的水平上使思想和心灵达到和谐"，从而成为"一个对现在活着的每个犹太人的祈福者"之后，施特劳斯解释了自己为什么没有也不可能创作出这样一部作品。鉴于索勒姆的性情取向"之根"是犹太教，他的聪明才智为其他犹太人照亮了家园，因此他有"权利和义务"让人听到他的声音。但是由于施特劳斯不再认同他宣誓效忠的那一"家园"，因此，他既无权利也没有义务以这样一种方式大声说话。"很不幸"，施特劳斯对索勒姆写道，"我从气质上便不可能追随你——或者如果你愿意也可以说，我也曾郑重表示恪守一个信念，恪守现在

---

① 施特劳斯此时头脑中或许以布伯（Martin Buber）作为反例。

的信念的誓言（这里借用我们祖先中的一些人所创造的完美的阿拉伯式拉丁文来表达，与之相比，西塞罗的文笔似乎 in ultimitate turpitudinis［过于粗陋了］）：moriatur anima mea mortem philosophorum［我的灵魂一朝死去，也如众哲人之死］。"①

随着施特劳斯美国事业的展开，他作品中那些最让人困惑的方面开始变得有意为之。如果接受这一论点，那么施特劳斯思想的独特之处就在于：故意留下足够的线索以引发敏锐、细心的读者的怀疑，同时避免引起普通、粗心的读者的注意。由此出发，施特劳斯坚决地试图抹除或隐藏自己对其时代重大问题所持的真实立场的所有确凿证据的做法，就显得不足为奇。这种模糊处理或可解释笔者在本章中所考察的一些文章和讲演为什么在施特劳斯后期出版的文集中未能收录再版，甚至被列为禁止出版作品的原因之一：它们或许暴露了太多施特劳斯的真实观点。

施特劳斯在实行必要的克制、避免泄露真实观点方面将自己视为迈蒙尼德的门徒。然而，鉴于施特劳斯的迈蒙尼德只是更为古老的柏拉图式隐微传统的中古伊斯兰—犹太代表，因而施特劳斯将自己看作是一个试图挑战现代哲学否弃古代哲学的现代人。

中古犹太哲学与犹太神秘主义

与他的朋友和前德国同事在犹太研究领域发表他们对中古犹太思想的创新性重估一样，施特劳斯也开始介入中古犹太哲学领域。例如，拜尔（Yitzhak Baer）利用十余年时间完成了两卷本的基督教西班牙时期犹太史（1936－1945）的研究，对中古西班牙

---

① 见施特劳斯1960年11月22日致索勒姆的信，载于 GS，卷3，页741－742。

系犹太人的理性主义和神秘主义的浪漫派观点进行了重新评价。①根据拜尔的观点,拥有特权的犹太精英热衷于东道国文化的影响,以至于最终放弃了对犹太教和犹太民族的忠诚。②用施特劳斯的话讲,他们没有对放逐保持一种必要的不安状态。

[113] 拜尔的《基督教西班牙时期犹太史》(*A History of the Jews in Christian Spain*) 雄心勃勃且富于创新,是一个魏玛犹太人修正索勒姆关于犹太中世纪学术观点的大胆尝试。1938 年,索勒姆在纽约犹太宗教学院(Jewish Institute of Religion)举办的系列讲座中阐发了自己的开创性观点,三年之后,这些讲座以《犹太神秘主义主流》为题公开出版。对施特劳斯和索勒姆而言,中古——而非远古——犹太思想是最强有力的思潮。在《犹太神秘主义主流》中,索勒姆将犹太教历史分成三个阶段。相对于其他时期划分,即相对于将神秘主义贬黜为非理性的、蒙昧的历史层次,索勒姆试图确立神秘主义在犹太教信仰体系中的中心地位和生命力。犹太宗教发展的第一阶段是神话。这一阶段的特征在于缺少将人从上帝那里疏离出来的自觉意识。第二阶段也"不懂得真正的神秘主义",然而这是"一个创造性时期……宗教的萌芽

---

① 拜尔的这项研究开始于德国,并且一直持续到移居巴勒斯坦期间。1936 年,他完成了《基督教西班牙时期犹太史》(*A History of the Jews in Christian Spain*) 的德文初稿,并就教于古特曼。然而,由于德国日益艰难的出版环境,拜尔只得将这一专著改写修订为希伯来文,于 1945 年以 Toldot ha–Yehudim bi–Sefarad ha–Notsrit 为题首次公开出版。对拜尔著作起源更为详细的分析,见 David Myers,《重塑犹太人的过去》(*Re-Inventing the Jewish Past: European Jewish Intellectuals and the Zionist Return to History*),New York:Oxford University Press,1995,页 109 – 128。

② 拜尔对那些不想与他们的犹太同胞发生关联的自由主义犹太同化谄媚者们的描述,反映了他对德国犹太"文化资产者"的否定性理解。这类群体的典型描述如下:"[他们]在思想上屈从于与自己民族完全对立的信念和传统的信服,因而他们毫不犹豫地践踏同宗教友们的切身利益"《基督教西班牙时期犹太史》(*A History of the Jews in Christian Spain*),卷 1,页 242。

就在这时发生"。在正统派犹太教那里,这意味着"宗教最高功能"的完成:摧毁了人、宇宙和上帝之间关系的和谐观点。第二阶段的标志是直面"唯有声音才能跨越的巨大深渊"。①宗教发展的第三阶段本质上是浪漫主义的,它标志着神秘主义的产生。神秘主义以直面上帝、人和宇宙之间的鸿沟开端,但"它进而探求缩短鸿沟的秘密和可以跨越鸿沟的隐秘通道。它努力拼接那些被宗教灾变击破的碎片,恢复宗教摧毁的古老统一性,当然是在一个新的层面上。神话和启示在人的灵魂中相遇"。因此,第三阶段标志着对神话的自觉回返和改造(《犹太教神秘主义主流》,前揭,页8)。

索勒姆的这一时期划分的一个重要例证是他对犹太教神秘主义核心文本之一——《光明篇》(Zohar)的态度。在20世纪30年代,索勒姆推翻了自己关于古代《光明篇》的早期立场。②1925年,索勒姆在耶路撒冷新成立的犹太研究学院发表开幕式讲演。在讲演中,索勒姆反对那些19世纪著名历史学家们,如格里茨(Heinrich Graetz, 1817 – 1891)提出的主张:神秘主义的核心文本《光明篇》是13世纪神秘主义者利昂(Moses de Leon)的中世纪伪作。③虽然索勒姆并没有提出《光明篇》的替代作者,但是他

---

① Gershom Scholem,《犹太教神秘主义主流》(*Major Trends in Jewish Mysticism*), Jerusalem: Schocken, 1941,页7 – 8。

② 关于索勒姆的早期立场,见索勒姆1935年7月20日致比亚利克(Chaim Nachman Bialik)的信。这封信后来发表在 *Ha – Poel Ha – Tzair*, 1967年12月12日,页18 – 19。关于比亚利克与索勒姆之间往来信函的历史叙述,见 David Myers, From Zion Will Go Forth Torah,哥伦比亚大学1991年博士学位论文,页304 – 308。

③ 例如,格里茨认为利昂成功地蒙蔽人们相信《光明篇》为2世纪的拉比约哈伊(Shimon bar Yohai)所作。见 Heinrich Graetz,《犹太史》(*History of the Jews*), Bella Löwy 编辑、节译, Philadelphia: Jewish Publication Society, 1894,卷3,页11 – 12。

强调这一文本具有可靠的古代根源。但到了1938年，索勒姆却转信《光明篇》的大部分为利昂所撰。对索勒姆而言，《光明篇》这一后来的分期并没有削弱其宗教可信度。虽然利昂把《光明篇》归于古代的遗物，但索勒姆认为这一伪书行动不过是一种"远离伪造"的合宜韬略。将自己的话归于某位过去的作家，可以看作表达了对从事同一宗教问题的先辈的真正尊重和理解。"一个人在自己追求真理的路上走得越远，"索勒姆表明，"[114]就越确信他的路早已被人走过"（《犹太教神秘主义主流》，前揭，页204）。拜勒（David Biale）恰当地概括了索勒姆的立场：

> 犹太伪经作者将自己与先前时代融为一体，因为他相信其教诲的永恒意义。犹太伪经并非伪造之书，而是延续了一种隐匿传统的宣言书。喀巴拉（Kabbala）作为一个整体——纵使它没有从事伪造活动——也是隐喻性的伪典，正如索勒姆所暗示的，因为它主张一种古代的隐微传统。喀巴拉将自身看得"像山一样古老"，即使在它创造出新的解释时亦如此，因为它将自身定义为对一贯秉持隐微表达之传统的神秘主义再阐释。即使当喀巴拉承认自己的源头是新近的，它仍将这些源头看作是一种真正隐微传统（因而是真正古代的）的复兴。①

这一对索勒姆关于中世纪伪经作者态度的阐述，同样解释了施特劳斯将隐秘的异端观点归于前现代政治哲人脉系的偏好。②

---

① David Biale，《魔鬼的历史：索勒姆与犹太伪经之修正》（The Demonic in History: Gershom Scholem and the Revision of Jewish Historiography），加利福尼亚大学1977年博士学位论文，页199。

② 见施特劳斯1962年11月21日致索勒姆的信，在信中，施特劳斯敦促索勒姆在中世纪神秘主义与哲学之间的某些连续性上，尤其在（转下页注）

索勒姆和施特劳斯均致力于恢复中世纪的思想传统，这些传统声称根植于古代。换言之，这些中世纪宗教和哲学范式都运用了古老的、神圣制裁的必要神话。

索勒姆和施特劳斯将思想聚焦于隐微主义传统，这一传统关注以受选者为目的的实用主义哲学。索勒姆将犹太教神秘主义的这一双重隐微特质阐明如下："它处理人类生活中最隐秘和最根本的问题；另一方面，其隐秘性同时缘于它只存在于一小撮代代相传的被拣选的精英当中"（《犹太教神秘主义主流》，前揭，页21）。虽然索勒姆对形式和内容方面葆有贵族化的神秘主义传统（如阿布拉非亚［Abulafia］的喀巴拉预言学说）进行了开创性的研究，但是他对精英的迷狂体验并没有什么兴趣。索勒姆将目光聚焦于探究犹太史上的一些特定时刻，在那些时刻，某些文本，如《光明篇》以"人类普遍畏惧之体验（并不比别人更深刻）"的言辞表达突然绽现。《光明篇》准确明晰，它直抵人类生存的普遍经验，因而"打动了人们的心弦，引起了深深的共鸣，也获得了早期喀巴拉主义其他形式所没有获得的成功"（《犹太教神秘主义主流》，前揭，页205）。

虽然索勒姆承认，犹太理性主义和犹太神秘主义在某种程度上彼此"相互关联和相互依赖"，但是他认为只有犹太神秘主义触及了犹太人生存中最深层的关切。犹太神秘主义之所以成功、理性主义哲学之所以失败，端赖于前者道出了宗教人最迫切的需要。喀巴拉"深刻地"触及"犹太教所倾力的活动"，而犹太理

（接上页）pseudepigraphy［犹太伪经］一词的使用上应有所推进。"阿布拉非亚（Abulafia）不是在某个地方曾经说过，神秘主义者开始的所在正是哲人们离开的地方吗？他似乎在暗示，假如哲人没有奠定基础，神秘主义者便无从起步。"施特劳斯促使索勒姆相信这样一种可能性：迈蒙尼德对某些可疑教诲和（或）文本的"不安"，或许实际上指向他自己的创新"意识"。"难道所有的伪造不都是以这样的意识为前提的吗？" *GS*，卷3，页746–747。

性主义则"拒斥生活的素朴方面,亦即在最重要的领域,凡人们都忧生惧死"。喀巴拉主义者"强烈地感受到[115]邪恶之存在,并对每个活物都抱有深深的恐惧。他们不像哲人那样用方便的公式回避这一切之存在"。①

施特劳斯对索勒姆"扫荡性地猛烈抨击我们的中古哲学"表达了自己的敬意。尽管索勒姆的批判"极为严苛",但只不过道出了现代犹太哲人(如古特曼)对此论题提出的更普遍接受的观点所隐含的东西。施特劳斯强调,索勒姆和古特曼一致认为中古犹太哲人们为了希腊观念抛弃了上帝、世界等圣经观念。古特曼将现代犹太哲学视为决定性地优胜于它的中世纪对应者,因为前者能够捍卫犹太教信仰的原初精神及其目的。施特劳斯还通过大胆地提及自己所敬重的导师——罗森茨威格的观点,即坚信柯亨的《源于犹太教的理性宗教》优于迈蒙尼德的《迷途指津》,来突显现代犹太哲学对其中古先辈的拒斥。然而,施特劳斯认为现代哲学并没有带着必要的严肃性走近中古犹太哲学:现代人从未认真思虑中古犹太哲学传授真理教诲的真正可能性。

因此,施特劳斯并没有论及背叛这一"最重大的议题"。根本而言,施特劳斯认为上述现代犹太哲人错误地遮蔽了隐秘的异端立场及其质疑。现在需要确立审慎的信念:中古哲学远胜于现代哲学,因为前者可能"纯粹真实"。施特劳斯认为要想理解中古哲学,"并非仅仅需要准备了解有关(about)中古哲人的皮毛,而是需要准备从学于(from)他们"(《如何着手研究中古哲学》,前揭,页324)。

在论辩更加无畏的论题时,施特劳斯诉诸那些对历史理解的兴趣。一个对"真正的历史理解"感兴趣的人必须准备好开始一

---

① 施特劳斯在《如何着手研究中古哲学》(How to Study Medieval Philosophy,页326)一文中引用了索勒姆《犹太教神秘主义主流》的这一段文字。

次全然不知所终的可怕之旅。在他先是欧洲，然后是美国的旅程中，施特劳斯深化了自己对中古哲学逻辑演进的理解。他将自己对流亡境遇的重新定位凝结为一些忠告，提供给那些准备踏上中世纪思想之旅的潜在学生。作为一个 émigré［避难者］，施特劳斯并没有简单地融入和采纳新寄居国背景下的规范和习俗。相反，他一方面调适自己去适应生活其中的现存政制，另一方面，他的第二只脚总是坚定地站在不同的家园：这个家园为他所仿效的那些遭受驱逐和迫害的思想家所占据，他们在艰难的境遇下出于无奈为自己构筑了避难所，这些思想家包括：苏格拉底、色诺芬、柏拉图、亚里士多德、卢克莱修、西塞罗、阿威罗伊、阿尔法拉比、迈蒙尼德、马基雅维利、莱辛和尼采。

同样的，在中古犹太和伊斯兰哲学黑暗而异质的世界里，初学者切勿让现代假设和规范性前提牵着鼻子走。毋宁说，他应努力遵循"那些曾引导古代思想家的路标"（《如何着手研究中古哲学》，前揭，页325）。但是，即使这一预备性的工作亦是［116］极其困难的，因为它需要清除现代的诸种前提预设。因此，施特劳斯笔下的史家在经历哲学转向的变革体验之前，必然会经历"全然无措"和"思想混乱"的窘境：

> 那些古代路标并非直接可见：它们往往被累累的尘埃和碎石所掩盖。这些碎石中最要命的是现代作者们的浅解薄见，是教科书里随处可见的想用一个公式解开过去之谜的陈词滥调。在运用引导过往思想家的路标之前，必须要先重新发现它们。而在史家成功发现它们之前，他不由自主地陷入全然无措和普遍怀疑的境地：他发现自己处于一片黑暗之中，而他对于唯一能照亮这黑暗的知识却一无所知。在专注于研究过去的哲学时，他必须明白自己正开始一次全然不知所终的旅程：当回到他自己时代的边界时，他不太可能还会是出发前的那个样子。（《如何着手研究中古哲学》，前揭，页325）

尽管承认［现代研究者］受惠于蒙柯（Salomon Munk）、考夫曼（David Kaufmann）、沃尔夫森（Harry A. Wolfson）所取得的史学成就，但施特劳斯坚持认为，这样的史学成就甚至连哈列维的《卡札尔人书》和迈蒙尼德的《迷途指津》的"门儿都还没摸到"。施特劳斯对当代学术成就状况的判断可以借用迈蒙尼德所使用的塔木德术语来表达：Ben Zoma 'adayin bahutz［本·佐玛（Ben Zoma）仍在门外］。①换句话说，现代学术未能接近和敞开掩藏在中古犹太哲学字里行间的隐秘智慧。施特劳斯运用审慎的含糊手法，来掩盖自己意图恢复这些被遗忘宝藏的大胆探险，以便确保那些具有罕见和必要素质的学生能够追随自己探究这些智慧。

在欧洲流亡期间，施特劳斯在试图追溯可恢复的柏拉图式政治学取向之轮廓的过程中，重新开启了古代人与现代人之间的论争。到了美国，施特劳斯的描述方案转向对这一传统的当代复兴。这一方案上的转变要求现代哲人像中古伊斯兰—犹太哲人那样

---

① 见施特劳斯，《如何着手研究中古哲学》（How to Study Medieval Philosophy），前揭，页327。迈蒙尼德在其《迷途指津》（卷Ⅲ，第51节）的著名王宫寓言中使用了这一短语，见《迷途指津》，Shlomo Pines 译，University of Chicago Press，1963，卷2，第51节，页619。"要知道，我的孩子，只要你仍钻研数学科学和逻辑艺术，你就属于那在王宫外徘徊寻求门径的人之列。正如我们的先贤所言（或许他们的记忆是蒙福的）：'本·佐玛［Ben Zoma］仍在门外'——这句话同样是一种比喻。不过，如果你掌握了物理学，你就已经进入了王宫的前厅；如果你再能掌握自然哲学和神学，你就可以进入内厅，与国王同处一室。这种有学问人的不同级别标志着他们各有不同的完善程度。"参较本页前两段的论述："那些到达王宫却在其四周徘徊的人是一些律法学家。他们相信基于传统权威的正确见解、专门研究与敬拜上帝的习俗有关的律法，但却从不对宗教的基本原理进行反思，也不试图对其信仰进行论证。"原文出处见《巴比伦塔木德》（Babylonian Talmud）的《哈格篇》（Hagigah），15a。［译按］此处译文参考了《迷途指津》（傅有德等译，山东大学出版社，1998，页570-571）的译文，部分有改动。

尊重律法（法律）。正如中古哲人强调律法的神圣地位，并将其视为毋庸置疑的基本文献（《托拉》或《古兰经》）一样，现代哲人亦将永恒的真理与智慧提升为他或她的国家的创始法律文件。在诸如美国等自由民主制国家，这一创立法律的源文本便是宪法。

1949年，施特劳斯在芝加哥大学举办了系列讲座，这些讲座标志他的美国学术生涯进入了一个全新的阶段。施特劳斯通过援引《独立宣言》开启了自己著名的系列讲座，这些讲座后来以"自然正当与历史"（Natural Right and History，1950）为题出版。如果我们了解施特劳斯关于人生有贵贱和[117]等级有别的信念，就很难想象他会信奉"人人生而平等"的原则，除非这一修辞学上的肯定是为了强调自己现居政治秩序下的法律具有不容置疑的性质。作为施特劳斯在芝加哥大学所讲的第一句话，它是合宜的，因为它宣称美国建国之父们的永恒智慧，并且强调与美国不断增长的财富和权力相关联的基本真理必须被置于毋庸置疑和无需检验的位置。然而，为了证明自己对充满争议和潜在破坏性的哲学和政治问题的反思具有正当性，施特劳斯追随迈蒙尼德，通过诉诸迫在眉睫的危机来为自己的这样一种披露之举提供合法性根据。这里，我们援引《自然正当与历史》的开场白来结束关于施特劳斯从德国到美国之旅的考察：

> 除了最显而易见的原因之外，我还有更多的理由以引用《独立宣言》中的一段话，来开始我这一系列的查尔斯·瓦尔格伦（Charles R. Walgreen）讲座。这段话频繁为人们引用，但由于其凝重雅致，使得它免遭因为过度熟稔而滋生的轻视和由于过分滥用而滋生的厌恶。"我们认为如下真理是自明的：人人生而平等，他们为他们的造物主赋予了某些不可剥夺的权利，其中包括生命、自由和追求幸福的权利。"献身于这个命题的民族，毫无疑问部分地是由于献身于这个命题，

现在已经成为世界民族之林中最为繁荣富强的民族。这个民族在其成熟之后,是否依然珍视其孕育成长时的这种信念? 她是否仍然认为那些"真理是自明的"呢?①

---

① Leo Strauss,《自然正当与历史》(*Natural Right and History*), Chicago: University of Chicago Press, 1950, 页1。[译按] 此处译文参考了《自然权利与历史》(彭刚译,生活·读书·新知 三联书店,2006,导论,第1页) 的译文,部分有改动。

结论　回首魏玛与流亡政治学

[118] 透过一些断片残简，我们常常会无意中发现一位历史学家，而在此之前，这些文字碎片一直躺在偏僻、阴暗的一隅。在施特劳斯1973年10月18日逝世后不久，索勒姆潦草地写下一连串的感想，这很可能构成他1974年10月在耶路撒冷大学范利尔学院（Van Leer Institute）发表公开演说的基础。①索勒姆——犹太神秘主义学术研究的拓荒者——1927年与施特劳斯相遇。在那之后，二人很快发展了终生不渝的友谊。②在勾勒青年施特劳斯的身世形象时，索勒姆将其描摹为一个带着罕有的坚定严谨，专注于最深刻的哲学、神学和政治问题之人。索勒姆并没有在撰写一份得体的墓志铭上浪费时间。他将自己对施特劳斯第一印象表述为benaftulav，这一精辟简洁的评估简直无法迻译。现代希伯来语词典并没有收录这个词的对应含义。naftul的字面含义意味着含混和迂回。索勒姆当然不希望这些贬抑的联想。更何况，他拟的绰号精妙地再现了施特劳斯本人的神韵。一种可变通的更恰切描述

---

① 1997年春季，在耶路撒冷希伯来大学的国家图书馆，我发现了折叠在未作任何标记和排序的信封里的这些短笺。Allan Arkush 随后提醒我，这些短笺很有可能与施特劳斯去世一年后在耶路撒冷大学范利尔学院召开的纪念活动有关。根据出席会议或随后闻知这一庆祝活动的许多人后来的谈话可知，索勒姆当时的发言似乎基于这些短笺。

② 见索勒姆在《本雅明与索勒姆通信集（1932－1940）》（*The Correspondence of Walter Benjamin and Gershom Scholem*，1932－1940，Gary Smith 和 André Lefevere 译，Cambridge, Mass.：Harvard University Press，1989，页24）中的叙述。

是，施特劳斯是一个试图解开其神学和存在主义角力之谜网的人。① 而 benaftulav 的前置音节也表明施特劳斯本人为其存在主义和思想激情所塑就。

索勒姆对他亲密的思想净友的这一刻画与施特劳斯的自我描述不谋而合，施特劳斯"半自传体"的思想肖像的自我描述发表在他第一部专著——《斯宾诺莎的宗教批判》（1930）的英译本序言的开头部分。② 这篇序言写于 1962 年 8 月，施特劳斯反思回

---

① R. Alcalay 的《希伯来语—英语大词典》（*The Complete Hebrew - English Dictionary*，新增补版，Tel Aviv：Chemed Books/ Yehidoth Ahronoth，1996，页 1673）将动词 naftal 描述为 meander ［迂回前行］。在第二版中，我们又靠近了一步，它将 naftulim 定义为 struggle, wrestlings, contest ［斗争、搏斗、争夺］。在希伯来语圣经中，这个词以 Naphtali 的名义出现在《创世纪》（Genesis，第 30 章第 8 节）中："拉结说：'我与我姐姐大大相争，并且得胜。'于是给他起名叫拿弗他利（就是相争的意思）。"这里用"有力的搏斗"（mighty wrestlings）替代"重大的比赛"（a fateful contest）似乎更合适些。一位编辑将这一讨论中的术语翻译为"神的斗争"，见《塔纳赫：依据传统希伯来文本对圣经的新译》（*Tanakh: A New Translation of the Holy Scriptures According to the Traditional Hebrew Text*），Philadelphia：Jewish Publication Society，1985，页 46，注释 b。该词的另一个词形——Niftalin ［意指拐弯抹角、乖张、扭曲、狡诈；斗争、搏斗］带给我们同样的线索和疑难。人之扭打与撕扯的特质拧在一起，结合为存在"纠结"的著名形象，生动呈现于《哈姆雷特》之肃剧中："睡着了也许还会做梦；嗯，阻碍就在这儿。因为当我们摆脱了这一具腐朽的皮囊以后，在那死了的睡眠里，究竟还会做些什么梦？那不能不使我们踌躇顾虑，因此人们甘心久困于患难之中。"（第 3 幕，第 1 景，65 - 67 行；强调为笔者所加）笔者查阅了《哈姆雷特》的所有希伯来语译本，发现它并没有使用 naftul 一词，这一做法是适当的。然而，莎士比亚使我们更接近于索勒姆的本意。感谢 Katherine Fleming 为我指出这段文字。

② Leo Strauss，《斯宾诺莎的宗教批判》（*Spinoza's Critique of Religion*），E. M. Sinclair 译，New Yorks：Schocken Books，1965。译自《斯宾诺莎作为其圣经学基础的宗教批判：斯宾诺莎〈神学政治论〉研究》（*Die Religionskritik Spinozas als Grundlage seiner Bibelwissenschaft: Untersuchungen zu* （转下页注）

顾了魏玛德国独特的历史背景，以及这一背景对他作为犹太知识分子出场的深刻影响。①序言以完全流行的方式开始："这一关于斯宾诺莎《神学—政治论》的研究写于 1925 – 1928 年间的德国。作者［119］是一位在德国长大的年轻犹太人，他发现自己正陷于神学—政治的困境之中。"②

《斯宾诺莎的宗教批判》英译本序言是一篇围绕犹太人问题——或者更宽泛地讲，围绕着"神学—政治困境"——展开的、根植于哲学立场的历史辩证作品。施特劳斯的分析揭示了他致力于批判的统治现实的内在复杂性和紧迫性。然而，他自己的哲学和政治视角的结论只能通过他留给细心读者的线索来加以解释。

（接上页）*Spinozas Theologisch – Politischem Traktat*），Berlin：Akademie – Verlag，1930。注意，被引用的这一版本包含原版的 44 个段落而不是身后出版的删节本的 42 个段落。我不知道为什么会发生这种变化。

① Paul Mendes – Flohr 对这一背景下现代犹太知识分子现象提供了最地道的描述。Paul Mendes – Flohr 指出，犹太知识分子作为"感知上的亲历者……对其所处社会高雅文化和认知传统的价值标准提出了明确质疑"，并因他或她献身教育及其所获成就而闻名，然而，即便如此却仍被定性为一个永恒的局外人。见 Paul Mendes – Flohr，《犹太知识分子研究：方法论引论》(The Study of the Jewish Intellectual：A Methodological Prolegomena)，复收入其《撕裂的激情：犹太知识分子与现代性经历》(*Divided Passions：Jewish Intellectuals and the Experience of Modernity*)，Detroit：Wayne State University Press，1991，页 37。同时参见 Michael Löwy，《中欧犹太弥赛亚主义与自由主义乌托邦（1900 – 1933）》(Jewish Messianism and Libertarian Utopia in Central Europe (1900 – 1933))，载于 *New German Critique*，卷 20，1980，页 105 – 115。Löwy 认为，20 世纪早期中欧的激进犹太知识分子构成了社会学意义上的特殊群体。虽然我对此持一定的保留意见，但施特劳斯可能适合这一类别划分。因为尽管他并不属于左派，但确实很激进；他对弥赛亚主义观点持强烈的批判态度，但在某种程度上，他仍是一名乌托邦主义者：他认为柏拉图的政治理想是真正的政治秩序。在本章的后半部分，我将探究施特劳斯政治信仰的这一方面。

② "英译本序言"，前揭，页 1。

施特劳斯简要地提供一些自传性的评论并非出于某种怀旧情结，而是创作了一部精心构思、异常独特的现代政治思想作品。针对现代德国犹太人的困境以及犹太人对这一困境所做出的各种反应，施特劳斯通过明显的自相矛盾、出人意料的省略、不必要的重复以及令人费解的歧义等方式，辩证地将他们融合为一种奇特的混杂体，阐述了现代德国犹太人的历史变迁。直接阅读这一文本，很可能会产生一些惶惑和模糊的印象：以为施特劳斯想批判近代思想对宗教正统的围攻。然而，所有上述的文学技巧作为指导线索告诉我们，文本的第二层含义本质上不同于文本的表面含义。但这些作品是显白而非隐微写作/言辞的范例。读者可以无需费力地理解文本传达的含义。①

---

① 施特劳斯对隐微写作之重新发现的经典表述在其《迫害与写作艺术》（首刊于 Social Research，1941 年 11 月，页 488 – 504；后收入《迫害与写作艺术》一书，修订版，Chicago：University of Chicago Press，1980，页 25）一文中可以找到："由此可见，迫害催生出一种独特的写作技巧，从而产生出一种独特的著述类型：只要涉及至关重要的问题，真理就毫无例外地透过字里行间呈现出来。这种著述不是写给所有读者的，其针对范围仅限于值得信赖的那些聪明读者。它具有私下交流的全部优点，同时免于私下交流最大的弊端：在私下交流中，唯有作者的熟人才能读到它。它又具有公共交流的全部优点，同时免于公共交流最大的弊端：作者有可能被处以极刑。"对迈蒙尼德以及对迈蒙尼德关于理想犹太律法之著述的特殊关注，见施特劳斯 1937 年发表的题为《论阿布拉瓦内尔的哲学倾向与政治教诲》（On Abravanel's Philosophical Tendency and Political Teaching，载于 Isaac Abravanel，J. B. Trend 与 H. Loewe 编，Cambridge University Press，1937，页 99 – 100）的演讲。对于施特劳斯本人运用隐微写作技艺加以明确拒绝的观点，见 Joseph Cropsey 在《社会科学国际百科全书》（The International Encyclopedia for the Social Sciences）上所撰写的施特劳斯条目："他从事'细读'的研究和教学，但并没有运用或传授一种细读的'方法'，因为就其实质而言，它并不是一种方法；通过规则的应用，审慎写作可能会变得具体明确，但它将成为一种纯粹的编码，而哲学文本的解读也将成为某种形式的密码术。"《社会科学国际百科全书》（The International Encyclopedia for the Social Sciences），（转下页注）

施特劳斯对近二百年德国犹太人境遇的分析，着眼于引导和塑造德国—犹太人历史意识的极具争议的文化政治势力。在梳理各种犹太人问题解决方案的内在矛盾之后——对施特劳斯而言，这是神学—政治问题最明显顽固的形式——施特劳斯的论断在他认为对于现代犹太人而言，犹太人问题唯一可行的解决方案是在重返犹太正统中达到顶峰。然而，他并没有直接回答这样一种回返信仰的行为对于当代犹太知识分子而言是否可能的问题。我认为施特劳斯对无条件回返正统的呼召并非针对知识分子，而是针对那些"非哲人的多数人"。对于少数精英知识分子，施特劳斯强调他们应贯彻希伯来圣经中众先知提出的政治方案：创造或维持一个社会，同时这个社会的所有成员都遵守其道德行为准则。众先知被施特劳斯理解为拥有足够的政治智慧以约束人们遵守道德准则。因此，先知是唯一与哲学精英相称的角色，他能妥善地应对认知的挑战：神意无法引导历史的展开。①

　　1962年2月，施特劳斯在芝加哥大学圣约之子会希勒尔基金会（B'nai B'rith Hillel Foundation）发表了题为"我们为什么仍然是犹太人——犹太信仰和犹太历史仍然能够向我们言说吗？"②的演讲。阅读这一文本不需要具有阅读《〈斯宾诺莎的宗教批判〉英译本序言》同样［120］程度的解释学洞察。这一方面与芝加

（接上页）附录卷，1976，页750。

① 1967年，施特劳斯在纽约城市学院"柯亨犹太事务公开讲座（首场）"发表的《耶路撒冷与雅典》（Jerusalem and Athens）演讲中细致甄别了圣经众先知与柏拉图和苏格拉底之间的关系。

② Leo Strauss，《我们为什么仍然是犹太人——犹太信仰和犹太历史仍然能够向我们言说吗？》（Why We Remain Jews: Can Faith and History Still Speak to Us?），1962年芝加哥大学希勒尔基金会上的演讲。该演讲文稿最近收录在《施特劳斯：政治哲人与犹太思想家》（*Leo Strauss: Political Philosopher and Jewish Thinker*），Kenneth L. Deutsch 与 Walter Nicgorski 编，Lanham, Md.：Rowman and Littlefield Publishers, 1994；下文引用简称"JPCM"。

哥大学希勒尔会馆讲座有限的公开性有关，另一方面缘于施特劳斯的发言缺少"适当的"准备，因此很少有时间为清晰理解周密地设置阅读障碍。①由于这一演讲不打算作为凝练的书面文字发表，因此施特劳斯感到无须抑制其坦率的风格。在演讲中，施特劳斯强调了一种独特的——如果不是激进的——与现代犹太人相同的历史视点：哲学含义明确依赖于流放或放逐的境遇。在做出这一关联之前，施特劳斯将犹太人"上帝选民"的传统观念视为犹太民族的标志，强调尘世救赎的普遍缺失。在表明犹太人的选民观念必然包含犹太人与上帝的永恒分离之后，施特劳斯将这一境遇推及到所有人类：我们无法获得一个完全正义的政治秩序，乌托邦是不可能实现的。依我之见，这种知觉本体论的悲观主义是施特劳斯强硬保守主义，以及他整个成年时期对自由主义和进化论政治学全然鄙视的主要原因之一。②

施特劳斯被刻画为芝加哥保守主义的倡导者，这与德国学界犹太同行们对他的理解并不一致。我举两个有关施特劳斯犹太教观点的有趣叙述，它们均出自同时代德国著名犹太学术同事的私人信件。在这些叙述中，施特劳斯被刻画为一位无所畏惧的无神论者，这一性格特征的描述或许会使许多熟悉施特劳斯更一般形象的人感到惊讶，因为在后者看来，施特劳斯是一个将哲学研究集中在僵化的宗教和政治正统观念（将其字面含义作为正确或合宜的看法）的（复古的）信徒。

---

① 在本书的后面部分，我提到这两篇重要文章时将简称《序言》（the Preface）和《演讲》（the Lecture）。

② 注意：早在四十年前，施特劳斯就指出流亡的"必要"条件确保了犹太民族"以最小的正常性获得了最大的生存可能性"。见 Strauss,《诺焘的犹太复国主义》（Zionism in Max Nordau，译自"Zionismus bei Max Nordau"），载于 The Jew: Essays from Martin Buber's Journal Der Jude, 1916–1928, Arthur A. Cohen 编，Joachim Neugroschel 译，Tuscaloosa: University of Alabama Press，页 124。

1954年，在读到德文初版的《斯宾诺莎的宗教批判》一书后，雅斯贝斯（Karl Jaspers）向阿伦特（Hannah Arendt）打探该书的作者情况，在雅斯贝斯看来，该论著的作者是"一个有着强大理性力量的正统犹太教信徒"。①阿伦特在弗莱堡和吉森参加海德格尔讲座时曾偶遇并与施特劳斯相识。因此，她告知雅斯贝斯，施特劳斯拥有"真正的天才智慧"，是"芝加哥大学政治哲学领域一位非常受人尊敬的教授"。在列举了他的一些"著名作品"之后，阿伦特将施特劳斯描述为"一个具有说服力的正统派无神论者"。在这段表述的末尾，阿伦特做出了简短的个人评判："我不喜欢他。"②对于阿伦特将施特劳斯描述为无神论者这一令人意想不到的结论，雅斯贝斯疑惑不解："现在是一个无神论者吗？在其

---

　　① 《阿伦特与雅斯贝斯通信集（1926 – 1969）》（*Hannah Arendt – Karl Jaspers Correspondence*, 1926 – 1969），Lotte Kohler 和 Hans Saner 编，Robert Kimber 和 Rita Kimber 译，New York：Harcourt Brace Jovanovich, 1992，第156封信（1954年5月14日），页241。

　　② 《阿伦特与雅斯贝斯通信集（1926 – 1969）》（*Hannah Arendt – Karl Jaspers Correspondence*, 1926 – 1969），前揭，第158封信（1954年7月24日），页244；与施特劳斯的进一步摩擦与"艾希曼事件"有关，见《阿伦特与雅斯贝斯通信集（1926 – 1969）》（*Hannah Arendt – Karl Jaspers Correspondence*, 1926 – 1969），前揭，第343封信（1963年11月24日），页534。同时参见关于施特劳斯不成功地试图追求阿伦特的这一貌似真实合理，但又缺乏事实依据的描述：在普鲁士国家图书馆，施特劳斯的求爱遭到"断然拒绝"。"当她批判他的保守主义观点，并拒绝他的追求之后，他变得大为恼怒。"这一怨恨一直持续了几十年，并在二者于20世纪60年代同时在芝加哥大学教书时更加恶化。"阿伦特以相当粗暴的方式评价自己对国家社会主义的判断，施特劳斯对此耿耿于怀：她指出事实的反讽性，即施特劳斯所欣赏的政党（[译注]指国家社会主义）所倡导的观点，怎么连像他这样的犹太人的立足之地都没有？" Elizabth Young – Bruehl,《阿伦特：爱这个世界》（*Hannah Arendt：For Love of the World*），New Haven：Yale University Press, 1982，页98。

早期著述中,他更像一个为传统权威提供辩护的正统犹太教信徒啊!"①问题是,施特劳斯思想中是否真的具有雅斯贝斯所质询的从信徒到不信者的戏剧性转变?②

前已述及,大约二十年前,索勒姆在致本雅明的信中曾经谈及施特劳斯是一位出色的挑衅性的无神论者。③施特劳斯难以捉摸的个性品质为本书前几章研究其思想发展提供了令人着迷的背景。雅斯贝斯1954年的评论,即认为《斯宾诺莎的宗教批判》一书[121]似乎是为宗教权威所作的辩护,但这并不必然意味着施特劳斯是一个具有正统信仰的真正信徒。或许施特劳斯感到宗教权威是可欲的,但绝不能把它看作是个人献身神学的动机。

施特劳斯以断奏注解的方式开始自己的《斯宾诺莎的宗教批判》英译本序言:"这一关于斯宾诺莎《神学—政治论》的研究写于1925-1928年间的德国。作者是一位在德国长大的年轻犹太人,他发现自己正陷于神学—政治的困境之中。"④

读到这段文字,读者立即会产生一些疑问。而在这些问题当中,或许最紧迫的问题是何谓"神学—政治困境"。施特劳斯怎样以及为什么会发现自己"深陷"其中呢——索勒姆用benaftulav([译按]该词的具体含义见本章的第一段)一词来指称这一境

---

① 《阿伦特与雅斯贝斯通信集(1926-1969)》(*Hannah Arendt - Karl Jaspers Correspondence*, 1926-1969),前揭,第159封信(1954年8月29日),页247。

② 克莱因在《纪念施特劳斯》(Memorials to Leo Strauss,载于 *St. John's Review*,卷25,第4期,1974年1月,页2)一文中印证了施特劳斯从坚守正统信仰到不信的转变。克莱因表明,施特劳斯曾是一名正统的犹太教信徒,但"后来他彻底改变了自己的宗教信仰,将上帝或诸神的问题与政治推理连接在一起,不让自己的生命依赖于任何神性或任何宗教仪式"。

③ 《本雅明与索勒姆通信集(1932-1940)》(*The Correspondence of Walter Benjamin and Gershom Scholem*, 1932-1940),前揭,第72封信,页155-158。

④ "英译本序言",前揭,页1。

遇？一个德国犹太人在 20 世纪 20 年代中后期写作一本关于斯宾诺莎的书，它的意义又是什么？施特劳斯在这篇传统序文中并没有像人们所期待的那样以直接的方式来回答这些问题——但或许现在，我们已经认识到施特劳斯机智善变的智识品格。

当施特劳斯打算通过这一序言"为 1930 年的德国与 1962 年的美国之间的鸿沟搭一座桥"时，这篇序言不能被理解为一篇简单的个人自传。① 索勒姆指出这一文本唯一的美中不足在于，施特劳斯似乎"跳过了其思想发展中的几个阶段"。② 施特劳斯在回信中向索勒姆表明自己在某种程度上的确"略去了 1928 年以后发生的每个事件"。③ 但施特劳斯强调，这篇序言"在尽可能适当的限度之内，它就像是一篇自传"。④ 我们想知道的是，如果一些实质性的事情超出这一限度将会如何呢？毕竟，序言对施特劳斯传记中一些敏感问题敞开了大门。施特劳斯表明，自己早期接触并深受影响的那些思想家，如海德格尔和施米特，最终都加入了纳粹党。人们想知道的是，又有多少英语读者会对施特劳斯从右翼方面展开的施米特批判，即对施米特并没有从自由主义的"体系"中完全解脱出来的评判保持警觉。至于令人怀疑的宗教和伦理立场，施特劳斯对无神论的本质必然性，以及虚无主义作为现代理性主义的最终结果提供了强有力的哲学论证。然而，施特劳斯强

---

① 见施特劳斯 1962 年 5 月 29 日致科耶夫的信，载于《论僭政》（*On Tyranny*），增订版，Victor Gourevitch 和 Michael S. Roth 编，New York：Free Press，1991，页 309。

② 见索勒姆 1962 年 11 月 28 日致施特劳斯的信，引自 Kenneth Hart Green，《犹太人与哲人：施特劳斯犹太思想中的回归迈蒙尼德》（*Jew and Philosopher: The Return to Maimonides in the jewish Thought of Leo Strauss*），Albany：SUNY Press，1993；页 62，注释 7。

③ 施特劳斯 1962 年 12 月 6 日致索勒姆的信，出处同上。

④ 施特劳斯 1962 年 5 月 29 日致科耶夫的信，载于《论僭政》（*On Tyranny*），前揭，页 309；强调部分为笔者所加。

调宗教启示仍保持其自身的言说方式，因为它既没有为哲学批判成功驳倒，也没有为哲学理性主义所重塑。虽然施特劳斯对德国犹太人从柯亨到罗森茨威格的"回返运动"的缺陷提出了尖锐，甚至颠覆性的批判，但他却强调这一回返运动是他所发现的最令人激赏的思想运动，当然，施特劳斯这里隐匿了自己对布伯（Martin Buber）等人严苛的个人评判。①最后，施特劳斯将犹太选民的情形限定在天启事件之内，从而摧毁了上帝通过奇迹干预现实世界的哲学根基及其理解：以自主人类理性作为唯一根据。

鉴于《斯宾诺莎的宗教批判》一书的初稿完成于1928年，因此，《序言》的写作理应止步于这一年。然而，这篇《序言》实际上一直谈到1932年［122］，因为它明确提及自己对施米特《政治的概念》一书的批判。②《序言》的历史性描述对于犹太人试图对放逐做出的回应，以及贯穿于欧洲基督教历史中时常出现的反犹主义情绪的极端表达提供了简要的回顾。这一叙述涉及动态复

---

① 见施特劳斯1963年12月15日致索勒姆的信，这封信打印在以芝加哥大学为信头的信纸上（以手写的方式做了补正），现存于耶路撒冷国家图书馆索勒姆档案第15991号："不过，还是让我就你的 sitra achra ［《黑暗的一面》］一书，就你对布伯的赞赏说几句。我并没有忽略种种条件，但我仍然觉得［你对布伯］太过奖了。我始终讨厌他，现在还是讨厌他。我总感到欠真实……我最愿意表示同意的说法大概是，他是第一流的喷洒香水的人。对历史真实绝对漠不关心，也许是他缺乏思想真诚最显著的证明，这表现在他毫无节制地使用哗众取宠的手段和钻营术。如果我们没有完全弄错的话，他正是我的老师们曾称之为'教士权术'行为的典型例证，当然，我的老师们的意思是，这类骗子也是受骗者。" sitra achra（字面含义是另一面［other side］）在喀巴拉文本中指的是魔鬼（the devil）。施特劳斯暗示，索勒姆克制自己对布伯的批判，源于他对后者内在的感情和（或）对后者的欣赏。

② 《斯宾诺莎的宗教批判》的斯科肯（Schocken Books）初版中包含一个令人印象深刻且大有助益的附录，收入了施特劳斯所参引的文献资源，以及他批判施米特的英译文。但遗憾的是，对施米特的评论在芝加哥大学出版社1997年再版此书时被删除了。

杂的认可战，以及一群不断被定义为"他者"的群体朝向自由的努力。解决犹太人问题的可选方案表现在个体同化、政治自由主义、共产主义、法西斯主义、政治犹太复国主义、文化犹太复国主义、宗教犹太复国主义以及个体回归正统等几个方面。

对歧视和迫害问题的即时回应是个体同化。海涅（Henrich Heine）——皈依基督教的德国犹太诗人——提出了同化的原初冲动："犹太教不是一个宗教，而是一种不幸。"在施特劳斯看来，这一完全同化的立场对于个体犹太人的实际意义在于："让我们尽快、尽可能无痛苦地摆脱犹太教。"①为了将这样一种立场置于历史视野的审视之下，施特劳斯转向中世纪，当时很多犹太教徒只是通过改信基督教来寻求免于歧视或迫害的可能性。但我们闻知，这样一种解决方案"即使在那时，也不是相当容易的"。通过指出1942年西班牙的驱逐犹太人事件中，对新老基督徒、纯种西班牙人（老西班牙人）和杂种西班牙人（改宗的犹太教徒［conversos］）这一"超出法律之外，但并不违法"的区分，施特劳斯援引史实证明了个体同化路径的困难。在西班牙，犹太人被迫成为基督徒，但悖论的是，不管其声称的神学信仰为何，皈依基督教的犹太人仍然"被迫保持为犹太人的身份"。因此，西班牙人通过血统来确认犹太人身份的方式，提供了个体犹太人试图追求个人同化道路徒劳无益的历史先例。

对施特劳斯而言，正如他在第一部专著中所例证的，Marrano［改信基督教之犹太人］的境遇不仅是中世纪犹太人处境的样板，同时也是哲学处境的典范。因为，他们既要向公众理解隐瞒自己所秉持的真正信仰，同时又要公开地肯定现行的政制秩序。对犹太人问题的第二种回应是政治自由主义试图提供的政治解决方案：世俗的同化。这一解决方案合理地假定"一个社会在法律上并非

---

① "WWRJ"，前揭，页5。此处及下文所有提到"WWRJ"（除非另有说明）均指其手稿形式。

基督教社会，而是一个没有犹太教和基督教区分的社会"，因此，在这样的社会中，人们应对个体的宗教偏好采取漠不关心的态度。①但在一次论辩中——可以将其视为马克思1843年的文章《论犹太人问题》的自由主义批判的一个减缩形式——施特劳斯诉诸自由主义的逻辑来反对它自身。因为在施特劳斯看来，自由主义社会基于自主性的公私领域的区分，因此，自由主义社会不能依法禁止私人歧视。这样做将被视为国家对社会的非法干涉，从而消除了私人领域的基本自治，最终消解了自由主义国家。②

另外，纳粹政权对魏玛共和国的胜利，为认清自由主义抽象观念的一些弊端提供了新的视角。[123] 正如施特劳斯所论述的："德国犹太人将他们的解放归功于法国大革命或它的影响。他们第一次获得了魏玛共和国所赋予的充分的政治权利。魏玛共和国被绝无仅有的德国政权所取代——前无古人后无来者的唯一政权［译按：指纳粹政权］——它除了谋杀犹太人的仇恨之外没有其他明确的原则，因为'雅利安人'的题中之义就是'非犹太人'"（*SCR*，前揭，页3）。在施特劳斯看来，魏玛对平等原则的承诺得到辩证的回应：强调德国传统独特优势的传承。这一冲突为决定

---

① "WWRJ"，前揭，页6-7。

② 见"英译本序言"，前揭，页6；同时参见"WWRJ"，页7。施特劳斯后来的分析更加深入，但转换了语气，强调自由公民公共与私人身份的分裂心理。私人身份从公共身份中分离出来是自由主义国家政治解放的必然结果。见 Karl Marx，《论犹太人问题》(On the Jewish Question，载于 *The Marx-Engels Reader*，第2版，Robert C Tucker 编，New York：Norton，1978）："人分解为犹太教徒和公民、新教徒和公民、宗教信徒和公民，这种分解不是针对政治体制而制造的谎言，不是对政治解放的回避，这种分解是政治解放本身，是使自己从宗教解放出来的政治方式"（页35-36）。这里，施特劳斯并没有运用这种批判精神分裂症患者的自由来反对政治自由主义，并以此作为犹太人问题的具体解决方案。可是后来，当施特劳斯将矛头指向德国自由主义犹太哲人（如柯亨）——理想化犹太传统，使其满足理性的标准——时，他毫不保留地拾起了这一策略。

魏玛方案前途未卜的爆发的可能性创造了条件。①

对施特劳斯而言，魏玛共和国软弱的自由主义政权与其独裁主义继承者之间的关联，需要通过自由主义根基，即对现代理性主义信仰的瓦解来解释。最强烈地感受到这一瓦解所导致的不确定性的是自由主义方案之成果最大受益者的犹太人群体。施特劳斯提供的分析生动地表达了德国犹太人不稳固的地位以及他们寻求安全感的一些尝试："每次当德国犹太人在政治上比在其他国家的犹太人处于更加危险的境遇时，他们便发起'犹太教科学'的研究，即由犹太人发起的犹太教遗产的历史批判研究"（*SCR*，前揭，页3）。德国历史主义作为方法和手段在犹太传统研究上的应用，一方面揭示了理性主义在犹太文化和宗教中的支柱位置，另一方面将不合乎理性倾向的东西（如无中创世、死后复活、弥赛亚承诺以及一切神秘主义元素）当成异类遗弃掉了。

犹太教作为理性宗教的现代理想化重释，被施特劳斯视为是与不断重塑犹太传统的离散文化动态互动的一种结果。但是，如果导致一种绝对的依赖，尤其在"他者"的原初状况无法克服的情况下，那么对外来文化的直接吸收可能是极其危险的：

> 德国犹太人的解放与德国思想和诗歌最伟大的时期相合，这一时期的德国在思想和诗歌上是第一流的国家。人们禁不住将德国犹太人的这一时期与西班牙的犹太人时期加以比较。西班牙时期犹太人的最大成就可通过如下事实加以部分地展示：犹太人接受古希腊思想的涌入，当然，之所以选择希腊思想仅仅出于偶然。然而，在整个德国时期，犹太人向德国思想的涌入敞开了胸怀，即向他们身居其中的特殊国家的思想敞开了大门——这一思想本质上被理解为是德国的：政治

---

① 犹太教的普遍主义者（信普救说者）和排他主义者（特殊神宠论者）的冲动之间存在着一种类似的张力；*SCR*，前揭，页12–15。

上的依赖同时也是精神上的依赖。这就是德国犹太人困境的核心所在。(*SCR*，前揭，页3)

通过援引德国知识分子象征的歌德（Goethe）、尼采（Nietzsche）和海德格尔（Heidegger）的表述，施特劳斯阐明了德国犹太人所仰赖的文化基体中渗透出来的对犹太人的敌意，并以此来表明德国犹太人的凶险处境。[124] 这三个人对施特劳斯本人的思想都具有重要的影响。施特劳斯援引了他们作品中反犹情绪的表达，这些表达从对德国犹太人轻微的不适开始，在海德格尔关于"国家社会主义的内在真理和伟大"①的臭名昭著的宣言中达到顶点。

让我们承认自由主义无法阻止褊狭文化力量的发生。若颠覆自由社会是消除歧视这一重要社会现象的唯一方式，那么在摧毁自由社会的力量崛起之前，我们为什么不追求其他的政治方案呢？毕竟，直到1932年，在对施米特的《政治的概念》的评论中，施特劳斯还谴责施米特半截子的自由主义批判。在上述评论中，施

---

① *SCR*，前揭，页4。值得注意的是，在该书的正文中——尤其是考虑到近期对海德格尔事件的历史好奇心的爆发——尽管海德格尔最初表述"国家社会主义的内在真理和伟大"是在其1935年海德堡校长就职演说中，但施特劳斯却将1953年出版的《形而上学导论》(*Einführung in die Metaphysik*) 作为这一表述恰当的引文出处：因为此书是1935年的一系列讲座课程的讲稿合集，在书的序言中，海德格尔声称该书的所有"错误……均已移除"。施特劳斯则在这一脚注中补充写道："同时参见该书第36页提到的德国大学里最近的'清洗'运动。"关于诱发海德格尔支持纳粹的这一言述的影响和意义的更加详细的评论，参见《海德格尔式存在主义导言》(An Introduction to Heideggerian Existentialism)，载于施特劳斯，《古典政治理性主义的重生——施特劳斯思想入门》(*The Rebirth of Classical Political Rationalism*：*An Introduction to the Thought of Leo Strauss*：*Essays and Lectures*)，Thomas L. Pangle 选编并作序，Chicago：University of Chicago Press，1989，页30-31，41-42。

特劳斯认为需要探究一种真正后自由主义的政治理论，一种唯有通过罢黜根植于霍布斯的自由主义传统之后才能得到理解的政治理论。在德国政局的这样一种混乱不安的时期，施特劳斯对"和平主义的国际主义"根深蒂固的反感居于其政治倾向的中心。①

然而，1962年，施特劳斯拒绝了保守的后自由主义社会的可能性，他将自己的目光聚焦于苏联，并以其为范例来探究摧毁自由主义社会之后将会怎样影响犹太人的命运。施特劳斯认为，苏联历史上野蛮的反犹太人政策不能作为与共产主义无关紧要的东西而加以忽略。超出历史实际来寻找"共产主义的本质"，这显然违背了正统共产主义的原则（"WWRJ"，前揭，页9）。因此，托洛茨基（Trotsky）的共产主义——不包含任何类似的反犹太人的元素——已经遭到"他［指托洛茨基］的最高权威——历史的驳斥。托洛茨基主义是一个活生生的矛盾体"。事实上，施特劳斯解释道，如果斯大林不拒绝托洛茨基的那种建立在革命无产阶级基石上的革命观，苏联就不可能在第二次世界大战中幸存下来：

> 苏联的幸存归功于斯大林决定不能坐以待毙地等待西方无产阶级革命的爆发，也就是说，不再等待别人为苏联做什么，而是在一个视他的话为法律的国家里不择手段、不惜一切代价地建立起社会主义。这些手段中理所当然地包含希特勒以前成功使用过的一些手段，更不用说他对大规模屠戮党内同志和反犹太人政策的发明。（*SCR*，前揭，页6-7）

斯大林从希特勒那里学到的第二个经验教训是关于反犹太人政策的实际效用。在第一次世界大战之前的西方社会主义运动中，

---

① Strauss，《施米特的〈政治的概念〉评注》（Comments on *Der Begriff des Politischen* by Carl Schmitt），载于 *SCR*，前揭，页331-351。特别参见施特劳斯对"和平主义的国际主义"的分析，页340-343。

布尔什维克主义和孟什维克主义之间并没有什么显见的差别。"那时有句公认的名言：'反犹主义是愚蠢的社会主义'，因此，与明智的社会主义互不相容。"但施特劳斯深信，庸俗大众所构成的人类的大多数翻转了这句老话："反犹主义是愚蠢的社会主义这一主张不是反对，而是支持了反犹主义；假定存在大量的蠢货，为什么没有人抢先使用这种有效方法？"在施特劳斯看来，当希特勒[125]成为一个荒谬的种族理论的囚徒时，斯大林"明智地"运用反犹太人的政策来统治构成苏联的那些不同民族。这一明智的做法相对于公正地对待犹太人而言更加简便易行（"WWRJ"，前揭，页11）。施特劳斯总结道，这一含义"佐证了我们的观点：自由主义社会提供的让人不安的'犹太人问题的解决'远胜于共产主义的'解决之道'"（*SCR*，前揭，页7；强调部分为笔者所加）。

但这未必是在自由主义和共产主义之间进行一种非此即彼的抉择，因为还有不同种类的犹太复国主义方案可供选择。施特劳斯在对平斯克（Leon Pinsker）的《自我解放》（*Autoemancipation*）和赫尔茨（Theodor Herzl）的《犹太国》（*The Jewish State*）的最初表达中，廓清了作为一种现代政治运动的犹太复国主义的独特性。虽然平斯克和赫尔茨以欧洲自由主义解决方案的失败作为出发点，但是他们仍受制于现代偏见之下，认为犹太人问题是能够通过人类手段加以解决的纯粹人类问题。尽管如此，正如施特劳斯所声称的，平斯克和赫尔茨"将这种纯粹的人类理解极端化了：犹太人的悲惨命运决不能继续理解为由于我们祖先的罪过而导致的神圣惩罚，或者犹太人作为上帝的特选子民肩负的神圣使命，因而生来就具有殉道者的谦恭和坚韧。我们应该完全从人的角度来理解这个问题，即犹太人问题纯粹是一个政治问题，诉诸其他国家的正义和慷慨无法解决这个问题，更不用说诉诸国家之间的联盟了"。

因此，政治犹太复国主义首要关心的是"如何清洗千年来犹太人承受的屈辱，恢复犹太人的尊严、荣誉或自豪"。换言之，他们旨在拒绝流亡的政治处境，这一境遇两千多年来一直困扰着犹太人的存在。

自由主义解决方案的失败意味着，犹太人不能通过把作为个体的自己同化于他们生活其中的国家而重树尊严，也不能像别的自由国家的公民那样成为其公民而重树尊严：自由主义解决之道带来的至多不过是法律平等，而不是社会平等。作为一种理性的命令，它无法触动非犹太人的情感。只有通过保卫犹太国的尊严，犹太人才能够获得尊严。犹太人问题的真正解决要求：犹太人要和"所有的民族一样"（《撒母耳记上》，第8章），犹太民族要把自己融合到世界民族之林当中，或者说，建立一个现代的、自由的和世俗的（但不必然是民主的）国家。因此，严格意义上的政治犹太复国主义是一场代表了共同血统和出身卑贱的人构成的社区的精英运动，其目的是要通过获得国家的地位和建立国家来恢复他们的尊严；严格意义上的政治犹太复国主义期许给犹太人的土地并不必然是以色列人的土地。（SCR，前揭，页4—5）

这一通过建立一个世俗的主权国家来确保犹太人尊严和自豪的政治犹太复国主义方案，"暗含了对传统［126］犹太人希望的影响深远的修正——这种修正只有与那些希望分道扬镳才可能实现"。在对政治犹太复国主义与犹太历史之间关联的简要分析中，施特劳斯回到平斯克那本小册子的题词，平斯克引用希勒尔（Hilleh）的如下说法作为自己论著的题词："如果我不为自己，那么谁会为我？如果现在不为自己，更待何时？"施特劳斯敏锐地指出平斯克别有用心地省略了构成希勒尔表述核心的那句话："如果我只为我自己，那么我是谁？"通过对政治犹太复国主义孤立的、自我指涉的批判，施特劳斯或许被视为接受了一种肯定的同化观念。这里,我们看到施特劳斯关于犹太历史发展的一个最富价值的见解:犹太传统和文化不能脱离其历史而发展。

平斯克试图为欧洲的反犹主义把脉,从而克服犹太人被动流亡的处境。施特劳斯评论道:"平斯克把犹太人看作是没有牧羊人看护和召集的群羊,但他并不渴求牧羊人的出现,而是寄希望于将羊群转变成一个能够自己照看自己的国家。"平斯克关于犹太人身份的看法及其祛除全部传统神学要素的热望,其重要意义随着施特劳斯援引斯宾诺莎的广受误解的一段话而得以突显:"如果他们创立的宗教并没有使犹太人心智颓废,那么我完全相信,他们会在某一时刻,在适当的时机之下(因为人事变化无常),再次建立他们的国家。"①根据这一分析,犹太复国主义者通过建立主权国家来延续犹太民族自然存在的使命,唯有掏空立基于神圣律法和弥赛亚救赎之上的犹太教方有可能。

政治犹太复国主义的这一缺陷为文化犹太复国主义所指出。犹太复国主义的基石被重新表述为犹太文化遗产,即"民族心智、民族天才的产物"。然而,文化犹太复国主义发现自己无法克服其内在矛盾,因为"犹太遗产的基础以及其最权威的地层都表现出它是神赐的礼物,是神圣的启示,而不是人类心智的产物"("英译本序言",前揭,页6)。文化犹太复国主义缺少必要的决断力以在极端的政治(即强权政治)和神圣启示之间实现一种平衡。

"当文化犹太复国主义理解自身的时候,它就转向宗教犹太复国主义。"但任何以人为强加的解决方案来处理犹太人问题——一个神圣问题——的尝试,都必定被视为是"亵渎神灵的行为"。"犹太复国主义甚至可以将以色列国家的建立看成是犹太历史上自《塔木德》完成以来最重要的事件,但它不会把建国看成是弥赛

---

① Benedict de Spinoza,《神学—政治论》(*A Theologico-Political Treatise*),R. H. M. Elwes 译,New York: Dover Publications,1951,第三章,《论希伯来人的天职》(Of the Vocation of the Hebrews),页56。

亚时代的来临,也不会把它看成是以色列和所有人拯救的到来。"施特劳斯此处阐发的这段论述可以在他早期以流亡为中心的著述中找到其最初的灵感之源。"以色列国家的建立是迄今为止对'加路特'(Galut,[译注]指放逐、赎罪、苦行)最重大的修正,但它绝非'加路特'的终结。"在精神和政治的意义上,以色列国是"加路特"的一部分,因为"有限的、相对的问题能够解决,而无[127]限的、绝对的问题是无法解决的。换而言之,人类无法创造出一个免于矛盾的社会"("英译本序言",前揭,页6;强调部分为笔者所加)。

因此,如果犹太民族认识到并懂得创造一个完全自由和正义的社会是人类无法完成的任务,那么,"至少在犹太人问题是人类社会或政治问题的最显见标志的意义上,犹太民族是上帝拣选的民族"("英译本序言",前揭,页16)。

施特劳斯运用这种可能性来限制人类的傲慢,以促使人们接受自由主义国家的内在矛盾。他对恢复正统的吁请清晰表现出这种对人类中心主义傲慢的批驳。尽管施特劳斯之前认为犹太人问题是不可解决的("英译本序言",前揭,页6),但他突然改弦更张,声称"有一种犹太人问题,在人的意义上是可以解决的:①这就是西方犹太裔个体的身份认同问题,他或其父母断绝了自己与犹太共同体的联系,期望他因此能够成为普遍人类社会的正常一员,但当他发现没有这样的社会时,他自然会大惑不解"。因此,在20世纪初社会歧视日益加剧时,西欧犹太人便生活在这种痛苦和绝望之中。"对这类犹太人问题的解决之道在于重新回到犹太共同体,回到由犹太教信仰和犹太人生活方式构成的共同体。"这种回归和悔改的观念具体体现在希伯来术语 teshuvah[通常解释为

---

① 施特劳斯此处通过引用迈蒙尼德的《密西拿托拉·答案》(*Mishneh Torah*, H. teshubah,卷Ⅵ,第3章),巧妙地为他明确呼吁重返或"回归"中世纪犹太哲学模式提供了准备;见"英译本序言",前揭,页8。

"忏悔"或重获拯救］一词上（"英译本序言"，前揭，页7）。

但teshuvah一词对犹太知识分子是否适用呢？施特劳斯并没有直接回答这一问题。"虽然他们也承认，只有重返犹太人共同体才能解决最深刻的问题，"但是，持怀疑态度的知识分子们"声称，理智诚实禁止他们为了满足需求，哪怕是最重大的需求而牺牲智识。不过，他们也几乎无法否认，一个重大的需求会合理地促使人去探究，表面看来不可能之事是否事实上只是一件相当棘手的难题"（"英译本序言"，前揭，页7）。

看来，施特劳斯间接对这一问题做出了肯定性的回答。他表明，现代正统教义的大敌——现代理性主义已自我毁灭（"英译本序言"，前揭，页30）。通过声称自己早期的斯宾诺莎作品"以重新回到前现代的哲学是不可能的——这一强大偏见支持的前提为基础"，施特劳斯拉开了自己与早期斯宾诺莎论著之间的距离（"英译本序言"，前揭，页31）。但是，前现代哲学不应理解为哲学与启示的和解。而且，施特劳斯宣称自己关于施米特的文章标志着他学术之旅的开始：重新发现"早期异教思想家的写作方式"（"英译本序言"，前揭，页31）。这些早期的异教思想家正是像迈蒙尼德和阿尔法拉比这样的宗教哲学代表人物。在施特劳斯看来，这些宗教哲学典范正是通过"一种被遗忘的写作方式"：隐微写作，对贯穿其作品的异端思想进行了绝妙的隐蔽。施特劳斯试图践行这一遗忘的写作艺术，他通过提出并宣称teshuvah是现代犹太个体最终避难所的方式，在这篇序言中隐匿了自己的异端思想。

[128]为了阐明这一隐匿手法，让我们看看施特劳斯关于同化的其他观点。在上述两个文本中，施特劳斯都谈到源自尼采的关于犹太人同化最高可能性的一段惊人论述。在一次演讲中，施特劳斯大声朗读了如下段落的扩展版本：

> 欧洲犹太人的最终命运如何，这是我们下个世纪有幸目

睹的场面之一。显而易见,他们已经掷出了他们的骰子,穿过了他们的卢比孔河:唯一悬而未决的是,他们要么成为欧洲的主人,要么失去欧洲。他们自己心里完全清楚,所谓征服欧洲,或任何暴力行动,对他们来说都只是无稽之谈。但是,欧洲早晚有一天会像熟透的果子一样落下,那时只要他们轻轻伸手接住即可。同时,为了实现这一目的,他们也必须在欧洲所有重大事务上发挥更重大的作用,站在前列,直到他们自己能够决定什么是真正的重大为止……因此,犹太人把这些珠宝和这些金器作为他们自己的作品——历史比较短暂和经验不那么深刻的欧洲民族所不曾创造也不能创造的作品——摆在我们的面前之日,以色列把它的永恒复仇转变为对欧洲的永恒祝福之日,就是第七天再临之日,在这个日子里,古老的犹太上帝将为他自己、他的创造和他所选定的人民而欢欣,我们大家、我们每个人也都将与他一起欢欣!①

施特劳斯坦言,这段文字是他所读过的"关于同化最为深刻和最为激进的论述"。尽管尼采写作时不无反讽之意,但其重要意义不应受到忽略:

> 同化并不意味着放弃传承,但只是给它另一个方向,使之发生转化。同化也不是一个终点,它只是走向终点的道路。同化是一个中间阶段,它在各种事务中突显自己,这些事务不是犹太事务本身,按照尼采的说法,它是欧洲事务,或者按我们的说法,是西方事务。("WWRJ",前揭,页 25)

---

① "WWRJ",前揭,页 23–24。Friedrich Nietzsche,格言 205,"关于以色列民族",载于《朝霞:思考诸道德偏见》(*Daybreak: Thoughts on The Prejudices of Morality*),R. J. Hollingdale 译,Michael Tanner 作序,New York: Cambridge University Press,1982,页 124–125。

在弄清同化在它最高可能性上意味着什么之后,"人们怀着胆战心惊的心情"去看看同化的现实情形。"一些犹太人对犹太人的任何乖巧或壮丽的平庸行为都要唱颂歌,这不仅可怜,而且可笑。它让人觉得,这就像一群村民培养出了第一位自己的物理学家,因此颂扬他,称其为最伟大的物理学家。"现在有很多令人尊敬的犹太人的看法,不是由于一些犹太人很伟大,而仅仅是因为"现在处处萧条,平庸赢得了全面的胜利"。施特劳斯并不认为在这样一种普遍平庸的境遇之下成为伟人是件艰难之事:"盲人之中,独眼称王"("WWRJ",前揭,页26)。

施特劳斯根据应当延续的高贵谎言来重铸犹太教,结束自己的演讲。他拒绝海涅将犹太教表征[129]为一种不幸,相反,他更喜欢将其看作是一种"英雄般的幻象",这一幻象由正义或仁慈构成。这两个词在施特劳斯的犹太教观点里是同义词,它们是构成犹太教的必备要素。但要论证正义或仁慈是犹太教的首要必需,似乎取决于一个慈爱上帝的存在。"大量存在的不义不仁,其根源不在上帝那里,而是在上帝所造之物的自由行动中,在罪(sin)中。犹太民族及其命运活生生地见证了救赎的缺失。"选民的意义在于"犹太人被选中去证明不存在救赎这回事"("WWRJ",前揭,页27,强调部分为笔者所加)。《阿莱努》(Alenu)祈祷文是重新唤起信仰全能、正义和慈爱上帝——其重要性并没有因现存的永恒人类邪恶事实而削弱——的最伟大的不朽之作("WWRJ",前揭,页28)。

因此,对于施特劳斯而言,除了对正义上帝观念的单纯忠诚之外,"没有高贵的梦想是永恒的梦想":"相对于从肮脏的现实中谋利并沉湎于其中,为了最高贵的梦想而做个受害者显然更加高贵"("WWRJ",前揭,页28-29)。在《〈斯宾诺莎的宗教批判〉英译本序言》和公开演讲《我们为什么仍然是犹太人?》中,施特劳斯提供了现代犹太人试图回答犹太人问题的紧密交织的质疑之网。在后一演讲当中(由芝加哥大学希勒尔联谊会主办),

施特劳斯对作为一个犹太人意味着什么提供了一个独特的定义。这一定义伴随着尼采式的戏谑性挑衅和对犹太礼拜仪式反讽性的欣赏。这些后面的要素在《〈斯宾诺莎的宗教批判〉英译本序言》的修订版本中被删除了，或许是因为施特劳斯不想让他"半自传性"的文本被理解为是一个犹太文本。可是，正如布鲁姆（Harold Bloom）所注意到的，现代犹太思想史上很少有作品能如此出色地处理犹太政治学、解释学及其存在主义的疑难，并产生广泛的反响。①

虽然我不同意施特劳斯关于人性和政治的一些基本信念，但毫无疑问的是，他迫使我认真对待现代宗教和政治中的一些内在问题。他拓宽了我理解现代犹太人存在和政治之极端可能性和限度的视野。最后，施特劳斯与流亡纠缠在一起的毕生斗争，使我看清了目前关于犹太人生存和政治论争之情势的肤浅与傲慢。鉴于极端变革的危险性，在流亡的基础上重建现代犹太政治或许应当（但并不必需）遵循施特劳斯对政治顺从的强调。

我们先后在《〈斯宾诺莎的宗教批判〉英译本序言》和《我们为什么仍然是犹太人？》两文中，看到施特劳斯对犹太人问题和犹太复国主义批判的透彻分析。让我们将这些分析与施特劳斯

---

① 文学学者布鲁姆通过援引施特劳斯的《〈斯宾诺莎的宗教批判〉英译本序言》开始自己对耶鲁沙利米（Yosef H. Yerushalmi）的杰作《恳请不要遗忘：犹太历史与犹太人的记忆》（*Zakhor: Jewish History and Jewish Memory*）的序文写作。布鲁姆将施特劳斯描述为"一位出于感动而为德国犹太人撰写其思想挽歌"的"哲学家和希伯来圣贤"。虽然布鲁姆把施特劳斯刻画为一个"希伯来圣贤"蕴含着一种连施特劳斯本人都会觉得荒谬的虔敬，但是布鲁姆的确认识到，施特劳斯的《〈斯宾诺莎的宗教批判〉英译本序言》——特别是对犹太人流亡境遇的分析——对理解现代犹太人历史和记忆的辩证关系提供了深刻的洞见。《恳请不要遗忘：犹太历史与犹太人的记忆》（*Zakhor: Jewish History and Jewish Memory*），Seattle：University of Washington Press，2005，第 2 版，页 xiii。

1956 年在《国家评论》上（基于"保守主义"立场）对以色列国的公开辩护作以比较。这篇辩护文章源自施特劳斯作为希伯来大学政治学客座教授之后，于 1956 年 11 月 19 日写给肯德尔（Wilmoore Kendall）的一封信。虽然总体上赞同《国家评论》杂志上的观点，但施特劳斯仍感到它是"不可思议"的：为什么该杂志关于以色列国家论题的作者［130］们全都无条件地反对这个国家？鉴于他们缺乏［对事实本身的］了解和理性的论证，"反犹敌意"升格为一种可能的原因。在感到是一种反犹主义底色推动着当时《国家评论》的作者们反对以色列的立场上，施特劳斯极有可能是正确的，但他提供的理由却是他一生发表的作品中最不具说服力的论证之一。施特劳斯认为，美国的保守派出于如下的一些原因应当支持这个年轻的国家：首先，这个国家通过西方的方式来教育那些来自东方的移民；其次，"英雄般的节俭"作为以色列国家的精神——为接近《圣经》所描绘的古代所支撑——这与保守主义所激赏的古代遗产不谋而合；第三，至于对社会主义者治理国家的关切，施特劳斯指出，犹太人是比社会主义者更加超前的西方拓荒者。这一部分——就像他在《自然正当与历史》开场白中所公开宣称的《独立宣言》的那些"不证自明"的原则一样——是施特劳斯保守主义和解策略的一个样板，它最终接近于犹太人将自己与当权者结成同盟的前现代策略的现代版本：犹太人与君主结盟。

但是，这一和解策略并非是推进流亡政治学的唯一方向。事实上，我看到了施特劳斯作为进步论者的截然不同的另一面。承认流亡作为一个起点意味着牢记，与一些国家和社会的基本原则和观念相比，现实中的政治秩序是何等的不公正和不完美。实际上，迫切地试图纠正这些不可容忍的不公正，可以看作是人们试图打破整体，使之变得支离破碎。虽然过去的乌托邦式的解决方案，可能有理由受到一定程度的怀疑，但是沙文主义的自恋倾向和犬儒主义横行当前的现状似乎并没有得到改善。

对流亡的承认引发了人们对重压和贫困的境遇中人类生命脆弱的高度关切，它也促使人们警惕现代国家以国家安全的名义日益增长的强制性和侵略性力量。然而，这样一种政治学的方向和框架还有待进一步的开掘，而这正是我提供未经审查的施特劳斯遗产的目的所在。

主要著作缩名表

"CCM" Correspondence Concerning Modernity《关于现代性的通信》
Susanne Klein 和 George Elliot Tucker 译，载于 *Independent Journal of Philosophy* 卷4，1983，页105－119

EPLJ Das Erkenntnisproblem in der Philosophischen Lehre Fr. H. Jacobis《雅可比哲学学说中的认识问题》
载于 *Gesammelte Schriften*，卷2，Heinrich Meier 编，Stuttgart：J. B. Metzler，1997

EW *Leo Strauss: The Early Writing*（1921－1932）《施特劳斯：早期文集（1921－1932）》
Michael Zank 编译，Albany：State University of New York Press，2002

"GA" A Giving of Accounts《剖白》
载于 *Jewish Philosophy and the Crisis of Modernity in Modern Jewish Tought*，Keneth H. Green 编，Albany：SUNY Press，1997，页457－466

"gLG" Die geistige Lage der Gegenwart《时代的精神状况》
载于 *Gesammelte Schriften*，卷2，Heinrich Meier 编，Stuttgart：J. B. Metzler，1997，页441－464

GS，1 *Gesammelte Schriften*，vol. 1，*Die Religionskritik Spinozas und zugehörige Schriften*《施特劳斯文集》，卷一
Heinrich Meier 编，Stuttgart：J. B. Metzler，1996

GS，2 *Gesammelte Schriften*，vol. 2，*Philosophie und Gesetz: Frühe Schriften*《施特劳斯文集》，卷二

	Heinrich Meier 编, Stuttgart: J. B. Metzler, 1997
GS, 3	*Gesammelte Schriften*, vol. 3, Hobbes' politische Wissenschaft und zugehörige Shiften《施特劳斯文集》，卷三
	Heinrich Meier 编, Stuttgart: J. B. Metzler, 2001
"IHE"	An Introduction to Heideggerian Existentialism《海德格尔式存在主义导言》
	Thomas Pangle 编，载于 *The Rebirth of Classical Political Rationalism*, Chicago: University of Chicago Press, 1989, 页 27 - 45
JPCM	*Jewish Philosophy and the Crisis of Modernity*《犹太哲学与现代性危机》
	Keneth Hart Green 编, Albany: State University of New York Press, 1997
LSTH	*Der Leviathan in der Staatslehre des Thomas Hobbes: Sinn und Fehlschlag eines politischen Symbols*《霍布斯国家学说中的利维坦：一个政治符号的意义及其失败》
	Carl Schmitt 著, Cologne: Hohenheim, 1982
"NCP"	Notes on the Concept of the Political《〈政治的概念〉评注》
	J. Harvey Lomoz Meier 译, 载于 Heinrich Meier, *Carl Schmitt and Leo Strauss: The Hidden Dialogue*, Chicago: University of Chicago Press, 1995
NRH	*Natural Right and History*《自然正当与历史》
	Chicago: University of Chicago Press, 1952
"OAPT"	On Abravanel's Philosophical Tendency and Political Teaching《阿布拉瓦内的哲学趋向与政治教诲》
	载于 *Gesammelte Schriften*, 卷 2, Heinrich Meier 编, Stuttgart: J. B. Metzler, 1997, 页 195 - 228
PG	Philosophie und Gesetz: Beitrage zum Verstandnis Maimu-

	nis und seiner Vorlaufer《哲学与律法：理解迈蒙尼德及其前贤的贡献》
	载于 *Gesammelte Schriften*，卷 2，Heinrich Meier 编，Stuttgart：J. B. Metzler，1997
"PKJ" [EPLJ]	Das Erkenntnisproblem in der Philosophischen, Lehre Fr. H. Jacobis (trans. as The Problem of Knowledge in the Philosophical Doctrine of Fredrich Heinrich Jacobi)《雅可比哲学学说中的认识问题》
	载于 *Gesammelte Schriften*，卷 2，Heinrich Meier 编，Stuttgart：J. B. Metzler，1997，页 237–292
PL	*Philosophy and Law: Contributions to the Understanding of Maimonides and his Predecessors*《哲学与律法：理解迈蒙尼德及其前贤的贡献》
	Eve Adler 译，Albany：State University of New York Press，1995
PPH	*The Political Philosophy of Thomas Hobbes: Its Basis and Genesis*《霍布斯的政治哲学：基础与起源》
	Elsa M. Sinclair 译，Oxford：Clarendon Press 1936；Chicago：University of Chicago Press，1952
RkS	Die Religionskritik Spinozas als Grundlage Seiner Bibelwissenschaft：Untersuchungen zu Spinozas Theologisch – Politischem Traktat《斯宾诺莎作为其圣经学基础的宗教批判：斯宾诺莎〈神学—政治论〉研究》
	载于 *Gesammelte Schriften*，卷 1，Heinrich Meier 编，Stuttgart：J. B. Metzler，1996，页 1–362
"RLG"	Religiös Lage der Gegenwart《时代的宗教状况》
	载于 *Gesammelte Schriften*，卷 2，Heinrich Meier 编，Stuttgart：J. B. Metzler，1997，页 377–391
"RMF"	Some Remarks on the Political Science of Maimonides and

	Farabi《对迈蒙尼德和法拉比政治学的若干评注》Robert Bartlett 译，载于 *Interpretation*，卷 18，第 1 期，1990，页 3 - 30
SCR	*Spinoza's Critique of Religion*《斯宾诺莎的宗教批判》E. M. Sinclair 译，Chicago：University of Chicago Press，1997
SdE	*Stern der Erlösung* in *Franz Rosenzweig：Der Menschen und sein Werk：gesammelte Schriften*，band 2（1918 - 1929）. Ⅱ，*Der Stern der Erlösung*《拯救之星》Haag：Martinus Nihoff，1979 - 1984
SoR	*The Star of Redemption*《拯救之星》Franz Rosenzweig 著，William W. Hallo 译，Notre Dame, Ind.：Notre Dame University Press，1985
SPPP	*Studies in Platonic Political Philosophy*《柏拉图式政治哲学研究》Thomas Pangle 编，Chicago：University of Chicago Press，1983
"SRPS"	Some Remarks on the Political Science of Maimonides and Farabi《对迈蒙尼德和法拉比政治学的若干评注》Robert Bartlett 译，载于 *Interpretation*，卷 18，第 1 期，1990，页 3 - 30
"SSTX"	The Spirit of Sparta；or，A Taste of Xenophon《斯巴达精神，或色诺芬的趣味》载于 *Social Research*，卷 6，第 4 期，1939，页 502 - 536
StAM	Staatsarchiv Marburg 马堡市国家档案馆
"WWRJ"	Why We Remain Jews《为什么我们仍然是犹太人？》载于 *Jewish Philosophy and the Crisis of Modernity*，Keneth Hart Green 编，Albany：State University of New York Press，1997

WPP	*What is Political Philosophy*《什么是政治哲学?》 Chicago: University of Chicago Press, 1988
"ZAW"	Zur Auseinandersetzung mit der europäischen wissenschaft《论析欧洲学术》 载于 *Gesammelte Schriften*, 卷 2, Heinrich Meier 编, Stuttgart: J. B. Metzler, 1997, 页 341 – 350
"ZN"	Der Zionismus bei Nordau《诺焘的犹太复国主义》 载于 *Gesammelte Schriften*, 卷 2, Heinrich Meier 编, Stuttgart: J. B. Metzler, 1997

索 引

(下述页码为原书页码，本书在正文中以方括号标出)

Abravanel, Don Yitzhak, 66, 79
Academic Assistance Council (AAC), 86
Accommodation to imperfect societies: and "bashful writing," 92; and historicism, 111; by medieval philosophers, 74–79, 108; and multilevel writing, 55, 76–77, 79, 108, 160n82, 162n107; and Strauss's career, 79–80, 116–17, 130
Acculturation, 6–7, 52. *See also* Assimilation
Akademie für die Wissenschaft des Judentums, 29, 33–34, 35, 40, 151n142
Albo, Joseph, 33
Alienation: and adoption of atheism, 35; of Catholics from German liberalism, 36, 57, 63, 141–42n31; of intellectuals from culture, 13, 18, 127; of Jews, 6–7, 9–12, 30, 34–35; of modern humans, 84–85; of philosophers, 6, 85; Spinoza's, 51, 52; value for Strauss, 7–8, 19. *See also* Exile *(galut)*
America, 4–5, 7, 79–80, 82
Anarchy and individual use of reason, 66
Ancient philosophers: Aristotle, 36–37, 104–5, 107; vs. modern, 69; and multilevel writing, 92–94, 99; Socrates, 93, 98; Strauss's return to, 61, 63; truth and wisdom in, 106; Xenophon, 92–94, 168n60. *See also* Plato
Antisemitism: European reach beyond Germany, 157n28; German-Jewish response to, 61–62; at *National Review*, 130; and Nazism, 61–62, 123, 154n8; and realism for Jews, 43; and Schmitt's shunning of Strauss, 57, 65–66; and Stalin, 124–25; in Strauss's childhood home, 9–12; and Strauss's skepticism on freedom, 84; and Weimar period, 17; and Zionism, 42–43

Apologetic thinking, 41–42
Arab philosophers. *See* Islamic philosophers, medieval
Der Arbeiter (Jünger), 97
Arendt, Hannah, 120–21, 177n13
Aristocratic model as best regime, 91, 105
Aristotle, 36–37, 104–5, 107
Aschheim, Stephen, 84
Assimilation: and *galut* consciousness, 19; impossibility of, 125; as intermediary step to dominance, 128; and Jewish identity, 6–7; as response to persecution, 122–23; Strauss's rejection of, 25, 84; and will to normality, 48, 49; vs. Zionism, 32–33
Association Universelle pour les Exilés Allemands, 86
Atheism: and biblical scholarship, 27; and Enlightenment rationalism, 70, 121; and Jewish identity, 48; of Maimonides, 109; Nazism as based on, 62; Strauss's, 35, 73–74, 105, 120–21
Authoritarian principles of rulership, 60–61, 63, 91, 105
Autoemancipation (Pinsker), 125

Baer, Fritz (Yitzhak), 33, 40, 87, 112–13
Bambach, Charles, 38
Bamberger, Fritz, 40
Barker, Ernest, 74
Baron, Salo, 79, 81
Barth, Karl, 26
"Bashful writing," 92
Behemoth, 65
Being and Time (Heidegger), 38, 39
Belief, Jacobi's concept of, 25
Benjamin, Walter, 18–19, 87–88, 141n30

Bernsohn, Marie (Miriam) (wife), 58, 82, 90
Beyond Good and Evil (Nietzsche), 105, 172n123
Biale, David, 6, 114
Biblical exegesis: and atheism, 27; Enlightenment rejection of biblical morality, 70; by Spinoza, 40–41, 49, 51; and theocracy as bulwark against secular state, 26; and Torah, 76, 77, 108
"Biblical History and Science" (Strauss), 26
"*Bildung* and No End" (Rosenzweig), 30
Bildungsbürgertum model of Weimar Jew, 84
Bivalent texts, 77. *See also* Multilevel writing
Blackstone, William, 100
Blau-Weiss youth movement, 31, 146n91
Bloch, Marc, 87, 166n30
Böckel, Otto, 11–12
Book of Roots (Albo), 33
Bourgeois ideal, 18–19, 59, 60
Breuer, Isaac, 48
Britain, Strauss in, 58, 68, 81
Buber, Martin, 28, 178n22
Bush, George W., 2, 133n2

Cambridge University, 74
Capitalism and ideal of civilization, 59, 60
Cassirer, Ernst, 16, 21–22, 25, 27–28, 37, 39–40, 87
Catholics, alienation from German liberalism, 36, 57, 63, 141–42n31
Cave allegory, 71, 85
Charismatic-leader-with-inner-circle model, 98
Chicago, University of, 5
Chosen people, Jews as, 121, 129
Christianity: Catholic alienation from German liberalism, 36, 57, 63, 141–42n31; and Hobbes, 64–65, 66
Christian Scholasticism, 79
Civil disobedience, 66
Coded writings. *See* Multilevel writing
Cohen, Hermann, 12, 14–15, 20–21, 25, 27, 40–41, 49
"Cohen's Analysis of Spinoza's Bible Science" (Strauss), 20–21, 49
Columbia University, 79–80, 81–83, 86–92, 94, 95, 101
Commentaries on the Laws of England (Blackstone), 100

"Comments on Carl Schmitt's *Concept of the Political*" (Strauss), 20, 45–47
Communism: dangers for intellectuals, 83; German fears of, 96; lack of safe haven for Jews in, 124; multilevel writing under, 78; Strauss as anti-Communist, 1; Trotskyism vs. Stalinism, 124–25
Concept of the Political (Schmitt), 20, 44–47
Conservativism, 1–2, 3, 15, 17, 34–35. *See also* Radical-conservatism
Corporate collective focus of premodern societies, 32
Costa, Uriel da, 52
"Crawling back to the cross" metaphor, 62–63
Crisis thinking, 17, 20
Crossman, R. H. S., 91
Cultural vs. political Zionism, 13, 28, 43, 62, 126
Culture. *See* German culture; Political society

Davos debates, Cassirer vs. Heidegger, 37, 39–40
Decline of the West (Spengler), 18
De Lagarde, Paul, 11, 12
Descartes, René, 50, 100
Deskription, Husserl's, 24, 142n39
Destruktion, Heidegger's, 38
Discourse on Method (Descartes), 100
Discrimination and liberal societies, 122
Dissimilation. *See* Alienation
Dissimulation. *See* Multilevel writing
Drury, Shadia, 2, 173n127
Dubnow, Simon, 27

Ebbinghaus, Julius, 21
"Ecclesia militans" (Strauss), 48
École libre des hautes études, 89–90
École pratique des hautes études, 58
Economic ethics and modernity, 59
Education, Strauss's dedication to, 13, 29–30, 34, 90–91, 98, 105
Egalitarianism, liberal, 63, 104
Einwirklichung, Strauss's concept of, 32
Elites, intellectual: authoritarian principles of rulership, 60–61, 63, 91, 105; as best qualified for prophecy role, 119; on human nature, 46, 48, 74, 98, 104–5; multilevel writing by, 92–94; Strauss's

elitism, 173n121. See also Hierarchy of human intellects; Philosopher and society
Emancipation of Jews, 10, 32
Emergency Committee in Aid of Displaced German Scholars, 86
Enabling Act, 57
England, Strauss in, 58, 68, 81
Enlightenment, medieval, 72–73. See also Maimonides, Moses
Enlightenment rationalism: harmonizing with religion, 68; Lessing's critique of, 27, 107–8; limitations of, 19–20, 70; vs. medieval Enlightenment, 73; prejudice as target of, 50, 51, 70, 160n63; rejection of religion, 49–50, 69–70, 121; Strauss's critique of, 17, 22–25, 41, 49–50; Strauss's early exposure to, 16; Zionism's opposition to, 41. See also Modern rationalism
Enmity and power, world as governed by, 2, 42, 45, 46, 59
Epicurean critique of religion, 52–53
Epistemology, 22–25, 95, 142n34, 142n39
Esoteric writing: and maintenance of social hierarchy, 107–12; and mysticism, 76, 107, 114; Nietzsche on, 172n123; nonmystical approach, 172–73n127; philosopher and society, 27, 73; and premodern philosophy, 27, 79, 107, 127; and Strauss, 3, 6, 55. See also Multilevel writing
Ethics. See Moral perspective
European exile, Strauss's: medieval philosophy study, 67–74; and politics of accommodation, 74–80; rejection of liberalism, 60–67; and reorientation of views, 54–60
Exile (galut): Abravanel on, 79; attempts to escape, 28–29, 32–33; and historic persecution, 122; and inward migration, 78, 162n107; and Jewish identity, 27, 43–44, 47, 120; and Maimonides, 77–78; as major theme for Strauss, 1, 6, 7–8, 18, 106; as mental disposition, 18; and multilevel writing, 5; Nazism as reminder of, 54, 55–56; paradox of, 43–44, 47; permanence of, 84, 126–27; philosopher and society, 85; and political realism, 19, 45, 54, 55–56; and Strauss, 19, 54–55, 58, 74, 79, 82, 90; virtues of, 30–31, 43, 54, 85, 115, 120, 130; Zionism's rejection of, 19, 41, 47–48, 126
Existentialism, 44
Exoteric teaching, 83, 91, 99, 102, 107–12
"Exoteric Teaching" (Strauss), 99, 108
Exoteric writing: and hierarchy of human intellects, 79; philosopher and society, 73, 76–77; in premodern philosophy, 27, 79, 107, 127; Strauss's use of, 119. See also Multilevel writing
Experience of God, direct, 22–25

Farabian Neoplatonists, 75–76
Fascism, 62, 83. See also Nazism
Financial anxieties of exile, 58, 74, 82, 90
Fraenkel, Eduard, 16
France, 68, 87, 89
Freedom of expression, 67, 80, 83–84, 99–101, 170n99
"Free-floating intellectual," 18, 138–39n4
Free Jewish House of Study, Frankfurt, 31, 145n89
Freiburg, University of, 21
Freud, Sigmund, 47, 109
Future of an Illusion (Freud), 47

Gadamer, Hans-Georg, 49, 151n154
Galut. See Exile (galut)
General Seminar (New School), 95–96
German culture: and Davos debates, 40; idealism vs. realism, 18, 41–44, 52–53; initial questioning of, 21–28; and Jewish identity, 19, 52, 123–24; and liberalism, 10–11, 18, 57; Protestant domination of, 36, 57, 63, 141–42n31; and scientific rationalism, 22, 23; Strauss's relationship to, 3, 9–13; uneasiness of Jewish existence in, 29–30. See also Weimar period
German Jewry: and Cohen's academic status, 14; cultural dynamics for, 6; and host cultural context, 9–12; importance in Strauss's thought, 2; interwar renaissance of, 28; and liberalism, 25–26, 27–28, 169n83; loss of connection to spirituality, 29, 123–24; modernity as problematic for, 17; realism vs. idealism, 18, 41–44, 52–53; response to antisemitism, 61–62; spiritual dependence

German Jewry (*continued*)
   of, 30, 52; Strauss's analysis of worldviews, 18, 19–20; and Strauss's character, 84–85; unapologetic approach to, 42
"German Nihilism" (Strauss), 95, 96–98
Gersonides (Rabbi Levi ben Gershon), 68
Gesammelte Schriften (Strauss), 3
Glatzer, Nahum, 109
God: extrasubjective knowledge of, 142n39; immediate experience of, 22–25; irrationality of, 22, 23; as necessary to success of Judaism, 129; religion as path to truth of, 23; as separate from nature, 26; separation from, 25, 113, 120, 141–42n31. *See also* Religion
Gordon, Peter, 30
Graduate Faculty of Philosophy and Political Science, 88–89, 90. *See also* New School for Social Research
Graetz, Heinrich, 113
Great Britain, Strauss in, 58, 68, 81
Greek philosophers. *See* Ancient philosophers
Green, Kenneth Hart, 2
The Guide of the Perplexed (Maimonides), 33, 41–42, 77, 109–10
Gunnell, John, 4
Guttmann, Julius: appointment of Strauss, 40; differences with Strauss, 67; emigration of, 74, 87; and Jewish adoption of Greek ideas, 115; and medieval philosophy, 68; revision of Strauss's work, 33–34, 147n100; Strauss's critique of, 69
Gymnasium Philippinum (Marburg), 12–13

Halevi, Yehuda, 103
Hamburg, University of, 21
Hartmann, Nicolai, 15–16
Hebrew University of Jerusalem, 73–74, 86
Heidegger, Martin: *Destruktion*, 38, 150n126; joining of Nazi party, 56, 57; at Marburg, 14; and nihilism critique, 97; philosophy of, 25, 35–40; and Strauss, 20, 21, 25, 44, 143n58, 150n132, 154–55n9
Heine, Henrich, 122, 128–29
Hermeneutic strategy, 3, 20–21, 39, 55, 73, 79. *See also* Multilevel writing
Herzl, Theodor, 41, 43, 125

Hessen, 9–12
Hierarchy of human intellects: and aristocratic model as best regime, 91, 105; liberalism's neglect of, 101, 104–5; and multilevel writing, 73, 77, 79, 106–7; Nietzsche on, 172n122; philosopher and society, 92–94, 106–7; Strauss's elitism, 79, 171n120
Hirsch, Samson Raphael, 10, 135–36n11
Historian vs. philosopher, 102, 110–11, 116
Historical progress, liberal commitment to: German questioning of, 18; vs. historicism, 173n143; and modern scientific progress, 69; Strauss's critique of, 17, 70–71, 111
Historicism, relativistic: liberal faith in, 123; vs. progressivism, 173n143; Strauss's critique of, 69, 71, 94, 95, 110–11
History of the Jews in Christian Spain (Baer), 112–13
Hitler, Adolf, 97, 124–25
Hobbes, Thomas, 45–47, 50, 57–60, 63–67, 155n18
Hochschule Lehranstalt für die Wissenschaft des Judentums, 33
Holocaust, Strauss's personal losses, 82, 136–37n23, 160n79
Horizon of interpreter, 39, 47, 56
Humanism, 1, 12–13, 15, 70, 144n70
Human nature: elites on, 74, 98, 104–5; fear of violent death as primary motivator, 60; liberalism's blindness to, 46, 48; pessimistic view of, 26, 27, 43, 45–46, 60, 129. *See also* Hierarchy of human intellects
Husserl, Edmund, 21, 23–24, 38–39, 142n39

Idealism: futility of, 105, 120, 122–23, 126–27; German, 18, 21–28, 23, 40, 41–44, 52–53; liberal, 18–19, 45–46, 59, 60; limitations of scientific model, 23
Ideology and Utopia (Mannheim), 18, 138–39n4
Illiberal societies, 81, 101. *See also* Authoritarian principles of rulership; Tyrannical/totalitarian regimes
Imagination and ability to speak to masses, 74, 79
Imperfection of societies, 84–85, 103–7,

126–27. *See also* Accommodation to imperfect societies
Imperial rule, 60–61
Independent thinking and multilevel writing, 94, 101
Individual focus of modernism, 32, 59
Individual rights vs. law, 59
Institute for Social Research (ISR), 88–89, 96
Intellectuals: and cultural dissimmilation, 13, 18, 127; "free-floating intellectual," 18, 138–39n4; and Jewish identity, 84, 118, 176n5; liberalism's stagnant environment for, 100–101; refugees' influence on U.S., 82. *See also* Elites, intellectual; Philosopher and society
Intelligence operations, émigré participation in, 83
Interpretive technique, Heidegger's, 38. *See also* Hermeneutic strategy
Inward migration, Jewish, 78, 162n107
Irrationality of God, 22, 23
Islamic philosophers, medieval, 33, 71–72, 75–76, 99
Israel, State of, 129–30
ISR (Institute for Social Research), 88–89, 96
"It is Time" (Rosenzweig), 29

Jabotinsky, Vladimir Ze'ev, 13
Jacobi, Friedrich Heinrich, 22–25, 142n35
Jaspers, Karl, 120–21
Jew and Philosopher (Green), 2–3
Jewish identity: and dangers of apologetics, 42; and exile, 27, 43–44, 47, 120; importance to Strauss's thought, 2–3, 4; intellectual, 84, 118, 176n5; and inward migration, 78, 162n107; and Jewish education reforms, 29–30; and opposition to convention, 139n8; Orthodoxy vs. liberalism dilemma, 1, 85, 119; and philosopher and society, 7, 75–79, 85; and revelation, 70, 121; Strauss's struggle with, 5, 120–21, 157n26; vitalist construction of, 48. *See also* Exile *(galut)*
Jewish people: adoption of Greek ideas, 115; alienation from host society, 6–7, 9–12, 30, 34–35; chosenness of, 121, 129; emancipation of, 10, 32; host cultural context for, 9–12, 19, 52, 123–24, 126; lack of compromise in principles of, 27; religion's importance for, 25, 26, 47, 48, 70, 121; Spanish Jewry, 33, 122. *See also* German Jewry; Judaism
Jewish Philosophy and the Crisis of Modernity (Green), 3
The Jewish State (Herzl), 41, 125
Johnson, Alvin, 88, 90
Joseph, Max, 48
Judaism: as heroic delusion, 129; importance for Jews, 25, 26, 47, 48, 70, 121; mysticism, 66, 78, 107, 111–17, 162–63n108, 172n126; vs. philosophy, 3, 14–15, 62, 109; and Plato, 71; rationalist interpretation of, 123; recasting of, 128–29; Reform vs. Orthodox, 10–11, 135–36n11; returning spirituality to education, 29–30; rural German-Jewish practice, 12; Strauss's ambivalence toward, 103. *See also* Orthodoxy
Jünger, Ernst, 97

Kabbalah, 111–12, 114–15
Kantian philosophy: failure to account for religious experience, 22–23; at Marburg, 14; neo-Kantianism, 15–16, 21, 23–24, 141n30; reason and knowledge, 142n34
Kartell Verband jüdischer Verbindungen (K.j.V), 31, 34
Kirchhain, Germany, 9–14, 137n24
Klatzkin, Jacob, 32, 47–48
Klein, Jacob, 34, 57, 62
Knowledge, problem of, 22–25, 95, 142n34, 142n39
Koyré, Alexander, 89–90
Kraus, Jenny Ann (niece), 82
Kraus, Paul (brother-in-law), 82, 172n126
Kris, Ernst, 101
Kurhessen, Germany, 9–14, 137n24
Kuzari (Halevi), 103

Landkreis of Marburg, 10
La Peyrère, Isaac de, 52
Law, revealed: aims vs. origins, 76, 79, 162n100; as basis for truth and wisdom, 116; vs. historical relativism, 111; vs. law based on reason, 66, 155n18; Plato as foundation for, 77; political function of, 26, 33, 75; as prior to philosophy, 71–73
Law vs. individual rights, 59

League of Nations, 86
Lecky, W. E. H., 100
Left-wing politics: communism, 1, 78, 83, 96, 124–25; Marxism and Strauss, 60; response to bourgeois culture, 18–19; socialism, 45–46, 59, 60
Leon, Moses de, 33, 113
Leo Strauss: The Early Writings (1921–1932) (Zank), 4
Lessing, Gotthold Ephraim, 27, 65, 99, 107–8
Leviathan, 32, 59, 65–66
Leviathan (Hobbes), 63
Der Leviathan in der Staatslehre des Thomas Hobbes (Strauss), 65–67
Liberalism: alienation of Catholics from, 36, 57, 63, 141–42n31; blindness to human nature, 46, 48; and capitalism, 59, 60; and citizen's psyche, 178n26; egalitarianism of, 63, 101, 104–5; failure of promise, 22, 57, 122–23; and freedom of expression, 80, 83; and German culture, 10–11, 18, 57; and German Jewry, 25–26, 27–28, 169n83; Heidegger's critique, 38; hiding of intolerance within, 124; and historical progress, 17, 18, 69, 70–71, 111, 173–74n144; idealism of, 18–19, 22, 45–46, 59, 60; and intellectual stagnation, 100–101; and invisibility of philosophers, 103; and Jewish identity, 1, 85, 119; and loss of multilevel writing, 93; matrix of principles, 36; at New School, 91; harmonizing of differences, 27; and pluralism, 45, 95; revelation as main opponent of, 26, 41; and sovereignty, 45; Spinoza's leaning toward, 49, 52; Strauss's critique of, 7, 17, 19, 20, 36, 45–47, 55, 56, 60–67, 94, 96–98, 127; Strauss's skepticism toward, 15, 84
Lilla, Mark, 2
Literalism, religious, 23, 26
"The Literary Character of the Guide of the Perplexed" (Strauss), 109
Lowenstein, Steven, 10
Löwith, Karl, 35, 36, 61, 87, 156n26
Luz, Ehud, 4

Machiavelli, Niccolò, 100
Maimonides, Moses: and apologetic thinking, 41–42; esoteric approach to writing, 107; given nature of Torah for, 76; multilevel writing of, 77, 108, 109–10; on philosopher's/Jew's role in society, 75–79; vs. Spinoza, 51; and Strauss, 2–3, 33, 51, 69–74; writing structure, 93
Major Trends of Jewish Mysticism (Scholem), 113
Mannheim, Karl, 18, 138–39n4
Marburg, University of (Philipps-Universität Marburg), 9, 14–16, 140n17
Marburg and Strauss's upbringing, 9–12
Marr, Wilhelm, 11
Marrano Jews, 3, 52, 122
Marxism and Strauss, 60
Masses of population and philosophers, 76. *See also* Hierarchy of human intellects
Maurras, Charles, 56–57, 154n7
Mayer, Karl, 94
McDonald, James, 86
Medieval Enlightenment, 72–73. *See also* Maimonides, Moses
Medieval philosophers: accommodation to realities of politics, 74–79, 108; Islamic, 33, 71–72, 75–76, 99; and multilevel writing, 77, 93, 99, 108, 109–10; vs. mysticism, 112–17; rationalism of, 33, 69; revelation as self-evident for, 71; Strauss's study of, 7, 33, 58, 67–74; value of studying, 115–16. *See also* Maimonides, Moses
Meier, Heinrich, 3–4, 45, 56, 134n8
Meier, Wiebke, 3
Meisl, Joseph, 34
Mendelssohn, Moses, 40, 67, 68
Mendes-Flohr, Paul, 144n70, 176n5
Messianism, 7, 48, 65, 78, 79
Milhamoth Adonai (Gersonides), 68
Missionism, 48
Modern rationalism: and alienation from culture, 84–85; complacency of, 60, 81; economic ethics of, 59; egalitarianism in, 104; entrapment in, 32, 53; individual focus of, 32, 59; loss of faith in, 39; problems for German Jewry in, 17; Rosenzweig on, 115; rural resistance to, 10; self-destruction of, 127; state focus of, 59; Strauss's premodern challenge to, 69; and Zionist factionalism, 31–32. *See also* Liberalism; Scientific rationalism

Mohammed, 72
Moral perspective: and atheism of Nazism, 62; and emptiness of materialism, 96; Enlightenment rejection of biblical morality, 70; modernism's loss of, 59; and moralizing, 5–6; nihilism, 40, 70, 94, 95, 96–98, 121; obedience and insight, 23, 142n35; and political realism, 43; political science's lack of, 59; relativistic historicism, 69, 71, 94, 95, 110–11, 123, 173–74n144; religious vs. reason's authority, 23, 66; and separation from God, 25; and value-free science, 24, 35, 67–68. *See also* Law, revealed
Moses, 72, 76
Moses, Walter, 31
Moses and Monotheism (Freud), 109
Mosse, George, 84
Multilevel writing: accommodation to imperfect societies, 55, 76–77, 79, 108, 160n82, 162n107; and education of youth, 98; and Hobbes on religion, 63–64; importance in Strauss's thought, 5; and mysticism, 78; New School analysis of, 92–103, 107–12; by premodern philosophers, 27, 77, 92–94, 99, 108, 109–10, 114, 127; and social hierarchy, 73, 77, 79, 106–7; Strauss's adoption of, 55, 108–12, 119; Strauss's analysis of, 99–103; and totalitarian regimes, 5–6, 78, 83, 93, 94. *See also* Esoteric writing
Mysticism, Jewish, 66, 78, 107, 111–17, 163n108, 172n126
Myth and religion, Strauss vs. Cassirer, 25

National Review, 129–30
National Socialism, 91. *See also* Nazism
Natorp, Paul, 15–16
Natural Right and History (Strauss), 116
Nazism: and antisemitism, 61–62, 123, 154n8; German intellectual collusion in, 39, 56, 57, 97–98, 154–55n9; and Holocaust losses, 82, 136–37n23, 160n79; New School academics on, 94–98; and realities of exile, 54, 55–56; and refugee experience for scholars, 81–82, 86–88; and Strauss, 3, 56, 57; and value of multilevel writing, 5, 94
Neoconservatism, Strauss's role in, 1–2

Neo-Kantianism, 15–16, 21, 23–24, 141n30
New School for Social Research, 79–80, 81–83, 86–92, 94, 95, 101
New York period: medieval philosophy vs. mysticism, 112–17; on multilevel writing, 92–103, 107–12; on Nazism, 94–98; New School dynamics, 86–92, 94; overview, 81–85; philosopher and society, 103–7; Xenophon article, 92–94
New York Review of Books, 2
Nietzsche, Friedrich, 63, 105, 107, 128, 172n123
Nihilism, 40, 70, 94, 95, 96–98, 121
Nordau, Max, 32, 43–44
Notgemeinschaft deutscher Wissenschaftler im Ausland, 86

Obedience and insight, 23, 142n35
Objectivity in science, impossibility of, 24
"On Abravanel's Philosophical Tendency and Political Teaching" (Strauss), 79
"On the Jewish Question" (Strauss), 122
On the Kabbalah and Its Symbolism (Scholem), 111–12
Orientation of interpreter, 39
Orthodoxy: Enlightenment's challenge to, 69–70; and Jewish identity, 1, 85, 119; Jewish return to, 127; vs. philosophy, 14–15, 62, 109; and Reform, 10–11, 135–36n11; Spinoza's rejection of, 52; and Strauss, 9, 26–27, 34–35, 48–49, 119–21, 177n15

Palestine, 73–74, 86
Pantheism, 24
Paris, Strauss in, 57–58
Patriotism among rural German Jews, 10, 14
Perception and understanding of God, 23
Perfection in societies, 77–78, 85, 103–7
"Persecution and the Art of Writing" (Strauss), 55, 79, 94, 98, 99–103
Persecution of Jews. *See* Antisemitism
Petri, Thomas, 58, 90
Phenomenology, 21
Philology, Strauss's study of, 16
Philosopher and society: competing interests of, 4; and hierarchy of human intellects, 92–94, 106–7; invisibility in libera

Philosopher and society (*continued*)
societies, 103; and Jewish identity, 7, 75–79, 85; and multilevel writing, 27, 73, 76–77; Plato on, 72, 106; and politics, 103–7; precarious nature of relationship, 6, 18, 75–76, 81, 83, 85, 93, 122; and Strauss's private role in politics, 103. *See also* Accommodation to imperfect societies

Philosopher-kings, Judaic/Islamic prophets as, 71–72, 76

Philosopher vs. historian, 102, 110–11, 116

Philosophy: and development of politics, 50; and direct experience of God, 24–25; freedom from theology, 49–50; Heidegger on, 25, 35–40; Husserl on, 24; vs. Judaism, 3, 14–15, 62, 109; overview of Strauss's, 1–8; and revelation, 62, 71–73, 105; Strauss's re-evaluation of history, 70–71, 95. *See also* Philosopher and society

Philosophy and Law (Strauss), 54, 69–74, 107

"Philosophy and Sociology of Knowledge" (Strauss), 95

Philosophy of Symbolic Forms (Cassirer), 39

Pilpul, 20

Pinsker, Leon, 28, 125, 126

Plato: cave allegory, 71, 85; as foundation for Torah, 77; and influence on youth, 98; multilevel writing by, 93; and philosopher's dual life, 72, 106; Strauss's use of, 20, 71, 79, 91, 104–5

Plato's Theory of Man (Wild), 91

Pluralism, liberalism's attachment to, 45, 95

Pogroms, Strauss's response to, 12

The Political Philosophy of Hobbes (Strauss), 54, 57–58, 65–66

Political science, 59, 75

Political society: and antisemitism, 11; authoritarian principles of rulership, 60–61, 63, 91, 105; and biblical law, 26, 33, 75; enmity and power as fundamental to, 2, 42, 45–47, 59; Germany during Weimar period, 17; Hobbes on, 45–47, 50, 57–60, 63–67, 155n18; ideal vs. existing regimes, 69–70, 77–78, 103–7; and philosopher and society, 7, 18, 71; philosophy's role in development of, 50; prophets as ideal leaders for, 71–72, 74, 76, 78, 119; realistic approach to Jewish role in, 19, 43, 45, 54, 55–56; Schmitt on, 20, 44–47; and sovereignty, 44–45; Strauss's attitudes, 19, 58, 91; during Strauss's youth, 9–12. *See also* Conservativism; Left-wing politics; Philosopher and society; State

Political Theology (Schmitt), 44

Political vs. cultural Zionism, 13, 28, 43, 62, 126

Popular enlightenment, 104

Power and enmity, world as governed by, 2, 42, 45, 46, 59

Prejudice, 50, 51, 70, 159n63

Premodern philosophers: as basis for critique of liberalism, 55; Heidegger's call for return to, 38; impossibility of return to, 127; and Jewish education, 30; and Jewish identity, 48; multilevel writing by, 27, 77, 79, 92–94, 99, 107, 108, 109–10, 114, 127; as source for truth and wisdom, 106, 116; Strauss's return to, 21, 39, 67, 68, 69, 71, 92–94. *See also* Ancient philosophers; Medieval philosophers

Premodern world, loss of, 18, 52

Private discrimination and liberal societies, 122

The Problem of Knowledge in the Teaching of Friedrich Heinrich Jacobi (Strauss), 22–25

Progressivism, 88, 111, 173n143. *See also* Historical progress, liberal commitment to

Proietti, Gerald, 168n60

Project for a New American Century, 2

Prophets as ideal political leaders, 71–72, 74, 76, 78, 119

Prussian domination of Germany, 9

Pseudepigraphers, medieval, 113–14, 174–75n156

Quintillian, 93

Radical-conservatism: in Bible, 26; and critique of liberalism, 7, 56, 60–67; and minority status among intellectual Jews, 84; Strauss's, 18, 20, 67, 97, 124; and Strauss's Jewish vs. secular legacy, 120–21; in Weimar Germany, 34–35, 36

Rationalism: and fall of Weimar, 123; Hobbes's contribution, 155n18; Kant on reason and knowledge, 142n34; limitations of ethical authority, 23, 66; medieval, 33, 69; and politics, 67; and revelation, 25, 40–41, 71–73, 107; self-destruction of, 127. *See also* Enlightenment rationalism; Modern rationalism

Rauschning, Hermann, 96

Read, Conyers, 75

Realism: vs. idealism, 18, 41–44, 52–53, 59–60; and imperfection of societies, 84–85, 103–7, 126–27; and Jewish role in society, 19, 42–43, 45, 54, 55–56; Strauss's appeal for, 18, 45–47; and Strauss's argument style, 20. *See also* Imperfection of societies

Reason, liberal destruction of, 59, 67. *See also* Rationalism

Redlichkeit, 18

Reform Judaism, 10–11, 135–36n11

Refugee experience, 2, 7, 81–82, 86–88

Reimarus, Hermann Samuel, 65

Reinhardt, Karl, 16

Relativism, historical. *See* Historicism, relativistic

Religion: Catholic alienation from German liberalism, 36, 57, 63, 141–42n31; developmental levels, 113; Epicurean critique of, 52–53; and Hobbes, 63–65, 66; Maimonides's accommodation to, 108; obedience and insight, 23, 142n35; vs. philosophy, 3; and rationalism, 19–20, 25, 40–41, 49–50, 68, 69–70, 71–73, 107, 121; return to prescientific experience, 22–25; secular vs. religious tyranny, 108; Strauss on Cassirer, 25; theologico-political predicament, 5, 63–64, 105–6, 118, 121; and theology, 24, 45, 49–50; truth as beyond, 1. *See also* Biblical exegesis; Judaism; Revelation, divine

Religion of Reason Out of the Sources in Judaism (Cohen), 14–15

Die Religionskritik Spinozas als Grundlage seiner Bibelwissenschaft (Strauss), 33–35, 49, 65, 118–21

Religious Zionism, 126

Rescue organizations for Jewish refugees, 86–87

Research Project on Totalitarian Communication, 101

Return movement, 28–29. *See also* Zionism

Revelation, divine: and Jewish identity, 70, 121; and philosophy, 62, 71–73, 105; political function of, 75; rationalist interpretation of, 25, 40–41, 71–73, 107; vs. scientific rationalism, 22–23, 26; Spinoza's task of liberation from, 49; Zionism's difficulties with, 126. *See also* God; Law, revealed

The Revolution of Nihilism: The Warning to the West (Rauschning), 96

Riezler, Kurt, 37

Rockefeller Foundation, 47, 57, 86, 89

Rosenzweig, Franz: on apologetic thinking, 41–42; and divided loyalty issue, 61; on exile and return, 28–31; and Heidegger, 35–36, 39, 40; humanism of, 144n70; on Jewish education, 29–30, 34; on medieval vs. modern philosophers, 115; and Strauss, 26, 143n58

Rural Jewish culture in Germany, 10–11, 13

Russian pogroms, Strauss's response to, 12

Salomon, Albert, 94

Schmitt, Carl: Catholic origins of conservatism, 36; and nihilism critique, 97; as political theologian, 134n8; on politics, 44–47; and Strauss, 3, 56–57, 65–66, 154n8; Strauss's critique of, 20, 124

Scholasticism, 79

Scholem, Gershom: emigration of, 87; Holocaust losses for, 160n79; knowledge of Orthodox practice, 13; and mysticism, 33, 78, 111–12, 113–14, 162–63n108, 174n155; and Strauss, 40, 73–74, 118

Scholem, Werner, 160n79

Scientific rationalism: and historical progress, 69; limitations of, 70; vs. religious experience, 22–23, 26; Strauss's critique of, 22–25; and value-free science, 24, 35, 67–68

"Scribere est agere," 100

Secularization, 48, 64. *See also* Rationalism

Sefer hamada, 108. *See also* Maimonides

Seligman, Edwin R. A., 88

Separation from God, 25, 113, 120, 141–42n31

Sephardic mysticism, 112
Simon, Ernst, 31
Socialism, 45–46, 59, 60
Social Research, 90
Social science, Strauss's critique of, 95
Sociology of knowledge, 95
Socrates, 93, 98
Socratic writing, 102
Sovereignty, nature of, 44–45, 65, 66
Soviet Communism, 78, 83, 124–25
Spanish Jewry, 33, 122
Sparta, 92–94, 168n60
Speier, Hans, 90, 101, 168n47
Spengler, Oswald, 18
Spinoza, Baruch (Benedictus): vs. Hobbes, 155n18; on possibility of Jewish state, 126; Strauss's analysis of, 20–21, 26, 35, 40–41, 49–53; and Strauss's conservative shift, 33
Spinoza's Critique of Religion (Strauss), 33–35, 49, 65, 118–21
"The Spirit of Sparta; or, A Taste of Xenophon" (Strauss), 92–94
Stalinism vs. Trotskyism, 124–25
The Star of Redemption (Rosenzweig), 29, 31
State: vs. family in biblical law, 26; as focus of modern politics, 59; Hobbesian, 65–66, 66; interwar disappointment with modern, 58–59; need for theocratic distrust of, 26, 27; and political vs. cultural Zionism, 30; religion as secondary to, 64; Zionist factionalism on function of, 31–32
State of nature, Hobbes vs. Strauss, 46–47, 59–60
Stereotyping of Jews in Germany, 11
Strauss, Bettina (sister), 82
Strauss, David (uncle), 12
Strauss, Hugo (father), 12, 82
Strauss, Jenny David (mother), 12
Strauss, Johanna (Hanna) (stepmother), 82, 136–37n23
Strauss, Leo: accommodation of U.S. society, 116–17; ancestry of, 137n24; antisemitism concerns, 12; birth of, 9; career progression, 29, 33–34, 35, 40, 47, 74–75, 81, 151n142, 159n59; character of, 120–21; childhood and youth, 9–14; and Cohen, 14–15; communal leadership of, 34; dedication to education, 13, 29–30, 34, 90–91, 98, 105; early influences, 118; education of, 12–13, 15–16, 34–35, 140n17; in European exile, 54–55; family losses to Holocaust, 82; financial anxieties of exile, 58, 74, 82, 90; and Heidegger, 20, 21, 25, 44, 143n58, 150n132, 155n9; as Jew, 156n26; legacy of, 1–8, 118–30; marriage of, 20; overview of life phases, 7; psychological sketch, 84–85; Schmitt's shunning of, 56–57, 65–66, 154–55n8; self-description, 118–19; teaching style/abilities, 75, 98; WWI service, 14, 15. *See also* European exile; New York period; Weimar period
Strauss, Marie (Miriam) Bernsohn (wife), 58, 82, 90
Strauss, Meyer (grandfather), 12
Straussianism, 1–2, 4–5, 82, 133n2
Systematic vs. apologetic thinking, 41–42

Talmudic exegesis (*pilpul*), 20
Tanguay, Daniel, 4
Tawney, R. H., 74
Teaching style/abilities, Strauss's, 75, 98
"The Testament of Spinoza" (Strauss), 50
Text and context. *See* Multilevel writing
Theocracy as political system, 26
Theologico-political predicament, 5, 63–64, 105–6, 118, 121
Theologico-Political Treatise (Spinoza), 40, 49
Theology, 24, 45, 49–50. *See also* Biblical exegesis
Thus Spoke Zarathustra (Nietzsche), 63
Toleration, ideology of, 22, 45
Torah, 76, 77, 108. *See also* Biblical exegesis
Totalitarian regimes. *See* Tyrannical/ totalitarian regimes
Tradition, Heidegger's critique of, 38
Transcendence, Strauss on, 25, 26
Treitschke, Heinrich von, 11
Trotskyism vs. Stalinism, 124–25
Truth and Method (Gadamer), 49
Truth and wisdom: in ancient sources, 106; Enlightenment rationalism's limitations, 19–20; human reason as only source of, 70; and multilevel writing, 101; in premodern philosophy, 6, 106, 116;

return to Platonic quest, 20; Strauss' concern for, 53; and Strauss's Jewish grounding, 4; as transcendent of religion and nation, 1
Tyrannical/totalitarian regimes: multilevel writing in, 5–6, 78, 83, 93, 94; philosopher's precarious role in, 76, 81, 83; Soviet Communism, 78, 83, 124–25; suppression of speech/writing, 100, 101

United States, 4–5, 7, 79–80, 82
Universal concerns, 7, 48
Universal education, 105
University in Exile, 86–92, 88–89
University of Chicago, 5
University of Freiburg, 21
University of Hamburg, 21
University of Marburg, 9, 14–16, 140n17

Value-free science, critique of, 24, 35, 67–68
Van den Abbeele, Georges, 170n99
Van den Bruck, Möller, 97
Violent death, fear of, as basic human motivation, 60
Virgil, 61

Wahrnehmung, Jacobi's, 23
Warburg Institute, 87
War in Our Time (Johnson), 90
Weber, Max, 37
Weekly Standard, 2
Weimar period: betrayal of liberal ideal in, 122–23; Cohen, 15, 40–41, 49; émigré scholars' analysis of, 91–92, 96–98; evolution of Strauss's style, 17–21; focus of study in, 33–34; formative nature of, 3, 118–19; Heidegger critique, 35–40; realism vs. idealism in, 18, 21–28, 41–44, 52–53; Rosenzweig, 28–31, 35; Schmitt, 44–47; Spinoza, 40–41, 49–53; and

Strauss's conservative roots, 34–35, 36, 84; and Zionism, 31–33, 47–49
Weltsch, Robert, 61
Western philosophical tradition, Strauss's education in, 15–16. *See also* Ancient philosophers; Kantian philosophy; Rationalism
"Why We Remain Jews" (Strauss), 119–29
Wild, John, 91
Will over reason, 59, 67
Will to normality and Zionism, 48, 49
Will to Power (Nietzsche), 63
Wisdom and truth. *See* Truth and wisdom
World War I, 14, 15
Writing between the lines, art of. *See* Multilevel writing
Writing style, Strauss's, 20–21. *See also* Multilevel writing

Xenophon, 92–94, 168n60

Yerushalaim veatunah (Luz), 4

Zank, Michael, 4, 41
Zionism: antisemitism as catalyst for, 42–43; and Epicurean goals, 53; and exile, 19, 41, 47–48, 126; and Jewish national consciousness, 34; Klein on, 62; and opposition to Enlightenment, 41; political vs. cultural, 13, 28, 43, 62, 126; Rosenzweig on, 30–31, 146n91; and Strauss, 7, 18, 19, 71; Strauss's analysis of, 13, 31–33, 47–49, 125–26
"Zionism and Antisemitism" (Strauss), 42
"The Zionism of Max Nordau" (Strauss), 43–44
Zohar, 113
"Zur auseinandersetzung mid der europäischen Wissenschaft" (Strauss), 25
Zweistromland (Rosenzweig), 28

图书在版编目（CIP）数据

施特劳斯与流亡政治学：一个政治哲人的锻成/（美）谢帕德著；高山奎译.—北京：华夏出版社，2013.9

（西方传统：经典与解释）

ISBN 978-7-5080-7737-6

Ⅰ.①施… Ⅱ.①谢… ②高… Ⅲ.①施特劳斯，L.（1899～1973）—政治哲学—研究 Ⅳ.①B712.59

中国版本图书馆CIP数据核字（2013）第157178号

施特劳斯与流亡政治学

作　　者	（美）谢帕德
译　　者	高山奎
责任编辑	孙　颖
责任印制	刘　洋
出版发行	华夏出版社
经　　销	新华书店
印　　刷	北京建筑工业印刷厂南厂
装　　订	三河市李旗庄少明印装厂
版　　次	2013年9月北京第1版　2013年10月北京第1次印刷
开　　本	880×1230　1/32
印　　张	9.25
字　　数	241千字
定　　价	39.00元

华夏出版社　　地址：北京市东直门外香河园北里4号　　邮编：100028
　　　　　　　　网址：www.hxph.com.cn　　电话：(010)64663331(转)
若发现本版图书有印装质量问题，请与我社营销中心联系调换。

西方传统：经典与解释

Classici et Commentarii

HERMES

刘小枫 ◎ 主编

古今丛编

恐惧与战栗
[丹麦] 基尔克果 著

墙上的书写——尼采与基督教（修订增补本）
[德] 洛维特 / 沃格林 等著

古希腊文学常谈
[英] 多佛 等著

穆佐书简
[奥] 里尔克 著

撒路斯特与政治史学
刘小枫 编

民主的本性——托克维尔的政治哲学
[法] 马南 著

希罗多德的王霸之辨
吴小锋 编 / 译

梅尔维尔的政治哲学——《切雷诺》及其解读
李小均 编 / 译

第二代智术师——罗马帝国早期的文化现象
安德森 著

英雄诗系笺释
[古希腊] 荷马 著

统治的热望
——修昔底德笔下的阿尔喀比亚德和帝国政治
[美] 福特 著

席勒美学的哲学背景
[美] 维塞尔 著

雅典谐剧与逻各斯
——《云》中的修辞、谐剧性及语言暴力
[美] 奥里根 著

莱园哲人伊壁鸠鲁
罗晓颖 选编

果戈里与鬼
[俄] 梅列日科夫斯基 著

托尔斯泰与陀思妥耶夫斯基（第一卷）
[俄] 梅列日科夫斯基 著

托尔斯泰与陀思妥耶夫斯基（第二卷）
[俄] 梅列日科夫斯基 著

自传性反思
[德] 沃格林 著

黑格尔与普世秩序
[美] 希克斯 等著

新的方式与制度
——马基雅维利的《论李维》研究
[美] 曼斯菲尔德 著

论埃及神学与哲学——伊希斯与俄赛里斯
[古希腊] 普鲁塔克 著

凯撒的剑与笔
李世祥 编 / 译

纪念苏格拉底——哈曼文选
刘新利 选编

科耶夫的新拉丁帝国
[法] 科耶夫 等著

夜颂中的革命和宗教——诺瓦利斯选集卷一
[德] 诺瓦利斯 著

大革命与诗话小说——诺瓦利斯选集卷二
[德] 诺瓦利斯 著

《利维坦》附录
[英] 霍布斯 著

巨人与侏儒
[美] 布鲁姆 著

或此或彼（上、下）
[丹麦] 基尔克果 著

海德格尔与有限性思想（重订版）
刘小枫 选编

海德格尔式的现代神学
刘小枫 选编

走向古典诗学之路
——相遇与反思：与伯纳德特聚谈
[美] 伯格 编

论宗教大法官的传说
[俄] 罗赞诺夫 著

上帝国的信息
[德] 拉加茨 著

双重束缚
[美] 基拉尔 著

俄耳甫斯教祷歌
吴雅凌 编译

俄耳甫斯教辑语
吴雅凌 编译

黑格尔的观念论
[美]皮平 著

古今之争中的核心问题
[德]迈尔 著

浪漫派风格——施莱格尔批评文集
[德]施莱格尔 著

神圣的罪业
[美]伯纳德特 著

论永恒的智慧
[德]苏索 著

宗教经验种种
[美]詹姆斯 著

尼采反卢梭
[美]凯斯·安塞尔-皮尔逊 著

施米特对自由主义的批判
[美]约翰·麦考米克 著

舍勒思想评述
[美]弗林斯 著

诗与哲学之争
[美]罗森 著

基督教理论与现代
[德]特洛尔奇 著

亚历山大的克雷蒙
[意]塞尔瓦托·利拉 著

伊壁鸠鲁主义的政治哲学
[意]詹姆斯·尼古拉斯 著

神圣与世俗
[罗]伊利亚德 著

中世纪的心灵之旅——波纳文图拉神学著作选
[意]圣·波纳文图拉 著

弓弦与竖琴——从柏拉图解读《奥德赛》
[美]伯纳德特 著

论古人的智慧
[英]培根 著

希伯莱圣经历代注疏

希腊化世界中的犹太人
[英]威尔逊 著

第一亚当和第二亚当
[德]朋霍费尔 著

卢梭注疏集

政治制度论
[法]卢梭 著

哲学的自传——卢梭的《孤独漫步者的遐思》
[法]卢梭 著

文学与道德杂篇
[法]卢梭 著

设计论证——卢梭的《社会契约论》
[美]吉尔丁 著

卢梭的自然状态
[美]普拉特纳 等著

卢梭的榜样人生——作为政治哲学的《忏悔录》
[美]凯利 著

柏拉图注疏集

理想国
[古希腊]柏拉图 著

谁来教育老师——《普罗塔戈拉》发微
刘小枫 编

立法者的神学——柏拉图《法义》卷十绎读
林志猛 编

柏拉图对话中的神
[德]薇依 著

厄庇诺米斯
[古希腊]柏拉图 著

柏拉图的《厄庇诺米斯》
程志敏 选编

论柏拉图对话
[德]施莱尔马赫 著

柏拉图《美诺》疏证
[美]克莱因 著

神话诗人柏拉图
张文涛 选编

人应该如何生活
[美]布鲁姆 著

阿尔喀比亚德
[古希腊]柏拉图 著

叙拉古的雅典异乡人
——柏拉图《书简七》探幽
彭磊 选编

阿威罗伊论《王制》
[阿拉伯]阿威罗伊 著

《王制》要义
刘小枫 选编

柏拉图的《会饮》
[古希腊]柏拉图 等著

苏格拉底的申辩
[古希腊]柏拉图 著

苏格拉底与政治共同体
[美]尼科尔斯 著

政制与美德——柏拉图《法义》疏解
[美]潘戈 著

《法义》导读
[法]卡斯代尔·布舒奇 著

论真理的本质
[德]海德格尔 著

哲人的无知
[德]费勃 著

米诺斯
[古希腊]柏拉图 著

亚里士多德注疏集

《政治学》疏证
[意]托马斯·阿奎那 著

尼各马可伦理学义疏
——亚里士多德与苏格拉底的对话
[美]伯格 著

哲学之诗——亚里士多德《诗学》解诂
[美]戴维斯 著

对亚里士多德的现象学解释
[德]海德格尔 著

城邦与自然——亚里士多德与现代性
刘小枫 编

论诗术中篇义疏
[阿拉伯]阿威罗伊 著

哲学的政治——亚里士多德《政治学》疏证
[美]戴维斯 著

莱辛注疏集

汉堡剧评
[德]莱辛 著

关于悲剧的通信
[德]莱辛 著

《智者纳坦》研究版
[德]莱辛 等著

启蒙运动的内在问题——莱辛思想再释
[美]维塞尔 著

莱辛剧作七种
[德]莱辛 著

历史与启示——莱辛神学文选
[德]莱辛 著

论人类的教育——莱辛政治哲学文选
[德]莱辛 著

色诺芬注疏集

居鲁士的教育
[古希腊]色诺芬 著

驯服欲望——施特劳斯笔下的色诺芬撰述
[法]科耶夫 等著

论僭政——色诺芬《希耶罗》义疏
[美]施特劳斯 著

色诺芬的《会饮》
[古希腊]色诺芬 著

施特劳斯集

霍布斯的宗教批判
[美]列奥·施特劳斯 著

斯宾诺莎的宗教批判
[美]列奥·施特劳斯 著

门德尔松与莱辛
[美]列奥·施特劳斯 著

哲学与律法——论迈蒙尼德及其先驱
[美]列奥·施特劳斯 著

迫害与写作艺术
[美]列奥·施特劳斯 著

柏拉图式政治哲学研究
[美]列奥·施特劳斯 著

阅读施特劳斯
[美]斯密什 著

《会饮》讲疏
[美]列奥·施特劳斯 著

柏拉图《法义》的论辩与情节
[美]列奥·施特劳斯 著

什么是政治哲学
[美]列奥·施特劳斯 著

古典政治理性主义的重生
[美]列奥·施特劳斯 著

施特劳斯与流亡政治学
[美]谢帕德 著

犹太哲人与启蒙
　　——施特劳斯演讲与论文集：卷一
　　[美]列奥·施特劳斯 著

苏格拉底问题与现代性
　　——施特劳斯演讲与论文集：卷二
　　[美]列奥·施特劳斯 著

回归古典政治哲学——施特劳斯通信集
　　[美]列奥·施特劳斯 著

隐匿的对话——施米特与施特劳斯
　　[德]迈尔 著

苏格拉底与阿里斯托芬
　　[美]列奥·施特劳斯 著

尼采注疏集

尼采眼中的苏格拉底
　　[美]丹豪瑟 著

尼采的使命——《善恶的彼岸》绎读
　　[美]朗佩特 著

尼采与现时代——解读培根、笛卡尔与尼采
　　[美]朗佩特 著

动物与超人之间的绳索
　　[德]A. 彼珀 著

维吉尔注疏集

《埃涅阿斯纪》章义
　　王承教 选编

维吉尔的帝国
　　阿德勒 著

品达注疏集

幽暗的诱惑——品达、晦涩与古典传统
　　[美]汉密尔顿 著

新约历代经解

属灵的寓意
　　[古罗马]俄里根 著

赫西俄德集

神谱笺释
　　吴雅凌 撰

赫西俄德：神话之艺
　　[法]居代·德·拉孔波 等著

赫拉克勒斯之盾笺释
　　罗逍然 译笺

莎士比亚绎读

莎士比亚笔下的爱与友谊
　　[美]布鲁姆 著

莎士比亚戏剧与政治哲学
　　彭磊 选编

莎士比亚的政治盛典
　　[美]阿鲁里斯/苏利文 编

丹麦王子与马基雅维利
　　罗峰 选编

古希腊诗歌丛编

阿尔戈英雄纪
　　[古希腊]阿波罗尼俄斯 著

阿里斯托芬集

《阿卡奈人》笺释
　　[古希腊]阿里斯托芬 著

但丁集

但丁的圣约书
　　[美]霍金斯 著

美国宪政与古典传统

美国1787年宪法讲疏
　　[美]阿纳斯塔普罗 著

修昔底德集

修昔底德笔下的演说
　　[美]斯塔特 著

古希腊政治理论
　　格雷纳 著

塔西佗集

塔西佗的政治史学
　　曾维术 编

古典学丛编

古典语文学常谈
　　克拉夫特 著

古希腊肃剧注疏集

希腊肃剧与政治哲学
　　阿伦斯多夫 著

中国传统：经典与解释
Classici et Commentarii
刘小枫　陈少明◎主编

中国传统：经典与解释

从公羊学论《春秋》的性质
阮芝生　撰

药地炮庄·总论
[明]方以智　著

松阳讲义
[清]陆陇其　著

起凤书院答问
[清]姚永朴　撰

青原志略
[明]方以智　原编

冬炼三时传旧火——港台学人论方以智
邢益海　编

药地炮庄
[明]方以智　著

周礼疑义辨证
陈衍　撰

经学通论
[清]皮锡瑞　著

韩愈志
钱基博　著

论语辑释
陈大齐　著

《庄子·天下篇》注疏四种
张丰乾　编

荀子的辩说
陈文洁　著

古学经子——十一朝学术史述林
王锦民　著

经学以自治——王闿运春秋学思想研究
刘少虎　著

《铎书》校注
孙尚扬　肖清和　等校注

大学素质教育读本

古典诗文绎读　西学卷·古代编（上、下）
古典诗文绎读　西学卷·现代编（上、下）

经典与解释辑刊（刘小枫　陈少明　主编）

1　柏拉图的哲学戏剧
2　经典与解释的张力
3　康德与启蒙
4　荷尔德林的新神话
5　古典传统与自由教育
6　卢梭的苏格拉底主义
7　赫尔墨斯的计谋
8　苏格拉底问题
9　美德可教吗
10　马基雅维利的喜剧
11　回想托克维尔
12　阅读的德性
13　色诺芬的品味
14　政治哲学中的摩西
15　诗学解诂
16　柏拉图的真伪
17　修昔底德的春秋笔法
18　血气与政治
19　索福克勒斯与雅典启蒙
20　犹太教中的柏拉图门徒
21　莎士比亚笔下的王者
22　政治哲学中的莎士比亚
23　政治生活的限度与满足
24　雅典民主的谐剧
25　维柯与古今之争
26　霍布斯的修辞
27　埃斯库罗斯的神义论
28　施莱尔马赫的柏拉图
29　奥林匹亚的荣耀
30　笛卡尔的精灵

31 柏拉图与天人政治
32 海德格尔的政治时刻
33 荷马笔下的伦理
34 格劳秀斯与国际正义
35 西塞罗的苏格拉底
36 基尔克果的哲学与政治
37 《理想国》的内与外
38 诗艺与政治
39 律法与政治哲学
40 古今之间的但丁

雅努斯：古典拉丁语文读本
古典拉丁语文学述要
危微精一：政治法学原理九讲
琴瑟友之：钢琴与古典乐色十讲

刘小枫集

诗化哲学［重订本］
拯救与逍遥［修订本］
走向十字架上的真
这一代人的怕和爱［增订本］
现代性与现代中国：现代性社会理论绪论
沉重的肉身
圣灵降临的叙事［增订本］
罪与欠
西学断章
现代人及其敌人
儒教与民族国家
拣尽寒枝
施特劳斯的路标
重启古典诗学
共和与经纶
设计共和
卢梭与我们
好智之罪：普罗米修斯神话通释
民主与爱欲：柏拉图《会饮》绎读
民主与教化：柏拉图《普罗塔戈拉》绎读
巫阳招魂：《诗术》绎读

编修［博雅读本］

凯若斯：古希腊语文读本［全二册］
古希腊语文学述要